Wolfgang Bergmann

Das Drama des modernen Kindes

Wolfgang Bergmann

DAS DRAMA DES MODERNEN KINDES

Hyperaktivität, Magersucht, Selbstverletzung

Walter Verlag

Bibliografische Information der Deutschen Bibliothek
Die Deutsche Bibliothek verzeichnet diese Publikation
in der Deutschen Nationalbibliografie; detaillierte bibliografische Daten
sind im Internet unter http://dnb.ddb.de abrufbar.

Satz: Fanslau Communication/EDV, Düsseldorf
Druck und Bindung: Freiburger Graphische Betriebe, Freiburg
ISBN 3-530-40154-4
www.patmos.de

INHALT

Einleitung

Wenn ich über moderne Kindheit nachdenke, denke ich an Kevin und Felix oder Max. Sie kommen in die Praxis sozusagen im Kielwasser ihrer Mütter und im Schatten eines abwesenden oder abwesend wirkenden Vaters.

Sie können kaum still sitzen, bewegen sich unruhig hin und her, sie weichen dem Blick aus, mal schauen sie aus dem Fenster oder ziellos in irgendeine Ecke, dann wandert der Blick durch eine weit geöffnete Tür zu dem Computer, der im Nebenzimmer steht, sie schaukeln auf ihrem Stuhl und finden sich manchmal irgendwo auf dem Boden hockend wieder. Man denkt, das Kind hat von dem ganzen Gespräch nichts mitbekommen, aber mitunter erzählt mir eine Mutter hinterher, dass ihr Junge sich selbst winzige Details genau eingeprägt habe und sich genau daran erinnere. Die Aufmerksamkeit dieser Kinder ist streunend, wahllos und sensibel zugleich.

Sie sind unruhig, fordernd und undiszipliniert, halten sich aber gleichzeitig an ihren Müttern fest, manchmal werden sie aggressiv. Wir können sie Zappelphilipp nennen, wie es der SPIEGEL in einer Titelgeschichte tat, oder einfach »schwierig«, wir können sie auch »hyperaktiv« nennen oder ADS-Kinder, aufmerksamkeitsgestört, extrem aufgedreht und impulsiv, tagträumerisch und ein wenig verdöst – alle diese Bezeichnungen treffen den widersprüchlichen Charakter dieser Kinder nicht oder nur sehr ungenau. Sicher ist: Ihre Zahl nimmt rapide zu. Die Ursachen sind vielfältig. Wir wissen noch zu wenig darüber, haben sie bisher viel zu wenig verstanden.

Ich denke außerdem an Celine oder Mariella, kleine Mädchen, gerade 10 oder 12 Jahre alt, die die Praxis betreten, als stünden sie auf einer Bühne. Sie wirken so, als seien sie fortwährend um einen perfekten Auftritt und eine perfekte Körpererscheinung bemüht. Sie sind früh dazu angehalten worden, sich zur Geltung zu bringen. Das beginnt mit dem intelligenzfördernden Spielzeug im Vorschulalter, setzt sich mit der motivationsunterstützenden Hausaufgabenhilfe oder dem Balletttraining fort. Perfektion und Vergleich mit anderen, von den ersten Schulnoten bis zum Talentnachweis in der Tanz- oder Singgruppe, haben ihr Selbstbewusstsein von Anfang an geprägt, zusätzlich genährt von den digitalen Bildern in Magazinen, TV oder im Kino, in denen alle Menschen schöner erscheinen, als sie in Wirklichkeit jemals sein könnten. Dies alles ist ihrem Selbstgefühl und ihrem Körperselbst eingeschrieben.

Und so verhalten sie sich auch. Sie sind oft geschminkt mit ihren zehn Jahren, manche haben die erste oder zweite Diät hinter sich, dem Ideal der Perfektion eifern sie mit Leib und Seele nach. Wie ein Maß des Unerreichbaren – wie ein Menetekel – hängt es über ihrem Selbst, ihrer Selbstliebe.

Auf diese Weise werden Depressionen und Essstörungen schon im Keim angelegt. Bei vielen Mädchen erkenne ich, seit ich die Zusammenhänge im Groben verstanden habe, die ersten Anzeichen schon früh. Diese resignierte, mutlos gestimmte Feindschaft gegen den eigenen Körper kündigt sich an, bevor sie als Störung (dann allerdings unübersehbar) in Erscheinung tritt.

Essstörungen – vor allem unter Mädchen verbreitet – sind das narzisstische Bemühen um eine Perfektion, die den Körper überfordert, ihn schließlich überwinden will. Wir werden noch ausführlich darauf eingehen. Sie sind immer begleitet von einer inneren Gewissheit der Wertlosigkeit. Neben der Hyperaktivität sind sie die zweite große Identitätsnot unserer Kinder.

Es gibt ein drittes Phänomen, das die pädagogische und psychologische Öffentlichkeit beunruhigt: die Tatsache, dass immer mehr Kinder sich selber verletzen. Sie schneiden mit Messern, Nägeln oder Scheren in ihre Unterarme, Beine oder Brüste, sie fügen sich Verletzungen unterschiedlichen Schweregrades und unterschiedlicher Schmerzintensität zu. Dies ist, wie wir anhand der Lebensgeschichten dieser Kinder noch sehen werden, ein weiteres Signal einer in die Krise geratenen Körperlichkeit junger Menschen.

Das damit verbundene Gefühl lässt sich so umschreiben: »Ich will ja doch leben, aber mit diesem Körper, der mein Feind ist, der meine inneren Bilder eines heilen Selbst widerlegt, kann ich nicht eins sein;

ich bin fremd im eigenen Körper und will mich doch als ein Selbst spüren; also eigne ich mir auf paradoxe Weise ein unbezweifelbares Empfinden meiner Körperlichkeit an, dessen Garant und Bestand der Schmerz ist.« Selbstverletzung ist die dritte, sehr stark im Zunehmen begriffene Not der modernen Kinder.

Im Verlauf dieses Buches werde ich darstellen, inwieweit die hier beschriebenen Nöte bereits in den frühesten Entwicklungsschritten vorbereitet werden. Nach der Symbiose mit der Mutter folgt die schrittweise Entfaltung einer geordneten Wahrnehmung und mit ihr der ersten Symbolsysteme, die Sprache, das Malen, das Fantasieren. Diese Anfänge der kognitiven und emotionalen Entwicklung werden vielfach gestört. Wodurch und warum? Ich werde dazu einige Beispiele aufzeigen. Ich werde skizzieren, warum besonders die Medien, die Computerspiele und die TV-Performances für diese Kinder so attraktiv sind. Mehr als attraktiv: Sie erscheinen ihnen wie Lösungswege aus einer problematischen Lebenssituation, aus der es keinen Ausweg zu geben scheint. Im weiteren Verlauf werden diese theoretisch skizzierte Lebenswelt der Kinder und ihre seelischen Reaktionen an einer Fülle von Einzelbeispielen verdeutlicht und differenziert. Denn in der kindlichen Entwicklung ist es so, dass immer viele Faktoren, zahllose Bedingungen ineinander wirken und ihrerseits vielfältige Reaktionen hervorrufen. Aus der Gesamtheit der Beispiele, der Berichte über Kinder und meiner Überlegungen wird, so hoffe ich, ein differenziertes Bild moderner Kindheit entstehen, das mit Begriffen wie »ADS« oder »Essstörung/Bulimie« usw. nur grob umrissen werden kann.

Teil 1

UNRUHIG IN DER WELT, FREMD IM EIGENEN KÖRPER

1 DIE UNGEHALTENEN KINDER

Der amerikanische Psychoanalytiker René Spitz hat in einer Untersuchung, die er 1958 auf einem Symposium in Chicago vorstellte und die später berühmt werden sollte, die Innigkeit in der Beziehung zwischen dem Kleinkind und der Mutter rekonstruiert. Freud- und lustvoll ist für die Mutter ihr natürliches Vermögen, das Kind zu nähren, zu stillen, es »still werden« zu lassen, ihre Freude wird unendlich erweitert und bestätigt durch den unverwandten Augenblick des Kleinkindes, bis es gesättigt in den Schlaf fällt. *Der Säugling empfindet im Versorgtwerden ein universales Weltgefühl, in dem noch nicht zwischen innen und außen unterschieden wird und ein Zeit- und Raumgefühl noch nicht ausgebildet ist.*

Der Säugling sucht die Bestätigung seiner wohligen Befindlichkeit in dem ihm zugewendeten Blick der Mutter und empfängt auf diese Weise ein allererstes kommunikatives Zeichen, das sich lebenslang einprägt. *Dieses Zeichen ist gleichbedeutend mit dem Versprechen des Lebens.* Dies ist ein Urbild wechselseitiger Bestätigung und Sicherung, ich komme im Verlauf meiner Überlegungen noch mehrmals darauf zurück.

Traurige Mütter, an der Quelle des Lebens

Mir kommt es oft so vor, als sei bei vielen Kindern schon dieses allererste Vertrauen unzureichend verankert. Vor allem die hyperaktiven Kleinkinder, so scheint mir, müssen sich unaufhörlich bemerkbar machen, als Signal ihrer Existenz, ihres Willens und ihrer Bedürftigkeit. Dabei werden sie ja versorgt und gepflegt, ihnen scheint es an nichts zu mangeln. Was also fehlt ihnen? Vielleicht das, was ich eben das »Versprechen des Lebens« nannte. Diese begründende Verlässlichkeit, diese *Fest-Stellung des kindlichen Seins* – ist sie möglicherweise ausgeblieben oder nicht kräftig genug ausgefallen?

In den frühesten Entwicklungsphase – sozusagen an den Quellen des seelischen Lebens – ist jede Kleinigkeit von eminenter Bedeutung. Deshalb ist es so folgenreich, wenn in dieser Phase der notwendigen Stillung und der Ausprägung erster innerer Ordnungen Störungen eintreten. Sie werden in den modernen Familien oft bereitwillig in Kauf genommen, oft merken die Eltern gar nichts davon. Dabei bezahlen sie selber und ihre Kinder später einen so hohen Preis! Stille und Dauer, Entfaltung von Wahrnehmung (die nichts mit Intelligenzförderung für Kleinkinder zu tun hat) und das ruhige Wachsen eines sinnhaften Zeitgefühls fällt in diese Phase; viel zu oft kann es unter dem Diktat der Schnelligkeit, Effektivität und Leistung von Anfang an nicht richtig stattfinden.

Dazu zwei Beispiele:

Die kleine Nuckelflasche hatte früher ein ganz dünnes Loch, ein Kind musste sich mühen und anstrengen, um satt zu werden. Aufgrund neuerer Marketing-Erhebungen werden heute Baby-Flaschen produziert, die diese Verzögerung, diese »Dauer« einfach wegnehmen! Neue Milchfläschchen haben ein deutlich größeres Loch, das Kind trinkt schneller, hastiger, die Befriedigung tritt früher ein, überhaupt wird der ganze Vorgang effizient erledigt. Junge Eltern wollen das so, sagen die Hersteller. Aber der kindlichen Befriedigung, die zu schnell kommt, fehlt das Wichtigste: eben das Stillwerden, etwas pathetisch gesagt: das »Befriedende«. Dazu bleibt einfach keine Zeit.

Gewiss, das gesättigte Baby schläft auch dann ein, wenn es mit dieser aus medizinisch errechneten Bedarfsquanten fein dosierten Milch in nach Marketing-Gesichtspunkten produzierten Flaschen gefüttert wurde. Aber seinem psychischen Erleben fehlt offensichtlich etwas Entscheidendes. Zu rasch tritt die Sättigung ein, dem Kind ist der Zusammenhang von Verzögerung (»Aufschub«) und Befriedigung – damit auch das Erlernen sinnhaften Zeitempfindens – verloren gegangen.

Die ersten Blicke auf die Welt, geordnet oder nicht ...

Ein zweites Beispiel aus unserer Alltagskultur: In meiner Praxis steht ein Kinderwagen aus dem Jahr 1948, er ist an allen Seiten und von oben fast ganz geschlossen. So schob eine Mutter früher ihr Kind über die Straßen, so begannen früher die ersten gemeinsamen Erkundungen der Welt außerhalb von Haus und Familie. Und das Kind? Es blickte, während es gefahren wurde, unverwandt auf das Gesicht der Mutter, manchmal schlief es zwischendurch beruhigt ein. Im Gehen wurde der Austausch der Blicke, von dem ich sprach, fortgesetzt, während sich neben dem mütterlichen Gesicht Schattierungen von Licht, kleine Wirklichkeitsfetzen, manchmal ein fremder Kopf und viele Geräusche bemerkbar machten.

Heute sitzen Kinder, den Rücken der Mutter zugewendet, mit dem Gesicht nach vorn in ihrem Kinderwagen, der weit geöffnet ist. Keine beengenden Begrenzungen rechts und links, das widerspräche wohl einem modernen Lebensgefühl, nein, alles liegt frei und wie ausgebreitet vor ihnen. Die ganze Welt, die ihr kleines überfordertes Sehen und Hören nicht in Umrissen erfassen kann, stürzt auf das Kind ein. Unendlich ist die Menge der Informationen, die ungefiltert und ungeschützt vorübergleiten und das Wahrnehmen unterlaufen. Unruhig geht das Köpfchen hin und her. Wohin soll es denn schauen, wenn die Augen nirgends haften bleiben können und das Hören von Geräuschen überwältigt wird. Die Sinnesorgane werden mit allem, nur nicht mit Sinn versorgt ... Kein zentrierendes ordnendes und besänftigendes Gesicht des Mütterlichen, kein Wiedererkennen in all der Fülle – immer nur jetzt und Nicht-Verstehen und wieder jetzt. Ein Kind gewöhnt sich daran. Es wird dabei ganz auf ein rasches Aufgreifen von unzusammenhängenden Sinnesdaten trainiert, am Abend wird in zahllosen Familien dieses Training beim Trickfilm (oder einer Reihe von Trickfilmen) im TV fortgesetzt.

Die Welt ist bunt und schrill, heftig, eindringlich und unverständlich – das lernt ein Kind auf diese Weise, so früh schon. Bereits die ersten Prägungen einer geordneten Wahrnehmung werden auf diese Weise unterlaufen. Und die Mütter? *Warum* wählen sie solche und nicht die »alten« Kinderwagen, die schützenden. Die Wagen, bei denen man sein Kind, während man es schob, anschaute und sich an ihm freute. Heute kann die Mutter kaum den Hinterkopf ihres Kleinen erkennen, wenn sie es über die Fußgängerzone schiebt. Wohin schaut sie eigentlich die ganze Zeit? Und auf wie viel Austausch der Blicke, wie viel Lächeln eines Kindes verzichtet sie, ohne es zu wissen? Ich denke manchmal, während ich solchen jungen Müttern nachschaue: Was für eine Anstrengung ohne Ausgleich muss jedes gemeinsame Ausgehen für sie sein!

Erst die Leute, dann mein Kind

Nun, die jungen Mütter passen sich wohl, ohne es zu wissen, einem Zeittrend an, der ihnen und ihrem Kind schadet. Dieser Trend ist kinderfeindlich, mütterfeindlich ist er auch. Er trägt Spuren eines frühen Alleinseins des Kindes, des der Mutter ebenfalls. Fahrlässig überflüssiges Getrenntsein, während sie gleichzeitig, aber nicht gemeinsam die Welt anschauen. Die vielen kleinen komischen Geräusche, die Mütter so vieler Generationen von sich gaben, wenn sie sich im Gehen zu dem Kleinen herabbeugten, »dudu« … und »gugu« … waren, ganz entgegen dem Anschein, äußerst bedeutungsvoll. Heute wissen wir, dass die Kleinkinder aus ihnen emotionale und sprachliche Informationen aufnahmen – Anfänge bewussten Hörens und Sprechens. Plappern, Blubbern als Reaktion auf Mamas Stimmlaute und Signal der eigenen Informationsverarbeitung und die gleichzeitige sinnschöpfenden Suche, forschend im Gesicht der Mutter – nichts davon bleibt bei diesen gemeinsamen ersten »Ausfahrten« in die Welt außerhalb der Familie übrig.

Zu wenig Zeit der Stillung und zu viel Effektivität, die Überforderung der kleinkindhaften Sinne, oft schon vor dem Fernseher zu Hause und dann beim Ausgehen und im Kinderwagen, dieser Wirrwarr von Eindrücken, Lauten und Bewegungen, ebenso die viel zu frühen Anleitungen zu riskanten Klettereien auf dem Spielplatz (wie oft höre ich von jungen Müttern ein schrilles »super, super machst du das«, während sie ihr Zweijähriges, oft noch in Windeln, eine Seilwand oder Ähnliches hochkrabbeln oder am oberen Ende der Kinderrutsche allein stehen lassen, als trainiere es jetzt schon für irgendeine Extrem-Sportart) – dies alles weist auf einen narzisstischen, instabilen Zustand der jungen Eltern hin und auf ihre Überanpassung an eine aus dem Gleis geratene Abenteuer- und Leistungswut unserer gesellschaftlichen Kultur, in die schon die Kleinsten einbezogen sind.

Kindheit hat mit Visionen zu tun

Um spätere Ängste oder Störungen zu verstehen, müssen wir uns zunächst vor Augen führen, wie in dem kleinen Kopf die ersten Konturen von Ordnung, Wahrnehmung und Einsicht und von Sprache entstehen. Das Kind tut in der nun folgenden Phase etwas ganz Unvergleichliches und Erstaunliches: Es will mit aller Macht auf die eigenen Beine, es stellt sich der Welt. Das ist ein beglückender, aber für die durchlässige Psyche auch erschreckender Vorgang.

Zuerst rutscht das Kind vielleicht auf seinen Knien durchs Zimmer, dann will es neugierig weiter, es krabbelt oder robbt, es ist unermüdlich bei seiner Suche nach dem »aufrechten Gang«. Wenn dieses Kind nun, beispielsweise, das Wohnzimmer verlässt, um auf den langen Flur, der durch die Wohnung führt, zu gelangen, dann geschieht etwas sehr Eindrucksvolles. Es begreift auf eine nun nicht mehr anschauliche Weise der (erste Schritt zum abstrakten Denken), dass der Schrank, der im Wohnzimmer steht, »dort« bleibt, obwohl das Kind ihn jetzt gar nicht mehr sieht. Er ist »fort«, und existiert doch weiter! Mit eben dieser »Erkenntnis« beginnt das eigenständige intellektuelle und soziale Erleben und Miterleben eines Menschen.

Dies ist eine völlig verblüffende und eben auch erschreckende Wahrnehmung: dass die Dinge auch dann noch »da« sind, wenn ich selber *nicht* da bin. Die Dinge haben eine eigene Existenz, unabhängig von mir. Das heißt ja auch: ich bin selber nur ein Ding unter anderen Dingen. Bin Körper und *habe* einen Körper, der neben anderen existiert. In der mütterlichen Symbiose war es noch anders gewesen, da war das Kind Zentrum eines universalen Weltgefühls. Eingehüllt in eine einige Welt. Nun zeigt sich also mit jedem Erkundungsschritt, mit der Entfaltung der kindlichen Kognition, dass dieses Paradies nur eine Täuschung war. Das Kind bewegt sich hinaus aus dem mütterlichen Schutzraum – in der Psychoanalyse gab es eine lebendige Diskussion darüber, warum Kinder eigentlich diesen ursprünglichen Schutzraum verlassen, was sie forttreibt von der Mutter und hinein in eine fremde, unerkundete Welt. Gewiss ist, das Kind wird angetrieben von Lebenskräften, die stärker sind als alle regressiven Wünsche und Bedürfnisse.

Aber die Verstörung, die Ängstlichkeit, die zugleich angesichts einer fremden Welt in die kindliche Psyche eindringt, kann man sich gar nicht intensiv genug vorstellen. Sie prägt ein Leben lang. Teilhabe an der Welt ist für uns Menschen von Anfang an mit elementarer Daseinsfurcht durchsetzt. Sie ist umso radikaler und verstörender, je weniger wir als Kleinkinder die Ordnung der Welt eingeatmet, aufgenommen, verinnerlicht haben.

In unseren erwachsenen Ängsten und Todesvorstellungen ist übrigens etwas von diesem frühesten Erschrecken erhalten. »Der Schrank ist ja noch da, obwohl ich ihn nicht ansehen kann« – dieses Erstaunen des Kindes wird in der erwachsenen Psyche zu einem – nur gelegentlich zugelassen – abgründigen Schauder: *Wie grauenhaft, dass die Welt da bleibt, wenn ich doch selber nicht mehr bin!* Dass es eine Welt gibt, ohne unser Ich, das verstehen wir auch als Erwachsene nicht wirklich, da hilft alle Realitätstüchtigkeit nicht. Solche Tiefen loten wir ungern aus. Aber gelegentlich sollten wir ruhig auf sie lauschen. Sie machen uns aufmerksam für das, was sich in der frühen kindlichen Psyche ereignet.

»Mamama …« und andere Erkenntnisse

Das Kind fängt an, eigene Vorstellungsbilder unabhängig von dem, was es aktuell – jetzt gerade, in diesem Augenblick – vor Augen hat, zu entwickeln und zugleich damit beginnt der Erwerb der Sprache. Anders gesagt, mit dem Beginn der eigenständigen seelisch-geistigen Entwicklung beginnen sich zugleich Symbole (symbolisches Fühlen und Denken) einzuprägen.

Am Anfang ist Sprache Beschwörung und Klage, Mama wird gerufen, wenn die Welt ängstigt oder Mamas Abwesenheit (Mama ist »fort«) unerträglich wird. Beschwörung und Klage, ein universaler Laut! In allen Sprachen aller Kulturen tönt er beinahe gleich: »Mama, Maman, Mamalee, Mamie …«. Mama ist zugleich der Ton der Einverleibung. Er wird wieder lebendig in uns, wenn wir etwa vor einem Stück leckerer Torte sitzen; dann grummeln wir »mmhm, mmmhm«. Das ist der summend »mampfende« Ton der Einverleibung. Das

»Mamam« ist Urlaut des Versorgt-Seins und gleichzeitig Beginn des Brabbeln, Plapperns, aus dem das Sprechen hervorgeht …

Ein anderer ursprünglicher Laut schließt sich an, er führt über Mama hinaus, auch er ist in allen Kulturen bekannt: Das »da-da«, das das Kleine schon nuancierter (nicht mehr summend, grummelnd, sondern deutlich) vor sich hin plappert, wenn es geborgen auf Papas oder Mamas Arm hockt und mit seinen Händchen vergnügt und abenteuerwillig in die noch unbekannte Welt deutet. Oft reckt sich der kleine Körper dieser auffordernden Welt der Menschen und Dinge – dem »anderen« – mit Macht entgegen: »Dada« kräht es, die Urform von Papa, zugleich das »dort, dort« der interessanten Weltdinge, da und da.

»Tata-machen«, sagen noch heute viele Eltern, wenn sie mit dem Kind spazieren gehen. Heraus aus den engen Innenräumen, nach draußen, in die Welt. »Ta-ta«, »da-da«, »Papa«, das sind die Laute der Neugier, des Aufbruchs, des Wagemutes.

Zurück zu unserem Wohnzimmerschrank – er bleibt einfach »da«, obwohl er – bewegt sich das Kind aus dem Raum – nicht mehr gesehen werden kann. Das Kleine stutzt, erschrickt vielleicht. Warum ist die Welt um mich anders, als sie eben noch war, ohne die vertrauten Anhaltspunkte wie Tisch und Stuhl, Puppe oder eben Schrank? Nun tritt beschwichtigend, das *Vorstellungsbild* des abwesenden Schrankes in Erscheinung. Die Abwesenheit des Objektes erzwingt die symbolisierende Tätigkeit des Kindes. Die Dinge sind »nicht da«, also muss ich sie mir aus eigener mentaler Kraft ins Bewusstsein rufen. Das ist der Anfang des Symbolisierungsvermögens. Die bis dahin auf wenige rudimentäre Laute begrenzte Sprache beginnt in demselben Entwicklungsschritt sich zu differenzieren. *Ein Sprachlaut schützt und sichert dieses Vorstellungsbild.* »Rank« oder »ank« oder »schra, schra …« wispert oder krakeelt das Kind und gluckst vor Freude. Die Dinge lassen eine Ordnung erkennen, der es mit seinem Sprachvermögen nachspürt. Mit ungeschickter, aber nun zielgerichteter Bewegung wendet es sich zurück und eilt dem im Laut beschworenen Schrank entgegen, den es tatsächlich, unverändert und verlässlich, nun im Wohnzimmer antrifft. Da ist es ja, das gute alte Möbel, in seiner tröstlichen Beständigkeit. Ja, es ist schon so: Nicht nur Papa und Mama können trösten, die Dinge tun es auch!

Ich skizziere weiter: In einer normalen Entwicklung erwirbt ein Kind nun eine »verobjektivierende« Sprache. Sein Sprachvermögen entfaltet sich, und es benennt nicht nur die einzelnen Dingobjekte, sondern ebenso die *Bewegung* und den Ort der Dinge: den Ball, der hüpft, wenn Mama mit ihm spielt, die Schranktür, die sich öffnet und schließt, die Tasse und die Kanne, die hinter der Schranktür, wenn sie geöffnet ist, sichtbar werden … kurzum, die Dinge werden nun auch im Zusammenhang mit den anderen Dinge, in Strukturen und Funktionen abgebildet. So entsteht aus der einfachen lautlichen Benennung von Dingen zunehmend eine Syntax des bewussten Sprechens, die die Dinge in ihren Zusammenhängen abbildet.

Auch hilft das bewusste Sprechen dabei, Fantasien, die sonst wirr und manchmal ängstigend durch den kleinen Kopf wirbeln, gelenkter und beherrschter zu handhaben. Auf diese Weise werden frühe traumatische Ängste, Fantasma teilweise gebannt. Sprache vergewissert sich der Realität der Dinge, hebt sie aber (wie in Träumen) auch wieder auf. Sprache kann auch Unsinn sein, reine Fantasie, sie kann die Ding-Ordnung auflösen. Kinder haben gewaltigen Spaß an Sätzen wie: »Da fliegt eine Elefant vorbei und kann sich nicht ordentlich benehmen.« Sprache ist selber fantastisch. Kurzum, in dieser kleinkindhaften Phase geht alles drunter und drüber, auf höchst komplizierte und keineswegs simple Weise. Insgesamt bauen sich so die großen Vernunftsysteme und die symbolische Ordnungen auf, ein staunenswerter und irritierbarer Vorgang.

Wird nämlich diese Komplizität auf irgendeine Weise fotwährend behindert – tritt nicht genug Anregung oder nicht genug Beruhigung und Stille in das kindliche Leben ein, gibt es zu wenig oder zu viele Dinge zu sehen und zu hören, wird das unfertige Ordnungsvermögen überfordert (oder nicht ausreichend stimuliert) –, dann sind Störungen des Selbstbewusstseins und der Intelligenz programmiert. Diese Lebensphase ist vielleicht die wichtigste, jedenfalls die folgenreichste im Leben eines Menschen.

Wenn die Verwobenheit von freudigem und ermutigendem Erkennen entlang einer Ordnung der verlorenen und wiedergefundenen Dinge zu oft unterbrochen wird oder durcheinander gerät, dann werden die ersten Wahrnehmungserfahrungen nicht oder nicht *aus-*

reichend regelhaft in das erwachende Ich eingefügt. Die Struktur der Dinge *wird nicht Teil der inneren Gewissheiten.* Oder fachlicher ausgedrückt: Sie wird nicht »verinnerlicht«. Ein Riss tut sich im Entwicklungsgang des Kindes auf. Dieser »Riss« macht unsicher, macht Angst. Vergessen wir nicht, dass trotz allem Lebensmut ein Teil der kindlichen Psyche sich immer zurück sehnt zu Mama und der symbiotischen Einheit. Je ungesicherter die Ordnung der Dinge in der Wahrnehmung des Kindes bleibt, desto stärker machen sich die alten, frühen fantastischen Sehnsüchte wieder bemerkbar.

Zurück zu Mama, wenn die Welt ängstigt

Wir werden im zweiten Teil dieses Buches sehen, dass in den modernen Familien alles sehr auf Weichheit, Rückzug, Ängstlichkeit eingestellt ist. Die eben skizzierten frühen Ordnungsstörungen und das überängstliche Umfeld der Familien verbinden sich zu einer ungünstigen Entwicklung. Zum ersten bleibt die Welt für die kindliche Psyche weitgehend unvertraut, fremd, ängstigend statt beglückend-ermutigend. Das kindliche Ich begegnet ihr mit Misstrauen und will sie lieber beherrschen (oder leugnen), sie ganz verschwinden lassen oder sonst wie überwinden, als sich ihr mit seinem Körper und seinen Sinnen anzupassen. Die Ordnung der Welt erscheint solchen Kindern eher bedrohlich als verlockend. Verlässlich ist sie jedenfalls nicht! Was liegt also näher, als sich dem schützenden Raum des Mütterlichen wieder zuzuwenden. Frühkindliche »orale« Bedürfnisse und Wünsche werden wieder lebendig, bis zu einem gewissen Grad wird die Erfahrung einer »objektiven« Welt geleugnet oder mindestens nur teilweise anerkannt.

In Krisensituationen reagieren *alle* Kinder mit solchen »regressiven Bedürfnissen«. So erklärte meine damals fünfjährige Tochter nach einem Unfall, auf den ich im letzten Teil dieses Buches zurückkomme, mit der erlesenen Sprache einer Fünfjährigen: »Hätte ich mich bloß nie aus Mamas Bauch herausgetraut!« Was das kluge Kind mit diesen Worten zum Ausdruck brachte, sind ebene jene, in krisenhaften Lebenssituationen aktivierten Wünsche nach Rückkehr in die mütterlichen Geborgenheit, in der die Welt noch nicht draußen und die eigenen Befindlichkeit noch nicht innen und beides nicht voneinander geschieden war.

Jene Kinder, die die Ordnung der Welt nicht »verinnerlicht« haben, befinden sich in gewisser Weise *ständig* in einem krisenähnlichen Zustand. Sie streben mit einem Teil ihres seelischen Lebens *permanent* zurück zum Mütterlichen, sie leugnen dabei teilweise den realen eigengesetzlichen Charakter der Welt. Dies führt sie in ihrer weiteren Entwicklung in typische Schwierigkeiten. Die alten versorgenden Fantasien nehmen überhand, die äußere Welt mit ihrer eigenen objekthaften Beständigkeit und Eigenheit erscheint wie eine Überforderung.

In demselben Schritt wird in der kleinen Psyche ein Teil seiner kognitiven Entwicklung zurückgenommen oder erst gar nicht ausgebildet. Gewiss, auch diese Kinder beginnen zu sprechen, zu krabbeln, zu kritzeln und später zu malen, auf eigenen Füßen zu stehen und sich zunehmend geschickt zu bewegen usw. Aber über all dem liegt eine gewisse Willkür, sobald ein Ding nicht so funktioniert, wie der kindliche Wille es fordert, wird es zerstört oder frustriert aufgegeben – das ist ein an omnipotenten Selbstbildern orientiertes Verhalten, das durch die zunehmende Erfahrung der Objektwelt eigentlich überwunden werden müsste. Hier bleibt dieser Erfahrungsschritt viel zu vorläufig, der Weg zurück zu Mama steht dem Kind ja offen. An der Sprache ist es ebenso oft zu erkennen. Sie wird nicht ganz deutlich artikuliert, sie reift auch nicht zur komplexen Syntax. Man kann es so sagen: *Die Sprache erfasst die Dinge der Welt nicht ausreichend, sie bleibt oberflächlich und emotional leer.*

All dies ist der Beginn einer Entwicklung, die hin zu einem aufmerksamkeitsschwachen und überaktiven Charakterbild führt. Diese Kinder wirken später zwar clever, kennen aber kaum Rücksicht, sie haben ja die Dinge und in gewisser Weise sogar die Menschen um sich herum nicht ganz in sich aufgenommen. Ihre fahrige Egozentrik, die immer unbefriedigt wirkt, aber auch nie weiß, wohin sie mit sich selber will, gehört auch zu diesem Bild. Vor allem gehört dazu die nicht ganz zu Ende gebrachte Sprachentwicklung, das Vernuschelte und Verwischte ihres Sprechens, das diese Kinder, so kommt es mir immer vor, einsam erscheinen lässt.

Sprache ist ja Teilhabe an der Welt, Sprache heißt, ich bin einer inmitten der anderen, ich bin ein soziales Wesen. Eben diese *Teilhabe* wird von der nun »regressiven« Psyche – die immer auf dem Sprung

»zurück zu Mama«, zur totalen Versorgung, zum Klammern und Festhalten ist – nur zögernd zugestanden. Dies gilt, wie ich eben sagte, für die überimpulsiven und aggressiven kleinen Jungen. Es gilt in ähnlicher Weise für die perfektionssüchtigen kleinen Mädchen. Auch sie wollen die Eigengesetzlichkeit der Welt, in der sie nur eine unter vielen sind, gern widerrufen. Sie drängen sich in den Mittelpunkt. Wenn sich alles um sie dreht, dann fühlen sie sich ein wenig wie zurückversetzt in »Mamas Schoß«. Ich komme noch ausführlich darauf zurück.

Was ein Kind jetzt braucht: Bindung, Halt, Verlässlichkeit

Schützende Beständigkeit, Verlässlichkeit in allen Bereichen des Alltags, nichts benötigt ein Kind in den frühen Entwicklungsphasen dringlicher. Das ist das ganze Geheimnis guter Erziehung. Ein anderes gibt es nicht. Schutz und Geborgenheit, Lenkung und Liebe in hundert und mehr Augenblicken, jeden Tag.

Der Raum der elterlichen Wohnung *muss* in dieser Phase ein in jeder Hinsicht geschützter Raum sein. Der »Schrank«, der so befremdlich »fort« und »da« sein kann, um den sich deshalb Vorstellungsbilder ranken, die beim Wiederfinden des realen Dings jubelnd bestätigt werden, *muss* seinen verlässlichen Platz in einer räumlichen Ordnung einnehmen. So gewinnt er die Konstanz, die ein Kind benötigt, damit seine Vorstellung und das reale Ding übereinstimmen. Zugleich muss aber auch deutlich werden, dass die Vorstellung im Kopf und das Ding in der Realität *nicht ein und dasselbe* sind. Vorschulkinder haben eine lebhafte, ja halluzinative Vorstellungskraft, auch sie birgt Risiken.

Eltern haben in dieser Zeit eine enorme Aufgabe. Sie müssen in allem ein Gleichmaß finden, oder die Welt des Kindes wächst auf letztlich nicht zu stoppende Weise ins Maßlose. Begreift und »verinnerlicht« ein Kind die objekthafte Struktur der Weltdinge nicht ausreichend, dann finden seine Wünsche, seine inneren Bedürftigkeiten kein Maß. Solch ein Kind will und will, letztlich will es »alles«. Aber alles ist zu wenig. Auch die Vorstellungswelt im Kopf des Kindes – seine innere Realität – findet kein Maß, auch die Fantasien entgleiten leicht … Und wer gibt der kindlichen Psyche dann noch Schutz und Halt?

Symbole beschwichtigen Ängste und deuten die Welt

Folgendes Kinderspiel habe ich selber geliebt und gefürchtet: Ich habe mich vor einen Schrank gestellt und wieder und wieder »Schrank« gesagt, immer wieder »Schrank … Schrank … Schrank …« bis sich das Wort, der Wortklang, von dem genannten Gegenstand löste, bis also das Wort nur noch Wort war, nur Laut, Geräusch, und der Gegenstand selber wie fremd im Raum hing. Ich atmete seine Fremdheit ein, aber schließlich wurde mir geradezu schwindelig dabei und ich flüchtete erschrocken in meine »gewöhnliche« Welt zurück.

Dieses kleine waghalsige Spiel bezeugt, wie sehr die sprachliche *Bedeutung* der Dinge zur Sicherung der Wahrnehmung, zur Vertrautheit des Wiedererkennens und insgesamt zur Integration des körperlichen und geistigen Vermögens beiträgt. Kinder, denen diese Integration (des Körpers und seiner Fertigkeiten, des Emotionalen, des Symbolischen) nicht gelingt, leben mit einem Teil ihres Wesens in einem ungedeuteten Erfahrungsraum. Die Unverlässlichkeit, vor der ich mich in die bedeutungsgesicherte, symbolisch *kenntliche* Welt flüchtete, kommt ihnen nie ganz abhanden. Sie leben gleichsam ohne festen Grund unter den Füßen.

Für die Betreuung der hyperaktiven, selbstverletzenden, perfektionswütigen Kinder folgt aus solchen Überlegungen zwanglos ein schlichter Regelsatz. Er lautet: *Gute psychologische bzw. heilpädagogische Betreuung besteht zuerst darin, für diese Kinder einen verlässlichen inneren und äußeren Ort zu re-konstruieren.* In ihm können sie begleitet von schützend autoritativer Lenkung ihre Wahrnehmungsmängel in gewissem Umfang auszugleichen lernen.

2 ICH BEGREIFE NICHT, SONDERN GREIFE AN …

Schon im Kindergärten erkennt man die impulsiven Kinder, meist sind es Jungen, in dem sie alles und jedes sofort anpatschen und alles sofort beherrschen und können wollen. Mit gewaltiger Ungeduld brüllen sie:

»Laß mich, ich kann das …«, aber dann gelingt ihnen rein gar nichts. Ihnen fehlt die Geduld des Verstehens, die Dauer der Einsicht, ihnen fehlt auch die motorische Funktionssicherheit (wir sprachen von der Einheit von Körperempfinden und Symbolerkennen), um den Umgang mit den Dingen und deren Eigenart sorgfältig nachzuempfinden und sich einzuprägen. Sie glauben, alles zu wissen und zu kennen, weil sie die Eigenart der Dinge ja gar nicht angenommen haben. Sie kennen nur ihre aus frühkindlichen Phasen herrührende Omnipotenzfantasien. Ihre Selbstüberschätzung hat ganz unmittelbar mit der naiven Verfügungswillkür der frühesten Kindheit zu tun, eben daran scheitern sie nun, immer wieder und ohne Einsicht.

So lassen sie ungeduldig und gekränkt von einem Gegenstand ab und wenden sich mit derselben Hast und demselben ungelenkem Eifer dem nächsten zu, um erneut zu scheitern … Und wenn sie schließlich nicht weiter wissen, werden sie wütend und schlagen vielleicht sogar um sich. In ihrer, wie ich vorhin sagte, nicht gedeuteten Welt muss auch die Stimme der Kindergärtnerin, die mit sanftem moralischem Vorwurf auf solch ein Kind einwirken will, verpuffen. Auf ihr »Das darfst du aber nicht« oder »Man schlägt nicht, das ist böse«, reagiert dieses Kind verständnislos, es weiß buchstäblich nicht, wovon die Rede ist.

Laut und flüchtig

Auf einem Spielplatz in Hannover begegne ich – es ist wenige Tage her – einem etwa 6-jährigen Jungen, er fasst, nein, er »greift« sozusagen jedes Spielgerät »an«, mit ungelenker Agressivität und lässt es sofort wieder los und läuft zu einem anderen. Offenkundig kann er die Funktion des Ganzen nicht erfassen. Das kleine Glücksversprechen, das in jeder Schaufel und jedem Windspiel liegt, kann er nicht realisieren, er ist schon auf dem Weg zum nächsten Gegenstand. Sein Begreifen dauert zu lange für die unruhigen Antriebe, die in ihm wirksam sind und er rennt immer weiter, er hat keine »Zeit«.

Die anderen Kinder wenden sich intuitiv erschrocken ab, sie sichern sich in einem unsichtbaren Schutzkreis gegen ihn und seine Unruhe. Sie sperren ihn wortlos, aber unübersehbar aus. Sie schauen nur kurz auf ihn, blicken einander wie zur Vergewisserung an und rennen dann zu viert oder fünft zu einer Schaukel hinüber, während der

Junge selbstvergessen und zugleich mit einer hoch wachsamen, fluktuierenden Aufmerksamkeit alles registriert und nichts versteht. Also rennt er wieder los. Der Kindergemeinschaft nähert er sich jetzt nicht mehr oder nur noch in aggressiver Absicht, einmal wirft er mit Sand nach ihr und sie brüllt sofort zurück, da läuft er weg, im Rennen ist er geübter und schneller als sie, sein geschicktes Wegrennen und vielleicht auch seine Aggression haben ihn für einen Moment getröstet. Er lächelt, während er wegläuft, aber er rennt ja nur in ein noch tieferes Alleinsein mit hundert und mehr unverstandenen Dingen um sich herum und einer unergriffenen Seele in sich.

Klammern, Anfassen …

Ich höre, wie meine kleine Tochter – mit der ich diesen Spielplatz regelmäßig mittags aufsuche – auf ihn einschimpft. *Ihretwegen* stehe ich jetzt auf und rede mit ihm. Seine Reaktion ist so, wie ich es oft erlebe. Nach einem raschen prüfenden Blick beruhigt er sich sofort, danach will er gar nicht wieder von mir ablassen. Er läuft hinter mir her, als ich mich zurückziehe und auf einer Bank meine Zeitung weiterlesen will, er plappert auf mich eine, erzählt von seiner Familie, seinem Bruder und anderes, das ich nicht verstehe, er bemerkt es nicht, er will sich ja auch nur an mir festhalten. So beginnt übrigens jede auch gute heilpädagogische oder psychotherapeutische Beziehung: mit einer Begegnung, einem Blick, mit *unvernünftigem Vertrauen* und einer Hoffnung. Wo sie sich nicht einstellen, sind alle Methoden und Materialien vergebens.

3 KLEINE MÄDCHEN, IMMER IM MITTELPUNKT

Den kleinen Mädchen, die sich nicht ausreichend in der Ordnung der Welt, der Kinder, der Spielzeuge, der Sprache und Fantasien zurecht finden, geht es ähnlich. Schauen wir uns auch ihr Schicksal an einem fiktiven Beispiel an. Alle kleine Mädchen stehen gern im Mittelpunkt, kleine Jungen auch. Aber bei diesem Mädchen ist etwas anders. Wenn sie sich nicht ganz und gar im Zentrum des Geschehens fühlen darf, wenn sich nicht alles und jedes um sie dreht, wird sie total hilflos. Sie findet sich buchstäblich, wie ich eben sagte, »nicht zurecht«. Was kann sie tun? Sie versucht, alle Aufmerksamkeit auf sich zu ziehen. Und wenn ihr das nicht gelingt, verfällt sie in Angst und will die Aufmerksamkeit *erzwingen*. Damit beginnt die Tragödie.

»Manchmal ist sie ganz still und dann wieder aufdringlich laut und lässt sich gar nicht zur Ruhe bringen«, sagt die Kindergärtnerin zu der Mutter und die gibt es an die Kinderpsychologen weiter, beide mit dem Ausdruck von Hilflosigkeit. Dabei liegt doch alles auf der Hand. Dieses Kind ist manchmal schon ganz resigniert und in sich zurückgezogen, ein andermal versucht sie wieder mit aller Macht, Aufsehen zu erregen. Steht sie nicht im Zentrum der Aufmerksamkeit, bekommt sie Angst, und fühlt sich schrecklich allein. Sie braucht emotionale »Zufuhr« von außen, Zuspruch von den anderen. Und dann ist es schon ganz egal, mit welchen Mitteln sie sie erhält. Hauptsache Aufsehen, Hauptsache Zuwendung, notfalls eine unfreundliche. Besser als nichts, besser als traurig und ängstlich allein sein.

So hüpft sie hin und her, macht mal viel Lärm und verbreitet Unruhe, und ist, wenn sie nicht beachtet wird, tief gekränkt. Die anderen Kinder und manche Eltern nennen sie deshalb »zickig«. Auffallend laut und schnell beleidigt, maulig und dann wieder unberechenbar still, und alles wegen Nichts und wieder Nichts.

Sie geben sich furchtbare Mühe

Die Kindergärtnerinnen sagen dem kleinen Mädchen, oft im Ton eines Vorwurfes, als sei ohnehin nicht schon alles kränkend genug: »Du musst aber auch lernen, mit den anderen Kindern zu spielen!« Aber genau das will das Kind ja, es will zu den anderen, will mit ihnen spielen, es weiß nur nicht, wie. Es traut sich eben nichts zu, es glaubt nicht mit der schönen Selbstverständlichkeit des kindlichen Selbstbewusstseins (immer weniger Kinder haben es!), dass andere Kinder mit ihr spielen möchten und dass andere Kinder sich auf sie freuen, dass sie Teil einer Gruppe ist – alles hat sich weit aus jeder Selbstverständlichkeit entfernt.

Was aber so mühsam »erworben« wird, das wirkt eben nie leicht und freundlich. Sie bemüht sich viel zu sehr, zu gefallen, dieses Mädchen. Sie gibt sich wirklich furchtbar viel Mühe, sie strengt sich an und will ganz perfekt sein. Wenn ihr das gelänge, wenn alle Leute auf den ersten Blick bezaubert von ihr wären – dann hätte alle Not ein Ende!

Wäre das Soziale, das Miteinander selbstverständlicher, dann könnte das kleines Mädchen ihr aufdringliches Ego auch vergessen. Aber dazu kommt es eben nicht, weil diese Welt voller Rätsel für sie ist, kaum entzifferbar in ihrer Unmenge an Sinneseindrücken, die auch noch so leicht Angst machen. Man weiß ja gar nicht, wohin man zuerst schauen soll … und dann wenden sich die ersten Spielkameraden schon von ihr ab. Sie sagen: »Die ist immer so unruhig, das macht keinen Spaß mit der, wie die schon guckt …« und rennen weg. Die laufen zu ihrer schönen selbstverständlichen Gemeinsamkeit mit anderen Kindern, zu der dieses erlebnis- und gemeinschaftshungrige Kind nicht gehört.

Deshalb schreit das Kind am lautesten, obwohl es gar keinen Vorschlag zu machen hat, buddelt am eifrigsten im Sandkasten, obwohl es gar nicht sicher ist, ob ihm jetzt danach zu Mute ist, es ist relativ ungeschickt dabei. Es sagt zu jedem Vorschlag der Kindergärtnerin: »O ja«, weil es glaubt, alle Kinder würden der Kindergärtnerin zustimmen …

Aber das ist oft gar nicht der Fall, sie hat sich schon wieder getäuscht, und auf ihr frohes »O ja« antwortet ein gleichgültiges Desinteresse der anderen Kinder, die sich dann ihren eigenen Spielen zuwenden, während das Mädchen immer noch eifrig das vorgeschlagene Spiel, das, was die erwachsene Autorität wollte, spielt oder bastelt oder klebt oder malt und dabei schon wieder allein ist.

Ganz klar … eine Zicke!

Vielleicht hat die Kindergärtnerin selber schon vergessen, was sie vorgeschlagen hatte, sie sieht nur das einsam und verbissen vor sich hin werkelnde Kind und sagt: »Warum spielst du nicht mit den anderen, sondere dich nicht immer so ab …«. Ein Vorwurf schwingt in ihrer Stimme mit und ein Wunder ist es nicht, dass das Mädchen dann aus bitterer Enttäuschung über ihr Alleinsein, weil es sich verraten fühlt und weil es weder ein noch aus weiß, schließlich los brüllt, jämmerlich und aggressiv. »Zicke!« sagen die anderen Kinder wieder. Und die Kindergärtnerin sagt es vielleicht nicht, denkt es aber und lässt es das Kind spüren, auch wenn sie das gar nicht will.

Eine Zicke! Kein Wunder, dass dieses Mädchen dauernd allein ist ... Ewig spielt es sich auf und will alle dirigieren und lenken ... So erscheint es den anderen Kindern, aber da wird die Reihenfolge der Ereignisse auf den Kopf gestellt. Alles war doch ganz anders! Es will eigentlich gar nichts dirigieren, es will nur mitmachen. Es will nur Gewissheit, dass sie dazu gehört auf eine Weise, die sie nicht ängstigt. Daher ihre Lautstärke und ihr Übereifer, daher dieses Nach-Vorn-Preschen und der Versuch, immer allen zuvor zu kommen. Es befiehlt und dirigiert ja nur, damit es mit den anderen Kindern in Übereinstimmung ist, es will ja nur vorherrschen, damit es endlich beruhigt passiv sein kann, mitschwimmen darf. Es will getragen werden im weichen Fluss der Sympathien einer harmonischen Kindergruppe. Wenn ihm das gelänge, müsste es auch nicht immer die Beste oder Schönste sein, müsste nicht immer im Zentrum der Aufmerksamkeit stehen!

Denn eigentlich verhält es sich so: Die kleinen vermeintlichen »Zicken« sind die passivsten Mitläufer, die man sich vorstellen kann. Sobald ein einsichtiger Erwachsener sich mit ihnen in die Mitte einer Gruppe stellt, die sie trägt und sie an der Hand hält, verlieren diese Kinder ihr schwieriges Verhalten von einer Minute zur anderen.

4 ALLMACHT DER MEDIEN, ZU WASSER UND ZU LANDE

Alles ist ungewiss. Das ist das Schicksal von Felix und Mariella und vielen anderen Kindern, die meine Praxisräume betreten. Ihr ungesichertes Selbst sucht Halt und Ausgleich, den ihre Eltern ihnen nicht bieten, die Lehrer und andere Betreuer erst recht nicht. Nur eine narzisstisch-stimulierende, verführerische Selbstdarstellungswelt bietet sich an, in deren Zentrum das Medium Fernsehen steht. Sie ist schöpferisch und bietet Auswege aus der seelischen Not. Sie tut es auf vielfältige Weise.

Dazu zwei Beispiele: In den Tagen, in denen ich an diesem Text schreibe, werden wir im Fernsehen überschwemmt mit Nachrichten vom Krieg, parallel laufen auf allen Kanälen Dokumentationen einer hoch funktionalen Militärmaschine, die in der Luft und zur See Omnipotenz signalisiert. Die allermeisten Kinder und Jugendlichen interessieren widersprüchliche Nachrichten nicht, da gibt es keine Bilder, die sie berühren, nur eine abgemessene öffentliche Sprache, von der sie sich gelangweilt fühlen. Aber etwas anderes berührt sie, vor allem die Jungen.

Gehorsam und Omnipotenz

Zwei Aspekte sind es, die sie anziehen – zum einen finden die Jungen Bilder von nahezu Gleichaltrigen, die in Uniform und konformen Habitus bis hin zum Haarschnitt eine Anpassung extremer Art vorführen. Mehr als Anpassung, sie gehen ja vollständig auf in dem Apparat, dem sie sich unterordnen. Eben dies kommt der Sehnsucht nach Anpassung unserer sonst so willensstarken und selbstsüchtig-trotzigen Kinder entgegen. Gehorsam bis zur Aufhebung des »Ich«, das fasziniert. Das wirkt suggestiv, weil es der Identifikation mit einem absoluten, Zeit und Raum beherrschenden Machtapparat gleichkommt. Es ist ein sehr spezieller Charakter von Macht, der von diesen Apparaten signalisiert wird, ein glatter, fließender, der kaum Widerstände in der Welt antrifft. Denn diese digital gesteuerten und gerechneten Waffen kämpfen nicht gegen feindliche Soldaten oder Waffen oder Behausungen, die sich gleichermaßen zur Wehr setzen, nein, sie löschen in Minutenschnelle Ziele aus, die in Kommandozentralen geortet und programmiert werden – diese Kriege sind wie Computerspiele, nur die Toten sind am Ende wirklich tot. Wir haben es mit einer Vernichtungstechnologie zu tun, die mit äußerster Perfektion verfährt und omnipotent wirkt.

Funktionskälte und Perfektion, ins Extrem des Tötens versetzt – das sind die symbolischen und fantastischen Botschaften, die mit den Fernsehbildern des modernen, digitalen Krieges sich den kleinen und großen Jungen präsentieren. Wenn wir uns ihre oben beschriebene seelische Not vor Augen halten, wird plausibel, dass sie sich davon magisch angezogen fühlen. Und es sind immer Bilder aus dem Arsenal digitaler Ästhetik – sie sind ganz anders als die Fantasien von schweren Kriegsmaschinen, Panzern und Heeren, die in meiner Kindheit virulent waren. Glatt sind sie, elegant, die von ihnen ausgehende Vernichtung ist total, so restlos können Dinge und Menschen nur auf einem Monitor ausgelöscht werden. Sie hinterlassen keine Spur.

Gehorsam, diesmal weiblich

Das ist eine Seite der Medienwirkung. Es gibt eine andere, die weniger auffällig ist, weniger destruktiv. Aber die Verführung zum Gehorsam gibt es auch hier, sie scheint der »Medienmaschine« – also der Gesamtheit der Kino- und Magazinbilder, der Musikvideos und Werbesports, der digitalen Klänge aus dem Walkman und dem Fernsehn – immanent. Ein Wunder ist das nicht! Sie ist ja Sinnstifter, Hersteller möglicher Verzauberung und Vereinnahmung von Welt. Die »Medienmaschine« versöhnt. Und das ist diesen Kindern jeden Preis wert. Vor einiger Zeit sah ich einen TV-Bericht über die »No Angels«, eine Gruppe junger Frauen und Mädchen, die bei einem Casting aus tausenden Bewerberinnen ausgesucht worden sind. Der Gesang- und Tanzunterricht, den die sehr jungen Frauen durchliefen, bevor sie auf die Bühne (heißt: ins Fernsehen) durften, war offenbar martialisch. Die Reportage sollte die Vermarktung der Gruppe unterstützen, man kann davon ausgehen, dass die Härte der Trainingsstunden eher herunter gespielt als betont wurde. Eine kleine Szene ist mir in Erinnerung geblieben, ein Interview mit einem der »Engel«. Sie war sehr jung, nett anzusehen, zweifellos verfügte sie im Alltag über den ganzen »Ich bin Ich«-Jargon moderner Jugendlicher, schaute beseelt – tatsächlich, ein glückliches Gesicht! – in die Kamera und erzählte in entspannter Naivität von den harten Proben, den quälenden Trainingsstunden: »Manchmal tut es richtig weh«, sagte sie. Körperlich! Aber das sei wie bei einem Chirurg, der müsse auch manchmal ganz tief schneiden, dass es schmerzt, und dürfe nicht aufhören. Man müsse die Zähne zusammenbeißen, sagte sie, das mache dann komischerweise richtig Spaß …

Sie lachte ohne Verlegenheit. Sie war sehr stolz. Die angestrebte Perfektion im Licht des Mediums glich alle Strapazen aus. Was körperlich oder geistig hemmt, sich in den Weg stellte, wurde »gnadenlos« (ihre Lieblingsvokabel) überwunden. Alles, was im Lauf der Lebensgeschichte »Ich« geworden war, stand jetzt auf dem Prüfstand, bereitwillig. Wo gehobelt wurde, fielen Späne. Keine Spur von Verlegenheit in ihrem zustimmenden Lachen, wie gesagt. Sie wusste, dass sie die Überzeugungen eines großen jungen Publikums wiedergab. Keiner würde ihr widersprechen.

Dann schob sich, wenn meine Erinnerung nicht trügt, ein kantiger

Kopf, multi-ethnisch versteht sich, in das Fernsehbild, das war der Trainer, der zur Disziplin und Härte mahnte. Wer nicht folgt, fliegt, so habe er immer gearbeitet, sagt er. In New York beispielsweise, wo er seine größten Erfolge hatte. Die junge Frau nickt, sie ist aus gutem Grund glücklich und gehorsam. Sie hat mit den Mitteln des Körpers, der Stimme, der Gestik erreicht, dass das Medium sie aufnimmt und rechtfertigt. Wem verdankt sie das, wenn nicht ihrem Trainer? Ihrem eigenen Willen jedenfalls nicht. Vielleicht nicht einmal ihrem Körper, ihrer Stimme, ihrer Beweglichkeit. *Er* hat alles verändert. So und so bewegen sich meine Beine jetzt, so schwingt jetzt die Mitte des Körpers, so klingt die Stimme produktionstechnisch optimal, so lächele ich und so weine ich …! Das Medium als Perfektionsgarant hat die symbolische Gestaltung des Körper-Selbst und des Selbst-Bewusstseins gefüllt. Die Identifikation wird restlos geleistet, weil sie etwas Existenzielles verspricht. Sie verspricht: die Verzauberung der Welt.

So erlöst mich die »Medienmaschine«

Wenn ich alle Menschen zu bezaubern vermag, mit meiner perfekten Körpererscheinung, meiner Fitness und Intelligenz, dann scheint ja die Welt, die so fremd geblieben ist, beinahe wieder versöhnt, einig mit mir. Wer, außer dem Medienapparat, könnte solche Einigung stiften? Vater und Mutter ja wohl nicht … Lehrer, Schule, Ausbildung? Ach Gott! … nichts in der eigenen Lebensgeschichte reicht dafür aus, Talent und Ehrgeiz allein genügen auch nicht. Nein, man muss vom Apparat entdeckt und gerettet werden. Sozusagen erlöst. Die kleinen geschminkten Mädchen mit der zweiten Diät vor ihrem zehnten Geburtstag und die unruhigen Jungen, sie haben alle einen sehr ähnlichen Traum: *Ich mache mich mit der Welt wieder einig, indem ich sie als kleine Prinzessin aus dem Modejournal oder als Star in der Show-Performance verzaubere … indem ich sie als Tycoon im Computerspiel oder als fantastischer Krieger in der Uniform eines gewaltigen technologischen Apparats beherrsche und lenke – und notfalls zerstöre.* Und wenn ihre Träume platzen, wenn sie scheitern, diese Kinder, wohin stürzen sie dann, in welche innere Leere, die nicht einmal die Stützen der sinnhaften Zeit kennt, sich nicht am Vergangenen tröstend festhalten und nicht auf das Zukünftige hoffen kann?

Teil 2
HUNGERN UND ANDERE FLUCHTVERSUCHE

Übermäßig harmonische und konfliktscheue Familien befinden sich immer in einer Notlage. Alle unangenehmen oder unangemessenen Gefühle müssen fortwährend abgewehrt werden. In diesen Familien gibt es unterhalb eines oft demonstrativ-harmonischen Klimas eine Art »Unterströmung«, in der all das zusammenfließt, was zur bewussten Wahrnehmung nicht zugelassen wird – die Wut, die nicht geäußert werden darf, der Wunsch, einmal laut zu werden und auf den Tisch zu schlagen, überhaupt Aggressivität und gleichzeitig die Angst vor Langeweile. Weil dies alles dem ordnenden Bewusstsein nicht zugänglich wird, *vermischen sich* die verbotenen Strömungen untereinander, die Langweile mit der Angst, der Wunsch nach Klarheit auch lautstarker Art mit Hemmungen. Und über allem stehen allgemeine Lebens- und Zukunftsängste, die in der Regel lediglich als Sorge um die Kinder bewusst gemacht werden. Genügend rationale und scheinrationale Gründe gibt es ja für Ängste allemal. Es gibt den Lehrstellenmangel, die Abiturientenschwemme, die wirtschaftlichen Krisen und den Krieg. Aber wenn man einmal in einem ruhigen und vertrauensvollem Gespräch mit solchen Eltern Angstschicht um Angstschicht abträgt, dann zeigt sich, dass zuletzt von den vielen Beweggründen wenig übrig bleibt und stattdessen eine diffuse, kaum eingrenzbare Unsicherheit im Zentrum der Familie auszumachen ist, die alles andere überlagert.

In solchem angstbehafteten Klima droht sich jeder Konflikt zu einer Katastrophe auszuwachsen, er darf deshalb nicht zugelassen werden. Auch das »Versagen« eines der Familienmitglieder – seien es berufliche Schwierigkeiten der Eltern, seien es Lernprobleme der Kinder – wird sogleich zu einer riesengroßen Belastung für alle. Es fällt den Eltern deshalb schwer, Schwierigkeiten überhaupt zuzugeben. Doch wenn sie schließlich nicht mehr zu leugnen sind, nehmen sie im Erleben der Familie einen kaum noch eingrenzbaren Charakter an. Sie wachsen, weil sie ein so sorgfältig aufrecht erhaltenes Harmonieganzes stören, zu gewaltigen Dimensionen heran, die ihnen der Sache nach gar nicht zukommen. In Arthur Millers unverändert aktuellem Drama *Tod eines Handlungsreisenden* wird diese Störanfälligkeit als Reaktion auf eine permanent vorhandene, bedrohliche Unterströmung eindringlich beschrieben.

5 MAXI UND MARCIA ODER: WARUM VERWÖHNUNG SO ÄNGSTLICH UND ANGST SO UNRUHIG MACHT

Zum Beispiel Maxi. Er wird mir mit der Diagnose »Rechtschreibschwäche« vorgestellt. Solche Diagnosen haben – wie die ADS-Diagnostik – im Wesentlichen einen deskriptiven, symptombeschreibenden und statistischen Charakter. Sie besagten nicht anderes, als dass die allermeisten Kinder in Maxis Alter besser rechtschreiben können als er. Um Genaueres in Erfahrung zu bringen, muss man schon einige Stunden mit einem Kind gearbeitet, gelernt und gespielt haben. Nur so kann man eine differenzierte Betrachtung seiner Lernprobleme gewinnen. Bei Maxi ist das gar nicht einfach. Er wirkt völlig blockiert vor lauter Angst. Alles, was Schrift und Buchstabe ist, ängstigt ihn sofort maßlos. Vor einem größeren Textblock zuckt er buchstäblich zusammen, ich spüre den Ruck, der durch den kleinen Körper geht.

Lernangst also, aber woher kommt sie? Auch diese Frage ist nicht leicht zu beantworten. Niemand schimpft mit Maxi. Von Schlägen kann in dem liberalen Erziehungsklima zu Hause keine Rede sein. Sogar die Grundschullehrerin hat wiederholt beschwichtigende Kommentare unter seine Diktate geschrieben. Alle wollen Maxi die Angst nehmen, aber die wächst dabei ins Maßlose. Wie erklärt sich das? Es geht Maxi gar nicht um seine Leistungen beim Lernen. Seine Angst ist keine Leistungsangst, sie ist viel diffuser. Ich wage die Vermutung, dass er mit Angst vor Strafe viel besser zurecht käme, da wüsste er wenigstens, woran er ist. Aber jetzt weiß er ja nicht einmal, wovor genau er Angst hat. Nur dass sie da ist und ihn fast erstickt, ist nicht zu übersehen.

Etwas Ungreifbares macht sein relatives Schulversagen so beängstigend, ja unerträglich. Maxi hat das Gefühl, einer Verantwortung nicht nachgekommen zu sein, die er zwar empfindet, aber nicht genau versteht. Sie hängt wie ein Menetekel über ihm. Maxi, denke ich, geht es beinahe so wie K. in Kafkas Romanen. Wie K. ist er in eine Schuldfalle geraten, aus der es kein Entkommen gibt. Auch K. weiß nicht, worin seine Schuld besteht, es wird ihm niemals offen gesagt, aber sie wird durch sein Nicht-Wissen nicht geringer, sondern nur unabsehbarer. Sie ist einfach »da«, sie ist in der Luft, und wo soll sie dann hin? Sie kriecht in den Kopf eines kleinen Jungen, und der weiß sich nicht zu helfen.

Maxi hat das Klima seiner Familie gestört, mindestens heftig irritiert, Maxi hat den Vergleich mit anderen Kindern nicht richtig bestanden – und schon brechen in der angstanfälligen Familie alle Dämme. Was soll nur aus dem Jungen werden? Mama besorgt sich Ratgeber-Bücher und führt lange Telefonate mit allen Verwandten und Freunden, die weitläufig mit Pädagogik zu tun haben, Papa forscht im Internet und wird fündig, bald wissen beide alles über den HAWIK-Test, über Diskriminationsschwächen und die genetischen Grundlagen der Legasthenie. Nur, wie sie ihrem Kind helfen können, wissen sie immer noch nicht. Und Maxis Angst wächst, Schlafstörungen stellen sich ein, er will nicht mehr zur Schule gehen, das Frühstück wird zum regelmäßigen Austragungsort von Trotz und Ermahnungen usw. Was also ist zu tun?

Der erste Schritt bei Lernproblemen, die mit so massiver Angst einhergehen oder bei Angststörungen, die sich als Lernprobleme äußern, besteht darin, *konkret* zu werden. Also, die vielen Befürchtungen, die Mama, Papa und Kind wild durcheinander vortragen, zu entwirren. Lernen mit Angst funktioniert nicht, erkläre ich den Eltern. Um Ihrem Kind die Angst zu nehmen, sollten wir zunächst das Problem genau beschreiben. Also, erstens: Ein seelisch gesunder achtjähriger Junge hat keine Angst vor großen oder kleinen Buchstaben oder dem D oder dem T. Er hat vielmehr Angst vor seinem *Versagen* angesichts der vielen Buchstaben, vor dem Versagen an sich. Und zweitens kommen Sie, die Eltern, jetzt ins Spiel. Er hat nämlich Angst vor dem, was sein »Versagen« im Rahmen der Familie und im Gefühlsleben von Papa und Mama anrichtet. *Das* ist für eine kindliche Psyche ein wirklicher Angstgrund.

Wenn Mama weint und Papa schmollt oder Sorgenfalten auf der Stirn hat – dann bekommt ein Kind einfach furchtbare Angst. Die Buchstaben sind dem Jungen egal, vor Buchstaben fürchtet er sich nicht. Nicht deshalb zuckt er vor einer eng bedruckten Seite zusammen. Er fürchtet sich davor, dass er seine Eltern und ihre Erwartungen enttäuscht hat – sie kommen nicht damit zurecht, dass er gegen Regeln, deren Bedeutung ihm nur sehr begrenzt einsichtig sind, verstoßen hat, kurzum, dass er wie der Herr K. »schuldig« geworden ist ... Seine »Schuld« zeigt sich an jedem fehlerhaften Wort, an jedem Stocken beim Vorlesen und unvermeidlich bei jedem Diktat ... es wird immer schlimmer und hört nicht auf. *Das* ist seine Angst.

Ob Maxis eine Rechtschreibschwäche hat – eine legasthenische Störung auf neurophysiologischer Grundlage? Woher soll ich das wissen! Was ich aber nach einigen Stunden mit diesem kleinen Jungen weiß – eigentlich schon nach wenigen Minuten des Erstgespräches – ist, dass die Angst in seinem Leben eine unverhältnismäßige Dimension angenommen hat. Sie muss sofort aufhören. Dies freilich ist eine Aufgabe, die ungleich schwieriger zu bewerkstelligen sein wird als die Behebung von Maxis mangelhafter Rechtschreibung.

Ich muss funktionieren, um immer versorgt zu sein

Um jene Seelenschicht zu erfassen, die bei Maxi zu solchen diffusen, aber wirkungsmächtigen Ängsten führte, müssen wir einen Schritt weitergehen und uns die Entwicklung eines Kindes in dieser sehr harmonischen, konfliktarmen, fürsorglichen bis überfürsorglichen Familie anschauen:

Die ersten Spuren von Schuldgefühlen graben sich nach tiefenpsychologischer Sicht früh ein. Sie entstammen jener frühkindlichen Phase, in denen das Kind neugierig und verwegen die Objektwelt zu erkunden beginnt. Während es sich nämlich aus der symbiotischen Einheit von Mutter und Kind hinausbewegt – um sich der »Welt zu stellen«, wie ich eingangs sagte –, bleiben die primären Gefühle, das

Umhüllt- und Umsorgt-Sein in der schönen Einheit mit Mama, gegenwärtig. Jeder Schritt in die Welt ist ein Schritt weg von der »mütterlichen Einheit«. Deshalb ist die Erkundung der verführerischen Welt der Dinge und Menschen immer mit einem Quentchen Bedauern, einen traurig gestimmten Wunsch nach Rückkehr zu Mama verbunden. Wer mit Kleinkindern gelebt und ihr Aufwachsen aus der Alltagsnähe beobachtet hat, kennt vieldeutige Szenen wie diese: Ein Kind läuft strahlend einem Ball oder seinen Bauklötzen entgegen, plötzlich bleibt es abrupt stehen und bricht scheinbar ohne Grund in ein wahrhaft erschütterndes Weinen aus. »Heb mich auf!« und »Mama, wo bist du denn?«, bedeuten die Gesten und Tränen, dabei ist Mama keineswegs »fort«, sie ist möglicherweise ganz in der Nähe. Aber die Freude am Spielzeug hatte in dem Kind instinktiv den Kummer um etwas Verlorenes ausgelöst. Was ihm da verloren gegangen war, das war eben die selbstverständliche unerschütterliche Einheit mit Mama. In seiner *Seele* war sie abhanden gekommen; der Ball oder die Puppe oder die Bauklötze und die Freude an ihnen und überhaupt die Zuwendung zu den Dingen der Welt hatten Mama verdrängt, das war ihm plötzlich wieder eingefallen – sollte das etwa keine Angst machen?

Wenn Mama auf das dadurch ausgelöste Weinen herbeieilt und das Kleine in die Arme schließt, ist der Kummer schnell vergessen. Die Welt ist in Ordnung, Mama ist ja »da«, körperlich und ebenso im Selbstempfinden des Kindes. Aber bereits mit dem nächsten Spiel, der nächsten freudigen Zuwendung zu diesem oder jenem bricht derselbe Konflikt neu auf. Mama wird verlassen, das ist die Urangst und Schuldangst des Kindes. Sie hat ausweglos tragische Züge. Denn das Verlassen wird ja nicht nur gefühlt, es ist eine unausweichliche Tatsache, die sich mit seinem Heranwachsen in ferner oder gar nicht so ferner Zukunft einstellen wird. Daraus ergeben sich nun scheinbar paradoxe, aber im Gefühlsleben eines Kindes durchaus nachvollziehbare Empfindungen. Sie lassen sich so umschreiben: »Mama wird verlassen, ach, wie allein und traurig sie ist!«. Das ist die Urform der Schuldgefühle, das ursprüngliche Gefäß, in das spätere bewusste und unbewusste Selbstvorwürfe und -zweifel einfließen werden. Aus diesem Zusammenhang erklärt sich, warum ein Kind eben nicht nur dann Schuldgefühle verspürt, wenn es »Schuldhaftes« getan hat, sondern ebenso, wenn es den Erwartungen von Mama nicht nachkommt, wenn es sieht, dass Mama traurig ist (auch wenn diese Trauer nichts mit ihm zu tun hat). Oder wenn es bemerkt, dass es das schöne Miteinander einer harmonisch gestimmten Familie stört. Das Schuldgefäß füllt sich bei jeder Störung des Familienlebens erneut mit Angst, und Angst hemmt und blockiert.

Angst kann deshalb viel tiefer greifen als dieser oder jener »Angstanlass«. So ist es auch bei Maxi. Nicht die schlechten Noten machen Angst, sondern das schuldbelastete Gefühl, gegen die Erwartungen der Eltern zu verstoßen. Dazu kommt die Tatsache, dass die moderne Kleinfamilie zwar in einer hoch individualisierten Kultur existiert, aber gleichzeitig strikt normierten Erwartungen ausgesetzt ist. Sie sind im Wesentlichen unausgesprochen, und dennoch hoch präsent und wirksam. Sie liegen, wie Maxis Ängste, in der Luft! Wie zum Beispiel ein gesunder und attraktiver Körper beschaffen sein muss – dafür gibt es in der bildbestimmten medialen Kultur fixierte Vorgaben (Zum Vergleich: Ich bin in einem Dorf aufgewachsen, weder die Großeltern noch wir Kinder, nicht die Knechte auf dem Gutshof noch die Müller oder Schuster kannten solche Erwartungsregeln. Sie wären in der täglichen Überlebensnot nicht relevant gewesen). Welche beruflichen Erfolge attraktiv sind und welche weniger, in welchen Fächern ein Kind »leistungsstark« sein muss und welche es links liegen lassen darf, auch das ist im allgemeinen Ansehen genau festgeschrieben. Jeder weiß Bescheid. Über die Bedeutung des kindlichen »Erfolges« beim Lernen oder Spielen, Musizieren oder sonstwie Kreativ-Sein sprachen wir schon. Die Kreativität eines Kindes wirft ein scharfes Licht auf eine Familie! Jeder weiß, dass nur glückliche Kinder kreativ sind. Weh also, mein Kind interessiert sich partout weder fürs Singen noch fürs Malen, sondern schmiert nur rum und grummelt unharmonisch vor sich hin, zeigt weder am Klavierspiel noch am kreativitätsfördernden Ballettanz das geringste Interesse! Mama weiß genau, was die Lehrer, der Nachbarn und ihr Chef oder der Chef ihres Mannes davon halten, obwohl keiner ein Wort sagt.

Anders gesagt: Die modernen Familien leben in einem instabilen, zerrissenen kulturellen und sozialen Milieu, aber die Wahrnehmungs- und Bewertungsbilder werden in einer Mediengesellschaft gleichsam oberhalb der gesellschaftlichen Disparatheiten gebildet und gelten mit hoher Allgemeinheit, im Stadtteil des sozialen Wohnungsbaus nicht anders wie im akademisch geprägten Altbau-Viertel.

Die in sich ungefestigte moderne Kleinfamilie kann sich diesen Verhaltensnormen kaum entziehen. Jeder Verstoß gegen die Bilder des richtigen, gesunden, kreativen Familienlebens erzeugen massive Erschütterungen des Selbstwertes und der Stabilität einer Familie. (Auf den westfälischen Dörfern – um es an diesem Vergleich noch einmal zu verdeutlichen – gab es eine strenge »soziale Kontrolle«, aber die war in übersichtliche, und direkt aus den Alltags- und Arbeitsnotwendigkeiten abgeleiteten Regeln und Normen gefasst. Die moderne Familie sieht sich mit Regeln konfrontiert, die einen unkonkreten und »idealisierenden« Charakter haben und deshalb, wo sie verfehlt werden, doppelt kränken und entwerten.)

Nein, ein Wunder ist es nicht, dass diese Kinder in einem Angst- und Schuldklima aufwachsen, in dem fatalerweise die Gründe für Angst und Schuld sehr verschwommen und ungreifbar sind. Das Schwinden eines handlungsrelevanten und mitfühlenden Gewissens im sozialen Verhalten der modernen Kinder hat *auch* damit zu tun, dass sie permanent von Erwartungsängsten bedrängt werden. Für Gewissensinhalte einer erlebbaren, sozial mitfühlenden Art ist weder Zeit noch Raum.

Für unser Kind tun wir alles! …

Vor diesem Hintergrund erscheinen alle Grundlagen der Erziehung bis hinein in elementare Gefühlsbindungen nicht mehr selbstverständlich, sondern uneindeutig und unübersichtlich. Der verfügbare Informationsstand über alle Detailfragen von Erziehung und Lernen, Beziehungen und Sexualität usw. mindert die Unübersichtlichkeit nicht, sondern vermehrt sie. Vielleicht gab es noch nie eine Elterngeneration, die so umfassend informiert und so unsicher war. Wer weiß schon, was richtig und was falsch ist? Wer wagt angesichts von soviel Unwägbarkeiten ein autoritäres Wort gegenüber den Kindern (das diese möglicherweise mit Erleichterung aufnähmen)? Da gibt es kein »Basta«, kein »Weil ich es sage, wird das so und so gemacht und Schluss«. Nichts davon. Solche Sätze, die noch vor drei Jahrzehnten wie selbstverständlich von polternden – und ihrerseits hoch angepassten – Müttern und Vätern ausgesprochen wurden, erfordern heute ein gewisses Maß an Zivilcourage. »Basta« klingt in unseren aufgeklärten Ohren einfach anmaßend, sogar ein wenig lächerlich. Alles ist immer auf Widerruf gestellt.

Weder Papa noch Mama würden jemals riskieren festzustellen, dass sie das Zentrum einer Familie bilden und alle anderen, inklusive der Kinder und der Katze, sich gefälligst um dieses Zentrum herum zu bewegen haben. Papa und Mama sind nämlich von umfassender Lektüre und zahllosen Gesprächen mit Freunden und Verwandten über die komplizierten Beziehungsstrukturen innerhalb einer Familie aufgeklärt – man muss nur einmal auf einem Kinderspielplatz den Gesprächen junger Mütter zuhören, wie da voller Eifer psychologisches Halbwissen ausgetauscht wird, und zwar mit soviel Intensität und Ernst, dass die realen Kleinen darüber beinahe in Vergessenheit geraten. Was sollten Mamas Bekannte und Freunde denn denken, wenn Papa auf den verwegenen Satz verfiele, dass sein Sohn gefälligst zu tun habe, was Papa für richtig hält. Eine Unzahl höchst bedenklicher Prognosen würde ihm für seine seelische Intaktheit und für die Zukunft seines Kindes ausgestellt.

Irgendein pädagogisch Belesener findet sich immer, der die Familie und ihre Umgebung darüber aufklärt, dass Kinder die »Symptomträger« familiärer »Selbstkonzepte« sind, was für die Eltern in der Umkehrung nichts anderes heißt als dies: Wehe, euer Kind wirkt seelisch angeschlagen, ihr wisst ja, dass es nur eure gemeinsame Seelenschwächen »spiegelt«. Jede Verstimmung der kindlichen Psyche »fällt auf Papa und Mama zurück«, wie früher das ungebügelte Hemd und die verschmutzte Hose. Alles kommt sofort ans Licht der informellen Freundes- und Verwandtenöffentlichkeit. Kaum ein Druck kann diffuser und beharrlicher sein!

Was ich hier ein wenig pointiert umreiße, ist alltägliche Beziehungswirklichkeit in durchschnittlichen Familien, die viel Glauben an falsche Autoritäten, Gehorsam und Egoismus überwunden haben, aber nichts Rechtes an ihre Stelle zu setzen wussten. In diesem Vakuum gibt es auf Probleme kaum verlässliche Antworten, aber eine hohe Bereitschaft, normierte Maßgaben, wo immer sie auffindbar sind, zu befolgen. Die Differenziertheit der modernen Stadtkulturen erzeugten den Wunsch nach Eindeutigkeiten, diese werden aber in einem allgemein-gesellschaftlichen Maßstab nur noch von Medienbildern hergestellt, die wiederum einen hochgradig narzisstischen und »verschwommenen« Charakter haben. Hundert Bedingungen und mehr für die seelische Instabilität von Eltern und Kinder. Das alles macht den Kindern Angst.

In diesem Klima haben Papa und Mama längst abgedankt, ob sie es wissen oder nicht. Aus diesem Grund müssen in den Familien Konflikte vermieden werden, sie können nicht wirklich zu einem Ende gebracht werden! Die Entscheidungsinstanz fehlt. Ratgeber mit Titeln wie *Richtig streiten kann man lernen* oder Ähnliches bezeugen ungewollt diese Konfliktangst. Sie handeln in Wahrheit nicht davon, wie man einen Streit austrägt und Konflikte aushält, sie handeln davon, wie man Streit vermeidet und unter einer Fülle von psychologisierenden Anweisungen einfach begräbt. Der Millionen-Bestseller *Familienkonferenz* von Thomas Gordon ist erfolgreich, weil er der Abdankung der Eltern eine liberale Legitimation gewährt. Als Vater und Mutter – als Entscheidende – fallen Papa und Mama in solchen Konferenzen aus, sie sind Gleiche unter Gleichen, damit ist ein Jahrhunderte altes Elternbild gestürzt. Die Kinder tragen schwer daran …

So leben die Kinder in einem extrem weichen, verwöhnenden Kontext, der aber zugleich von harten Leistungsforderungen und -erwartungen geprägt ist. Natürlich sind sie überfordert. Sie möchten ja festhalten an den verwöhnenden, fürsorglichen Mama- und Papa-Harmonien, aber letztlich ist dies nur möglich, wenn sie den Leistungsforderungen nachkommen und die Erwartungen nicht enttäuschen. Sonst steht die ganze familiäre Harmonie zur Disposition. Was also ist jede kleinste Anforderung für solch ein Kind anderes als eine enorme Belastung, und was ist jedes mögliche Versagen anderes als eine Katastrophe? Die auf diese Weise wachgerufenen Ängste verstärken natürlich die kindlichen Tendenzen zum Rückzug in die narzisstische Geborgenheit mit Mama. Mama nimmt ihrerseits solche kindlichen Wünsche nur zu gern auf, auch sie strebt ja selber bewusst oder unbewusst nach soviel »Einheit« mit dem Kind wie möglich. So wird es dem

Kind schon früh erschwert, sich auf aktive und selbstbezügliche Weise mit den Erwartungen der Eltern auseinanderzusetzen und sich dabei schrittweise von ihnen und ihren Erwartungen und Wünschen zu lösen.

Wie anders sollen die Kleinen denn unter diesen Lebensumständen reagieren, als einerseits leistungsorientiert und zugleich Leistung trotzig verweigernd, als unruhig, ungehorsam und dabei fortwährend auf der Suche nach Sicherheit und Halt, als verängstigt und zugleich so unendlich anmaßend und anspruchsvoll?

Die Welt ist schmutzig, also sind meine Wünsche es auch ...

Wenn kindliche Reifung gelingt, wird etwa zwischen dem 4. bis 6. Lebensjahr die objektive Welt, mit ihren Regeln und Besonderheiten verwirklicht und somit lernt das Kind ich-gerechte Unterscheidungen zwischen richtig und falsch, zwischen gut und böse zu unterscheiden. Für die Kinder aus einem sehr angstbehafteten familiären Milieu bleibt ihre Weltsicht unsicher. Eine fatale Entwicklung: Letztlich teilt sich ihre Erlebenswelt in zwei große Lager, das Familien-Innen und das Welt-Außen. Das Außen ist bedrohlich, das Innen ist freundlich und rein. Freilich ist das Außen auch verführerisch, es verleitet dazu, das Innen zu verlassen, was in einem erschrockenen Kinder-Ich wiederum zu heftigen Abwehr- und Vermeidungsreaktionen führt.

Das »Innen« der Familien muss rein bleiben. Was immer diese innere Reinheit stört, wird in solchen Familien abgespalten. Die abgespaltenen Gefühle müssen aber auch irgendwohin, sie werden auf eine Außenwelt »projiziert«, die eben dadurch immer bedrohlichere Züge annimmt. Was sind die Folgen? Bei ihren Außenkontakten, die ja unumgänglich sind, suchen die Kinder aus solchen familiären Gemeinschaften ebenfalls nach klaren Unterscheidungen, unumstößliche Gewissheiten. Die Außenwelt macht ihnen ja Angst, und feste, stabile und rigorose Bewertungsmaßstäbe helfen, die Angst zu lindern. Die Dinge sind fortan total »richtig« oder total »falsch«, Menschen sind entweder absolut »böse« oder absolut »gut«. Ein »Dazwischen«, aus dem eine differenzierte Weltsicht (und ein vielfältiges offenes Selbst) erwächst, wird bei Kindern von angstbehafteten Familien kaum ausgebildet.

Die Gewissensbildung dieser Kinder bleibt ebenso undifferenziert. Sie benötigen ja stets »fertige« Vorgaben für die Bewertung von Situationen, auf ihr verinnerlichtes Wissen können sie sich nicht verlassen. Insofern erfahren sie sich selber nicht wirklich als Handelnde in ihrem Erleben moralischer Urteile und Wertungen, sie warten und horchen auf die lenkende anordnende Stimme von Papa (oder einer Ersatz-Instanz) und klammern sich länger als andere Kinder an Mama und wollen nicht von ihrer Seite weichen.

Angst und Trotz, kaum unterscheidbar

Wie immer in der menschlichen Entwicklung kommen viele Einflüsse zusammen. Wir haben von dem unzureichenden »Gehaltensein« in der frühesten Kindheit gesprochen, wir haben gesehen, wie die Ordnung der Welt nur zu Teilen in das erwachende Ich aufgenommen, zu anderen Teilen aber abgelehnt, nicht »verinnerlicht« wurde. Wir haben weiter gesehen, wie die Entwicklung der Symbolisierungsfähigkeit, vor allem der Sprache, ebenfalls unzureichend blieb. So wurde der Bezug zu den Dingen und Menschen im Verlauf solcher kindlicher Entwicklung weitgehend fordernd und rücksichtslos. Zugleich haben wir die Konstellationen in den Familien dahingehend interpretiert, dass sie die Kinder ängstigen. Sie leben ja ohnehin in einer wenig geordneten, in ihren Wahrnehmungen wenig verlässlichen Welt. Kommen nun die Leistungserwartungen der Eltern hinzu, dann fällt es nicht schwer, sich die Wesenszüge moderner Kinder zu erklären: zu ihrer Rücksichtslosigkeit anderen gegenüber tritt gleichzeitig eine hohe Ängstlichkeit allem und jedem gegenüber. Sie klammern sich an das, was sie haben – »Das ist meins, du kriegst nichts!« – und vor allem klammern sie sich an Mama.

In der kinderpsychologischen Praxis ist das kindliche »Klammern« Anlass für ständiges Klagen der Mütter: »Ich kann nicht einmal allein aufs Klo«, sagte mir die Mutter einer Achtjährigen verzweifelt. Keinen Schritt möchte das Kind allein tun. Sie halten sich buchstäblich, wie sie es als Kleinkind taten, an Mama fest und stolpern dabei fortwährend über die eigenen Füße.

Diese Kinder fallen schon im Wartezimmer auf. Keinen Millimeter rücken sie von Mamas Seite, krabbeln mit ihren acht oder zehn Jahren auf ihrem Schoß herum und reagieren verstört und eingeschüchtert, wenn die Mutter sie entnervt zur Seite schiebt. Sie halten sich auch dann noch an Mama fest, um«klammern« buchstäblich ihre Arme oder Beine, wenn sich die beiden schließlich in mein Arbeitszimmer hinüberbewegen, das Kleine zappelt oder stolpert neben Mama her. Ruhelos, tollpatschig, ungelenk.

Sie kommen fast ausnahmslos aus überbehüteten Familien, sie haben schon im Kindergarten Probleme mit anderen Kindern, ihre Welt ist egozentrisch und unmäßig bedrohlich. Sie mögen Regeln und geordnete Abläufe nicht und langweilen sich bei jeder Art von Regelspiel. Wenn die anderen Kinder schließlich ohne sie weiterspielen, verfallen sie in eine gekränkte Aggressivität oder ein stures Beharren auf ihrem Alleinsein. In der Schule versagen sie vollends trotz ihrer oft überdurchschnittlichen Intelligenz. Die feingliedrigen Schriftzeichen überfordern ihre Aufmerksamkeit, Syntax und grammatische Regeln quälen sie. Sie geben schnell auf, sind dann auf eine sehr nachhaltige Art entmutigt und wehren sich gegen jede Hilfe beim Lernen. In ihnen sind ein starrer Wille und eine tiefe Ängstlichkeit eine verhängnisvolle Bindung eingegangen.

Georg hasst Schrift, jetzt lernt er schreiben

Georg ist neun Jahre alt, ein vergnügtes Kind, solange alle seinem Willen folgen. Er zeigt dann ein offenes Lachen, mit dem er Erwachsene schnell für sich gewinnen kann, er weiß das. Er hat mich (den Erwachsenen, der hinter dem großen Schreibtisch hockt) beim Erstgespräch schon ins Herz geschlossen, bevor er mich richtig wahrgenommen hatte. Jedenfalls grinst er mich breit und sympathisch an. Georg errichtet, wo er geht und steht, ein nahezu familiäres, intimes Klima, einen Familienersatz. Bedingung: Er, Georg, steht im Mittelpunkt, er bestimmt, was gespielt wird und wie lange. Wenn ihm eine Situation nicht behagt, dreht sich Georg zu Mama und sagt: »Ich habe Durst«. Er muss ganz schnell aufs Klo, wenn er im Spiel verliert, er wird bockig, wenn eine Situation einen anderen Verlauf nimmt, als er sich vorgestellt hatte. Und bei allem und jedem wird ihm nach sehr kurzer Zeit »langweilig«. Er ist daran gewöhnt, dass seine Wünsche früher oder später erfüllt werden – ein »Nicht jetzt«, zu dem Papa sich gelegentlich durchringt, erträgt er nur für kurze Zeit, ein mahnendes »Du hattest schon zwei Stück Kuchen, Georg«, mit dem Mama seiner Unersättlichkeit Einhalt gebieten möchte, beachtet er nicht.

Seine Tränen erzeugen bei den Eltern Schuldgefühle, Georg weiß das. Mama und Papa halten Tränen nicht aus und können deshalb auch nicht unterscheiden, ob es sich um Tränen aus Trotz oder aus Traurigkeit handelt. Sie beschwichtigen und trösten ja immer sofort. Wenn Georg aber tatsächlich einmal eine ernsthafte Enttäuschung erlebt oder wenn er sich wirklich weh getan hat, dann können sie auch nicht mehr tun, als sie immer schon getan haben. Für Georg ist das dann zu wenig. Ausgerechnet mit seinen tieferen Gefühlen bleibt er ganz allein.

Auch ihm ist eine Legasthenie bescheinigt worden, auch diesmal ist die Diagnose durch psychometrische Verfahren gewonnen und unvollständig. Georg, berichtet die Mutter, war ein abenteuerlustiges Kind, er hat sich, sagt sie, früh »auf die Beine gemacht«, nichts in der elterlichen Wohnung war sicher vor ihm. Aber der nächste Entwicklungsschritt ist ihm nicht gelungen. Er hat die Ordnung der Dinge nicht verinnerlicht, sie fanden in ihm keinen Widerhall und so hat er sie nicht oder unvollständig aufgenommen, er hat den Schritt von den konkreten Dingen in die Ordnung der Symbole nicht geschafft. Es gelingt ihm auch nicht, die Dinge oder die Gefühle, die ihn bewegen, in Worten zu beschreiben, überhaupt ist seine Sprache vernuschelt, manchmal kaum zu verstehen. Erst recht gelingt es ihm nicht, die Dinge aufzuzeichnen, sie in Zahlen zu ordnen, wie es andere Kinder ab dem vierten Lebensjahr so gern tun. Buchstaben findet er extrem langweilig, er wird wütend, wenn er sie nur sieht.

Georg ist niemals weit genug von seinen frühkindlichen Gefühlen weggekommen. Er ist unstet, mal übereifrig, dann gleichgültig. Er lässt von den Dingen ebenso schnell ab, wie er sich ihnen zugewandt hat. Sein Zugriff ist hart und wild, er will alles sofort haben, aber die Puppe oder das Lego liegen dann wie fremd in seiner Hand. Insofern kann ihm der Schritt zur gegliederten, in hierarchische Ordnungen gefügten Welt der Dingzusammenhänge und der Symbole, die sie abbilden, nicht gelingen.

Sein Selbst dreht sich um ein emotional verarmtes und sinnlich unfertiges Erleben. Das macht den eingangs erwähnten Eindruck der Unwahrhaftigkeit aus, der ihn (wie viele hyperaktive Jungen) bei oft demonstrativer Offenheit umgibt. »Ich finde Sie richtig nett«, sagt er, da ist er noch keine zwei Minuten in meinem Sprechzimmer. Er schaut, ob er mich auf seine Seite ziehen kann. Seine Beunruhigung ist nicht zu übersehen. Ich bleibe unbeeindruckt, wende mich ihm nicht zu, ich reagiere nur mit einem freundlichen, aber distanzierten Lächeln, das Georg – anders als seine Mutter – sofort richtig zu entziffern weiß. Er schaut zur Seite, unruhig, rutscht vom Stuhl und wendet sich einem Spielzeug zu, das auf der Fensterbank steht.

Die Mutter erzählt inzwischen ungerührt weiter von Georgs Schulproblemen, er ist in der 2. Klasse und soll »sitzenbleiben«, das kränkt sie. »Mein Sohn ist nicht dumm«, wiederholt sie mehrfach. In nahezu jedem zweiten Erstgespräch, das einen ähnlichen Verlauf nimmt, geben Mütter oder Väter zu erkennen, dass ihr Kind vielleicht eine Hochbegabung aufweise und sich entsprechend im Unterricht langweile, daher sein dissoziales Verhalten und die schlechten Leistungen – ob man das nicht mal »testen« solle. Etwas Objektives, von ärztlicher Autorität oder von übergeordneten Instanzen gesichert, soll her, auf die eigenen Wahrnehmungen kann man sich nicht verlassen. Objektive und vorgesetzte Instanzen sollen bekräftigen, was sie insgeheim sehnlich wünschen: Unser Kind ist hochbegabt, viel schlauer als alle anderen, wir sind etwas Besonderes und unterwerfen uns trotzdem den kompetenten Bewertungen der Fachleute. Die oft vorgetragenen Wünsche nach Tests und Verobjektivierung lassen eine tiefe Angststruktur bei gleichzeitiger fordernder Selbstdarstellung erkennen.

Georg drängt sich in meine Aufmerksamkeit, er hat das Stichwort Lesen gehört, es gefällt ihm nicht. »Ich mag sie richtig gut leiden«, wiederholt er. Allerdings weiß ich jetzt schon, wie sein Satz weitergehen wird. So ist es denn auch. »Aber Lesen und Schreiben tu ich nicht, auf keinen Fall«. Sein Blick ist jetzt offenkundig besorgt, fast ein wenig panisch. Die Situation ist für ihn undurchschaubar. Er fühlt, dass seine Mutter mir eine gewisse Autorität zuerkennt. Er muss also – um die gewohnte Zentrierung auf sein kleines Ich aufrecht zu erhalten – einerseits meine Zuneigung erwerben und andererseits eindeutige Signale an Mama richten, was sie zu sagen oder abzulehnen hat. Keine leichte

Aufgabe für einen kleinen Jungen, und er ist damit auch sichtlich überfordert.

Würde ich mich jetzt im Sinn einer weichen Lernpsychologie den beiden zuwenden, ihnen ermutigende und zugleich beschwichtigende Sätze anbieten, die den Leistungsdruck aus der angespannten Situation herausnehmen und Georgs Ängste auffangen, dann wäre mir eine intensive Zustimmung sowohl der Mutter wie des Kindes gewiss. Ein Satz wie »Wir wollen das Kind nicht überfordern« oder gar das heuchlerische »Lernen muss ja zuerst einmal Spaß machen« wäre eine Erleichterung für beide. Aber ich weigere mich. Ich beharre darauf, dass eine Lerntherapie aus Mühe besteht, ich will Georg zwingen, eine disziplinierte, also von den Eltern abgelöste Haltung zu den therapeutischen Stunden einzunehmen.

Georg ist nun am Rande der Verzweiflung, am liebsten würde er weinen. Immer noch ist Mama bezogen auf die Autorität des Psychologen und nicht ausschließlich auf ihn und sein momentanes Befinden, auf sie kann er sich jetzt nicht verlassen, wenn er seine Angstabwehr durchsetzen will. Immer noch verweigere ich mich seinen Vereinnahmungsversuchen – »Ist dies ein Spielzeug, kann ich das haben?« fragt er naiv und rührend. Er muss einfach irgend etwas an sich nehmen. »Nein«, sage ich, und verweigere wieder weitere abschwächende Erläuterungen. Die Mutter spürt, dass Georgs Wut anwächst, sie hat Angst vor einem Trotzanfall – kaum zu entscheiden, ob ihr eher die mögliche Blamage vor dem »Psychologen« oder die Angst vor Georg zu schaffen macht. Sie sagt: »Schau mal Georg, andere Kinder wollen auch damit spielen, Herr Bergmann hat ja nur gesagt, du kannst es bestimmt mal kriegen, wenn du hierher kommst …« und so weiter.

Georg starrt sie wütend an, er misstraut ihr jetzt zutiefst, weil sie mich wieder ins Spiel gebracht und die Situation immer noch nicht zu seinen Gunsten entschieden hat, Beschwichtigungen durchschaut er im Übrigen sofort, er benutzt sie ja selber fortwährend. Er ist überhaupt ein cleveres Kerlchen, gar nicht unsympathisch, aber maßlos einsam und verloren immer dann, wenn die Situation nicht mit seiner jeweils aktuellen Befindlichkeit übereinstimmt. Ein Kind, dem der Mut genommen wurde, sich auf die vielen hundert Abenteuer einzulassen, die Kindheit Tag für Tag bedeuten kann, eines, das zu allem Überfluss auch noch der Schriftkultur den Kampf anzusagen bereit ist und möglicherweise damit endgültig den Zugang zu einer offenen Welterfahrung versäumt.

Er tut mir Leid – es wurde aber auch höchste Zeit! Ich habe mich mittlerweile im Verdacht, dass ein gewisser Unmut über den starrköpfigen – aber leider nicht *eigensinnigen* (beides wird von Eltern gern verwechselt) – Jungen meine Haltung als Therapeut überlagert. Im Übrigen muss die verquere Situation dieses Gespräches ja in irgendeiner Weise aufgelöst werden. Die Mutter ist dazu offenkundig nicht in der Lage, und für Georg gibt es inzwischen nur noch den Weg in eine Sackgasse des Trotzes. Ich will ihn nicht hinein laufen lassen.

Und dann ist alles ganz einfach, es ist fast immer das Gleiche. Ich wende mich ihm jetzt endlich ernsthaft zu, schaue ihn an und Georg erwidert den Blick, er hält ihm sozusagen stand und ich glaube, dass er für einen Moment stolz auf sich ist. Ich sage: »Wir beiden lernen jetzt lesen und schreiben. Hör zu, ich bin dein Trainer, du bist der Sportler«. Ich erkundige mich nach der Sportart, die Georg am liebsten mag und entwickle ein versöhnliches Bild von einem guten Trainer und einem tollen Spieler, die miteinander spielen, aber auch schuften, kämpfen, schwitzen, schimpfen ... Georg mag das Bild, es kommt seiner Unruhe entgegen, er probiert schon mal ein paar heftige Bewegungen aus. Ich fahre fort: »Dann wirst du müde. Was macht ein schlechter Trainer, wenn ein Spieler müde wird? Er sagt, ach, Spieler, ich versteh dich so gut, komm her, leg dich hin, ruh dich aus, schlummere ein bißchen ...« Georg grinst, so einer ist er jedenfalls nicht. »Zu einem guten Spieler«, erkläre ich, »sagt der gute Trainer: du bist müde, Knochen tun weh, macht nichts, noch 'ne Runde, und noch eine, und wenn du total fertig bist, dann kannst du dich ausruhen, aber nur ganz kurz.« Das leuchtet Georg alles ein. »Was bin ich für eine Art von Trainer für dich?«, frage ich und gebe gleich die Antwort. »Ein guter natürlich. Was heißt das nun wieder? Es heißt, ab sofort machst du alles, was ich sage, und wenn du keine Lust mehr hast, dann machst du es erst recht, und wenn du wütend wirst, dann schreist du einmal ganz laut – oder wir beiden schreien zusammen – und danach machen wir weiter. Verstanden?« Jedes Wort hat er verstanden. Vor allem das mit dem »Herausschreien« gefällt ihm gut. Dass man laut werden darf, ohne Angst bei Erwachsenen auszulösen, dass man müde sein darf, ohne getadelt oder eingelullt zu werden – das alles sind sehr plausible Angebote für einen neunjährigen Jungen, der gern auf lebendige Weise geordnet leben möchte, wie andere auch. Ich bemerke den leicht erschrockenen Blick der Mutter, sie erwartet offensichtlich Georgs massive Abwehr, so redet sie nie mit ihm, sie traut sich gar nicht – sie wird es aber lernen.

Den ersten Schritt bringt ihr Sohn ihr soeben selber bei. Kein Trotz, keine Wut, ganz im Gegenteil. Georg nickt, er ist immer noch stolz. Auf die zaghafte Frage der Mutter, ob er tatsächlich zu dem »Herrn Bergmann« – der ihr, wie ich vermute, in diesem Augenblick relativ grob und wenig einfühlend und überhaupt nicht richtig »psychologisch« vorkommt – zum »Training« gehen wolle, antwortet Georg in eben gelernter Eindeutigkeit: »Na sicher!«. »Gut, sage ich, und stehe auf, »dann ist das ja geklärt«. Es gibt wirklich gar nichts mehr zu sagen!

Marcia ist ein Sonnenschein, ein trauriges Kind

Georgs Reaktionen sind eine Antwort auf die beschriebene Konfliktstruktur innerhalb der narzisstisch kränkbaren, überfürsorglichen und »heilen« Familien. Marcia verkörpert eine andere Antwort. Sie ist in der Ablehnung und dem Misstrauen, das diese Kinder der Außenwelt entgegenbringen, noch einen großen Schritt weitergegangen. Sie hat Abwehr und Misstrauen als Bestandteil ihrer inneren Stabilität in sich verankert. Die Folgen sind tief greifend.

Marcia hat einen ausgeprägt eigenen Willen, sagen ihre Eltern im Erstgespräch. Aber das stimmt nicht. Marcia befolgt nur, was ihr beigebracht wurde, und das ist höchst kompliziert. Marcia muss ihren Eltern und sich selber fortwährend eine Rolle vorspielen: die des aufgeweckten Kindes, das überall »gut ankommt«, das beliebt ist bei den Spielkameraden und in der Schule und das natürlich gute Noten nach Hause bringt. Aber damit ist es noch nicht genug. Zugleich muss Marcia ein besonders inniges Verhältnis zu Papa und Mama aufrecht erhalten – die beiden streiten gelegentlich im Spaß miteinander, ob ihre Tochter mehr ein Mama- oder ein Papa-Kind sei. Sie können sich nie einigen und brechen den scherzhaften Streit ab, bevor er kein Scherz mehr ist. Ohne Marcias ständige Liebeszuwendung kämen beide nicht zurecht.

Papa und Mama sind eher zurückhaltend im Umgang mit Menschen, Veränderungen sind ihre Sache nicht, sie lieben ein ruhiges Familienleben, wirken dabei aber immer ein wenig getrieben. Sie halten nicht sehr viel »von der Meinung der Leute«, aber was man über sie sagt oder sagen könnte, beunruhigt sie trotzdem. Es beunruhigt sie sogar in besonderem Maße, weil sie eben so zurückgezogen sind und so sehr konzentriert auf die eigene Familie, dass sie als Handelnde selber kaum in die Beurteilung der anderen »Leute« eingreifen können. Sie benötigen zur Aufrechterhaltung ihrer Integrität die Anerkennung eben jener »Leute«, über die sie sich – auch in Gegenwart des Kindes – so abfällig und beiläufig zu äußern pflegen. Dies alles hat Marcia mit ihren zehn Jahren unbewusst, aber intensiv in sich aufgenommen.

Es ist nicht leicht, den Leuten gegenüber aufgeweckt und freundlich, überall beliebt zu sein und gleichzeitig immer auf Papas und Mamas Seite zu stehen. Marcia benötigt dringend klare Maßgaben und Bewertungen. In der unsicheren Welt findet sie die nicht, also muss sie sie in sich selber finden, beziehungsweise erfinden. Marcia tut alles, damit ihre innere und äußere Welt endlich in Ordnung kommen. Damit beginnt ihre Tragödie.

Marcias Probleme sind beiden Eltern schon im Erstgespräch sonnenklar. Nämlich: Marcia hat gar keine Probleme. Warum sind sie trotzdem bei mir? Da geraten ihre Überzeugungen für einen Moment ins Stocken, und dann ist der Schuldige gefunden. Denn mit Schuld – da sind sie sich einig – muss es ja zu tun haben, dass ihr Kind überhaupt bei einem Kinderpsychologen vorgestellt werden muss. Schuld ist die Lehrerin, weil Marcia und ihre Familie – ein Bruder gehört noch dazu (zwei Jahre älter als Marcia) – nicht »schuld« sein können. Wer hat überhaupt das Wort »Schuld« ins Gespräch gebracht? Ich erinnere mich hinterher nicht genau, aber es spielte eine große Rolle, es lag wie ein Vorwurf im Raum.

Im Kindergarten war Marcia nämlich der reinste Sonnenschein, der Kindergarten ist nicht schuld. Die Betreuerinnen hätten damals nur so von Marcia geschwärmt, berichtet die Mutter. Wovon schwärmten sie konkret, will ich wissen, und da trifft mich ein misstrauischer Blick. Geschwärmt eben, reicht das denn nicht? Ich beharre auf meiner Frage, die Antwort ist schnell gefunden. Das Kind war immer sehr sozial, sagt der Vater. Bei Gruppenspielen immer die Erste, und wenn ein Kind nicht mitkam, dann half Marcia, und wenn eines traurig war, dann war es immer ihre Tochter, die tröstete. Die Kindergärtnerin, ergänzt die Mutter, habe einmal erwähnt, solch ein hilfsbereites Kind hätten sie überhaupt noch nie gehabt.

Nein, man benötigt keinen geübten Blick, um zu erfassen, welch ein Druck auf diesen kleinen Kinderschultern lastete. Marcia musste das mitfühlendste, das angesehnste Mädchen des ganzen Kindergartens sein. Dabei natürlich auch sehr durchsetzungsfähig, nicht wahr? Hatte sie – wie jedes Kind – auch ihre mürrischen Tage? Nie? Zeigte sie nie Eifersucht und Egoismus? Hat sie nicht wenigstens einmal ein anderes Kind zur Seite geschubst, um selber die erste an der Schaukel zu sein? Und hat sie wirklich immer nur andere Kinder getröstet? Oder weinte sie selber auch, hatte also Grund zum Weinen? Alles ist wegschoben in ein großes familiäres Vergessen, aus dessen Mitte das Bild der beliebten Tochter aufsteigt. Eines, an das sich die Kindergärtnerin sicher bis heute erinnert. Ein strahlendes Bild.

»Und in der Familie?«, frage ich. Fühlt sie sich wohl zu Hause, geborgen, ist sie gern bei Papa und Mama und ihrem Bruder? Aber ja, das versteht sich von selbst. Die liebsten Spiele sind natürlich die nach dem Abendessen, kurz vor dem Schlafengehen. Der Fernseher wird in dieser Familie so gut wie nie eingeschaltet. Und so weiter.

Marcia hat alles verinnerlicht. Hat sich alle Aufgaben zu eigen gemacht, damit die Schuld nicht bei ihr hängen bleibt. Beliebt und ohne Probleme bei anderen Leuten, aber am liebsten zu Hause bei Papa und Mama. Hinter jedem vorgetragenen Bild einer fast perfekten Tochter verbirgt sich ein tiefes Misstrauen der Eltern (oder des Familienganzen) gegenüber der Außenwelt, verbunden mit einer prägenden Angst, ihr nicht gewachsen zu sein. Marcia hat diese Angst eingeatmet, sie fühlte, dass sie Mama und Papa in eine entsetzliche Verwirrung stürzen würde, wenn sie nicht als »eine der Beliebtesten, wenn nicht die Beliebteste überhaupt« im Kindergarten gelobt würde und wenn sich ihre zuverlässige Integrität nicht in die Schule fortsetzen würde. Marcia weiß, dass die Familie zugleich das Wichtigste von allem ist. Papa und Mama wüssten ohne das einigende Band der beiden Kinder wenig mit sich anzufangen. Aber das Kind füllt ja den Tag,

Termine hier und dort, Einkäufe, Sorgen ums Geld und dann wieder Termine, die eine oder andere Kinderkrankheit zwischendurch. Alles Kindliche stützt den familiären Zusammenhalt und der Charakter dieser Familie bekommt selber kindliche Züge. Alles darf passieren, bloß kein Versagen. Bloß nicht auffällig werden auf die ein oder andere Weise. Es ist immer eine fatale Mischung aus Selbstdarstellung – alle sollen sehen, wie hervorragend wir und unsere Kinder sind – und einem verängstigten Sich-Verbergen, am besten hinter fest verschlossenen Türen. Gut, dass Marcia so ein Vorzeigekind ist. Leistungsfähig – das merkte man ja schon im Kindergarten –, aber trotzdem sozial und mitfühlend. Beliebt, aber trotzdem selbstbewusst. Ausnutzen lässt sie sich jedenfalls nicht …

Marcia nimmt alles in sich auf …

Was immer Marcia aufgebürdet wurde, traf sie wie eine Probe, die sie bestehen musste. Mit dem Eintritt in die Schule verhärtete sich dieses schwierige Verhältnis zur Außenwelt zu einer Angst- und Schuldbereitschaft, die sich geradezu mechanisch bei jeder neuen Aufgabenstellung bemerkbar machte und die alle kindliche Neugier, alle lustvolle Spannung in ihr erstickte. Die Welt war ein einziger Vorwurf, der an Marcia gerichtet wurde.

Ein Kind kann aber nicht die ganze Welt ablehnen. Die nette Lehrerin wird sauer, wenn Marcia wieder lauter Flüchtigkeitsfehler im Diktat macht, ist die Lehrerin jetzt also böse? Oder ist Marcia böse? Oder die Banknachbarin, die manchmal andere Spiele spielen will oder ihr nicht bei einer Aufgabe hilft, soll Marcia nie wieder mit ihr reden? Und fühlt sie sich nicht erst recht »schuldig«, wenn sie am Schluss ganz allein ist? Um ein perfektes Selbstbild aufrecht zu erhalten, müsste Marcia fortwährend der ganzen Welt die Schuld an diesem oder jenem zuweisen, das will sie aber nicht. Was bleibt ihr dann schon, als die »Schuld« nach innen zu kehren? Und genau das tut sie. Ich kann wieder einmal das nicht, was alle können, ich habe es gleich gewusst. Ich bin zu doof, alle anderen kapieren alles, nur ich nicht. Und zugleich, das darf man ja nicht vergessen, *darf* dieses Kind, der Sonnenschein der Familie, nicht mürrisch und verheult nach Hause kommen – für Mama bräche ja sofort eine Welt zusammen.

Also versteckte sie ihre Selbstanschuldigungen tief in ihrer unfertigen Seele, und wenn sich ganz zum Schluss die vielen Bedrückungen doch einen Weg nach außen bahnten, wenn ihr plötzlich Tränen in den Augen standen oder sie weinerlich auf eine ganz simple Aufgabe reagierte, dann verstand sie keiner. Warum war sie – der kleine Sonnenschein – plötzlich so verängstigt oder »stellte sie sich nur an«? Marcia verstand es selber nicht, das machte sie sich wieder zum Vorwurf. So war sie eben, ein unerträgliches Kind. Heult ohne Grund, ein Streber, aber ohne Erfolg. Mama soll trösten, und Mama wollte auch gern trösten, nur dass sie eben die Ursache des Kummers nicht einsah und ihr Trost halbherzig (und ein ganz klein wenig enttäuscht) ausfiel.

Marcia musste sich selber trösten, und so weinte sie eben dann, wenn sie allein war. Und manchmal schalt sie sich eine Heulsuse und schlug mit der Hand gegen ihren Kopf. Das wurde zur Gewohnheit, der Lehrerin fiel es als erste auf. Bei jeder schwierigen Aufgabe, berichtet sie den entsetzten Eltern, schlägt Marcia sich selber. War ihnen das nie aufgefallen? Nein, und es passte auch nicht in das Bild, das die liebevoll-besorgten Eltern von ihrer kleinen Tochter hatten. Die Lehrerin war schuld.

Für Marcia stellte sich allmählich aus all dem vielen Durcheinander doch noch ein klares Bild heraus. Das erste: Die Welt ist enttäuschend, sie stößt mich ab. Die Welt ist schmutzig. Zweitens: Ich selber bin auch schmutzig. Dumm, eine Heulsuse (das sagen alle). Sie tröstete sich dann gern mit einem Stück Schokolade oder Gummibärchen (die so knuddelig und süß waren und die sie ganz verliebt anschaute, bevor sie sie in den Mund schob, aber dann viel zu schnell und gierig herunterschluckte). Die Gummibärchen trösteten besser als Mama, das führte direkt zu dem nächsten Selbstvorwurf. Wenn ich nicht so gierig wäre und alles in mich hineinstopfen würde, wäre alles anders. Immerhin, so viel war den Eltern auch schon aufgefallen. Das Kind war ein bisschen füllig, sie drohte, ein richtiges Dickerchen zu werden. Die liebevolle Beurteilung der Eltern nimmt abrupt starre Züge an. Wenn sie sich etwas mehr »zusammenreißen« könnte, hätte sie auch die Probleme mit den Freundinnen nicht. Die lachten ja schon über sie, ein Wunder ist das nicht!

Also, hatte Marcia doch ein Problem? Die Eltern wussten für einen

Augenblick nicht, wovon ich sprach. Ich erinnerte sie, dass sie mir zu Beginn unseres Gesprächs erklärt hatten, dass nur die Lehrerin (aus welchen Gründen auch immer, man weiß es ja nie so genau!) an Marcia Probleme festgestellt habe. Hat das Kind vielleicht wirklich Schwierigkeiten, ungeachtet der Lehrerin? Wir konnten diesen Punkt nicht vertiefen, ich spürte die heftige Abwehr, die bei beiden Eltern entstand. Und Marcia schaute mich plötzlich an, mit halboffenen Mund, als habe ich ihr eine ganz erstaunliche Mitteilung erteilt. Aber ich war zu schnell gewesen, ich hatte mich einen Schritt zu weit vorgetraut – würden wir meine Wahrnehmung jetzt weiter verfolgen, würde Marcia nur mit erneuerter Angst antworten und sich selber wiederum als schuldbelasteter Anlass für die spürbare Unruhe ihrer Eltern empfinden. Ich wechselte das Thema …

Ich habe die Geschichte Marcias erzählt, um den Zusammenhang zu veranschaulichen zwischen Überfürsorge, Elternängsten und der Paradoxie der Selbstbeschuldigungen, in die Kinder hinein rennen und hinein getrieben werden. Marcia im Übrigen kann inzwischen auch schon mal laut lachen, ohne ängstlich auf ihre Mama zu schauen, ob sie auch an der richtigen Stelle gelacht hat. Und neulich stritt sie im Flur meiner Praxis laut mit einem Jungen und hatte hinterher nur eine solide kindliche Wut und keinerlei Schuldgefühle – im Übrigen war sie im Recht gewesen! Ich bin hoffnungsvoll, was Marica angeht.

Fassen wir zusammen:
Harmonische und überfürsorgliche Familien wehren sich nach außen und müssen nach innen fortwährend Konflikte ausgleichen oder verdrängen. Da ist es schon sehr hilfreich, wenn es in diesem permanenten Existenzkampf klare Gliederungen und Unterscheidungen gibt, an die man sich halten kann. In harmonischen Familien liegen solche Zuordnungen auf der Hand: Die Familie ist »gut und rein« und ebenso natürlich ist die Außenwelt bedrohlich, potenziell böse und schmutzig. Man muss auf der Hut sein.

Für die Kinder folgt aus der rigiden Aufteilung, dass sie ganz allgemein moralische Kategorien wie harte Normen verinnerlichen. Ihre Welt kennt keine Abstufungen, keine Widersprüchlichkeiten, kein »Dazwischen«, sondern nur ein Böses und ein Gutes. Das Böse ist das andere, das Gute ist das, was zu einem selber oder der eigenen Familie gehört. Paradoxerweise geht mit dieser inneren und äußeren Unsicherheit offensichtlich eine massive Anpassungsbereitschaft einher. Zunehmend wird etwa aus Schulklassen berichtet, dass die Kinder wieder darauf schauen, dass »keiner aus der Reihe tanzt«. Abweichungen irgendwelcher Art – Hautfarbe oder Herkunft, die Körpergestalt oder minimale Gebrechen – werden zunehmend wieder mit Spott bestraft und ausgegrenzt. Diese Entwicklung folgt unmittelbar aus dem Charakter von Familie und Erziehung, den ich in diesem Kapitel umrissen habe.

Im Rahmen solcher Familien sind Konflikte kaum erträglich. Sie müssen weggeschoben werden. Für ein Kind bedeutet dies gleich eine ganze Kette von möglichem Versagen: Jedes wütende Gefühl gegen Mama oder Papa birgt endlose Gefahren für den Bestand der Familie, Wut ist böse und darf nicht sein. Diese Kinder haben überhaupt keinen Ort, an dem sie einfach nur »sein« dürfen: total wütend und total freudig und erwartungsvoll, vorbehaltlos verknallt in einen Teddybär oder den Nachbarjungen und vorbehaltlos egoistisch. Überall lauern Bewertungen. Und so haben sie zuletzt auch niemandem, mit dem sie angstfrei reden – einfach drauf los reden, ohne die Folgen zu bedenken –, oder bei dem sie sich hemmungslos ausheulen und trösten lassen können. Sie haben nicht einmal sich selber. Die Folgen werden wir in den Fallgeschichten im Verlauf dieses Buches anschauen. Sie sind manchmal grausam.

6 GEZA ODER: KEIN MITLEID MIT DEN SCHWACHEN

Fremdkörper ist der zutreffende Titel eines Buches, in dem Geza Herbst ihre Magersucht beschreibt, sie hat sie nie ganz überwunden. Die Lektüre ihrer Autobiografie führt alle Motive, die wir in unseren Überlegungen bisher gefunden haben, noch einmal in beeindruckender Klarheit vor. Ich will einige kurz anführen.

In nahezu allen Selbstbeschreibungen unterstreichen die magersüchtigen Mädchen und Heranwachsenden ihren Ehrgeiz. Überall und immer wollen sie die Beste sein, und wenn dies nicht gelingt, dann wenigstens die Gehorsamste, die Vernünftigste, die am vollständigsten Angepasste. Dieser Ehrgeiz wird offenkundig in frühen Kinderjahren erworben, und findet mit dem Wettkampf auf der Waage, Tag für Tag oder Stunde für Stunde, einen verzweifelten Höhepunkt. Alle berichten sie von einem Gefühl des Triumphes, das sie durchströmt, wenn die Waage immer geringere Zahlen anzeigt. Endlich fühlen sie sich bestätigt. Zugleich ist ihr Triumph wohl so zu interpretieren, dass die Bindungen an die »volleren« – farbigen, schmackhaften, wohlriechenden, sinnlichen – Dinge schon lange vorher schwach ausgeprägt war. Ihr starrer ehrgeiziger Wille überlagert alle Verführbarkeit.

Was Kinder alles können sollen ...

Geza schreibt: »Meine Familie setzte große Hoffnungen in mich. Sie sprachen mir Fähigkeiten zu, die ich selber nicht erkennen konnte.« Diese Modus der familiären Überforderung – die Kehrseite der Überfürsorge – charakterisiert keineswegs nur die Familien magersüchtiger Kinder, es ist ein Merkmal moderner Kleinfamilien überhaupt. Offenkundig soll der Nachweis von Begabung und Leistungsfähigkeit aller Familienmitglieder den geordneten »heilen« Zustand der Familie nach innen und nach außen dokumentieren und bekräftigen. Dieses Leistungsdenken macht sich auf allen Ebenen bemerkbar, es wird schon sehr früh an die Kinder herangetragen. Das intelligenzfördernde Spielzeug verzeichnet einen anhaltenden Boom in den Fachgeschäften, bei Familiensendungen im Fernsehen oder Radio, die sich mit der »optimalen Förderung für mein Kind« befassen, sind die Einschaltquoten garantiert. Den Kindern tut man damit keinen Gefallen. Junge Eltern fühlen sich durch Unsicherheit und Leistungsdenken in gleichem Maße dazu gedrängt (»Ich muss alles richtig machen«, »Mein Kind soll eine Einser-Schülerin werden«, »Vielleicht ist mein Kind überhaupt hochbegabt«), ihre Söhne und Töchter von einer Anforderung in die nächste zu hetzen. Dabei wird, einer missverstandenen Motivationspsychologie folgend, gelobt und ermutigt, was das Zeug hält. Aber seelisch gesunde Kinder benötigen keine Ermutigung und auch sonst keine Motivationen. Sie sind ganz aus sich heraus neugierig und offen für ihre Umwelt, sie lieben alle möglichen Dinge und versinken in ihre Aufmerksamkeit und lernen den ganzen Tag … Die »methodisch richtige« Anleitung zur Intelligenzförderung führt nur eine Art funktionaler Kälte in die Familie ein, sie schadet den Kindern. Mamas penetrantes Bemühen, »alles richtig zu machen«, verdrängt ihre spontane Freude an dem Erkunden und Lernen des Kindes, an die Stelle der spontanen Anerkennung tritt aufseiten der Eltern die korrekte Befolgung einer »psychologischen« Methode. Ein Kälteschatten legt sich über das kindliche Spiel, in jeder Ermutigung und Motivation (»Super machst du das«, »Jetzt schreiben wir noch ein wenig, ja?«) schwingt eine Leistungsforderung mit. Will dieses Kind die spontane, die unmittelbare Liebe von Papa und Mama zurückerobern, dann muss es – zumindest seiner Kinderlogik nach – erst die Leistung erfüllen, die von ihm erwartet wird. So bilden sich schon früh Angst- und Bewertungsfallen im Rahmen einer Familie heraus. Sie können fatale Folgen haben.

Das Angstmotiv – »Was Papa und Mama von mir erwarten, kann ich nicht erfüllen« – findet sich denn auch in allen Biografien magersüchtiger Frauen und junger Männer. Dieser Blick der Eltern auf ihr Kind ist kein freundlicher, es ist ein Bewährung erzwingender Blick, er widerruft jenen innigen Blick, das wir am Anfang des seelischen Lebens als Bedingung aller kindlicher Tätigkeiten und Fähigkeiten gesehen haben. Dieser Bewertungsblick, teils prüfend, teils ängstlich, hat weitgehend die selbstverständliche und unbegründete Zuwendung eingebüßt, die ein Kind elementar benötigt.

In einem wilden Rettungsversuch wollen die Kinder, ihr bereits eingetretenes oder jederzeit mögliches Versagen »wieder gut machen«. Aber das gelingt nicht. Die Leistungsforderungen sind ja endlos … Ist das Malen hervorragend gelungen, soll der oder die Kleine Zahlen lernen und am besten gleich addieren, dann Buchstaben entziffern und nachkritzeln, kurzum, Aufgabe um Aufgabe türmt sich für die kindliche Zukunft. Das Versagen ist überall präsent, es ist jederzeit möglich … und was dann? Also versuchen viele Kinder einen begrenzteren, überschaubaren Bereich zu finden, in dem sie sich ganz besonders »wohl verhalten«, sie sind besonders gehorsam oder besonders ordentlich, sie forschen in sich nach besonderen Talenten, die Papa und

Mama zufrieden stellen. Ich kann vielleicht nicht singen, malen kann ich auch nicht, ich lerne langsamer als Klaus aus der Nachbarschaft, aber ich bin viel gehorsamer als Klaus und immer sehr ordentlich …!

Tatsächlich findet sich in fast allen Biografien der Magersüchtigen dieses Motiv. Sie flüchteten – schon in einer relativ frühen Kindheitsphase – in Übergehorsam, penetrante Anpassung und Ordnungssucht. Es sind überdurchschnittlich oft die besonders folgsamen kleinen Mädchen, die ganz außerordentlich sozial eingestellten, die sensiblen und mitfühlenden, die später auf der Waage stehen und den Blick nicht vom Zeiger lassen können … Was Eltern und Lehrern als Vernunft und Fleiß erscheint, ist nichts als Angst und Enge.

Diese Kinder entwickeln sehr früh eine harte Disziplin. Sie sind die besten Vorleserinnen der Klasse, sind die fügsame kleine Hausfrau, die Mama so eifrig zur Hand geht, Papas nimmermüdes schmeichelndes Schmusekind usw. Bei all dem verliert ihre Kinderwelt den abenteuernden, offenen, weiten Charakter, ihr Horizont wird durch viel zu viel Anpassung klein und eng. Bis zur Verengung des Blicks auf den Zeiger der Waage ist es dann nur noch ein kleiner Schritt.

Was mich zwingt, macht mich stark …

Die extrem disziplinierten Anstrengungen erschöpfen zuerst die Seele, dann der Körper. Die Kinder halten der permanenten Überforderung nicht stand. Wenn schließlich endgültig klar wird, dass gar keine besondere Begabung vorliegt, und wenn das Kind zugleich spürt, dass auch sein Übergehorsam nicht mit der erhofften Liebe entgolten wird, dann bleibt ihm ja als Ordnungs- und Richtinstanz nur der eigene Körper. Er wird zum weltverneinenden Bezugspunkt eines verzweifelten Autonomiewillens.

Dieser Wille soll allen frohen kindlichen Verführbarkeiten trotzen, den eigenen Körper soll er mit aller Macht bezwingen. Dieses Bezwingen aller Bedürfnisse ist Bestrafung und Weltflucht zugleich. Weltflucht: Ich will nicht als Körper auf dieser Welt sein, die mich gekränkt hat und der ich nicht standhalte; Strafe: Ich bin es nicht wert, zu existieren! Beide Motive fließen schließlich zusammen, und das Kind oder die Heranwachsende will endlich – fast ohne Körper – in eine Art »Weltlosigkeit« erlöst werden. Jones schreibt über die Sehnsüchte des narzisstischen Charakters: »Auf dieser Welt leben, ohne Körper und ohne Wunsch, das ist der narzisstische Traum.« Es ist der Traum der Magersüchtigen. In ihm werden zugleich alle Befriedigungen ausgelöscht, bis allein der pure Zwang am Leben bleibt.

Geza Herbst schreibt in ihrer Autobiografie: »Während in der Anfangszeit mein Frühstück noch aus normalem Milchkaffee bestand, ersetzte ich bald die Vollmilch durch fettarme, dann durch entrahmte Milch, bis ich den Kaffee schließlich schwarz trank.« Und weiter: »Ich hasse schwarzen Kaffee. Ich bildete mir jedoch ein, er schmecke mir genauso und nicht anders. Vor mir selber und vor anderen Leuten leugnete ich jegliches anderes Gefühl. Irgendwann mochte ich den Kaffee dann wirklich, irgendwann hatte ich keinen Hunger mehr ...« Ihr Wille wird starr, ihre Sensibilität erfriert buchstäblich in der Kälte der Selbstdisziplin. Geza schreibt: »Ich sprach mir jedes Recht auf Existenz ab. Ich war nicht gut genug, um essen zu dürfen, leben zu dürfen.«

Aber die Selbstbestrafung erklärt nur einen Teil der Magersucht. Der andere Teil ist die Tatsache, dass sich der Wille nun über alle Anforderungen und alle Vergleichsängste erhebt. Der Wille lenkt und zwingt den Körper und wird auf diese Weise zu einem selbst-gerechten Willen (der also allen Bewertungen anderer Menschen, besonders aber dem Bewertungsblick der Eltern entzogen ist).

Der Körper tritt vor allem durch den Schmerz in Erscheinung. Geza schreibt: »Die Leere versuchte ich durch Hungern auszufüllen ... Oft lag ich nächtelang wach, weil er (der Hunger, d. R.) mich daran hinderte zu schlafen. Manchmal wachte ich auf, weil mein Kiefer schmerzte, ich hatte die Zähne so fest zusammengebissen, dass es weh tat.« Je mehr sich der Wille also durchsetzt, je mehr der Körper in der Regelhaftigkeit des disziplinarischen Willens (und seiner »Unersättlichkeit«) verkümmert, je mehr der Körper in seiner »Objekthaftigkeit« widerrufen wird, indem er schwindet, um so mehr wird er, wie das Mädchen schreibt, ihr »eigenes Kunstwerk«, ihre »Leistung«. Der Wille setzt sich absolut, er setzt sich sogar gegen den eigenen Körper, gegen seine biologische Existenzgrundlage durch. Der Wille, heißt das, ist stärker als alles, was existiert. Das ist die eine Seite der Botschaft.

Schaut mich an, ich bin verkümmert und frei …

Die andere Seite ist diese: Trotz aller Weltflucht bleibt auch dieses Kind – wie alle Menschen – an die Anerkennung der anderen Menschen gebunden. Welch ein Dilemma. Wie sollen beide Motive, »Weltlosigkeit« und Anerkennung, die einander ja auszuschließen scheinen, zusammengebracht werden? Die Auflösung dieses Existenzrätsels gelingt ihr auf folgende Weise: In einem selbstquälerischen Prozess zieht sie, zumal wenn die Abmagerung ein fortgeschrittenes Stadium erreicht hat, immer wieder, »alle Blicke« auf sich. Sie provoziert eine perverse (in sich ver-kehrte) Aufmerksamkeit. Dass die Blicke mitleidig oder missbilligend sind, spielt keine Rolle. Ihr Körper kann ohnehin nur als ein Verurteilter zur Kenntnis genommen werden (alle anderen Anerkennungsversuche sind ja gescheitert). Sie wird »wahr genommen«, und zugleich gelingt es ihr, sich – durch die Art und Weise, wie sie »wahrgenommen« wird – dem Blick der anderen zu entziehen.

Geza schreibt: »Dieses Gefühl der totalen Einsamkeit ist allgegenwärtig. In Gesellschaften spüre ich es oft noch intensiver als dann, wenn ich mit mir allein bin.« Was spürt sie in »Gesellschaft«? Sie spürt den *vermiedenen* Blick, das verlegene Zur-Seite-Schauen der anderen. Sie merkt, dass man das Thema wechselt, wenn sie einer plaudernden Gruppe hinzutritt. Insofern wird unterstrichen, dass sie ihren Willen gegen alle anderen gesetzt hat. Ihr Wille ist hart und verschlossen, er kennt nur das Ich, das kein anderer zu Gesicht bekommt. Die anderen sehen nur den Verfallsprozess! Sie, mit ihrem frei gewordenen Willen, sieht in ihrem Körper ihr, wie sie schrieb, »Kunstwerk«. Sie selber hat es erschaffen und es gehört ihr ganz allein. Ihr hinfälliger Körper ist eine Art Performance des radikalen Alleinseins.

Wo ich mich ergebe, bin ich stark – das lehrt die Sucht

Die Härte und Kälte, mit der ihr Wille sich gegen alles Körperliche richtet, beschreibt Geza so: »Kauen und schlucken, für mich war es das Schwerste. Es bedeutete das Eingeständnis meiner Niederlage.« Kauen und schlucken ist schmerzlich, ja erniedrigend, weil es deutlich macht, dass das »Körper-Sein« immer noch nicht überwunden ist, nicht vollkommen. Die Macht ihres Willens wird durch die verbliebene Körperlichkeit und die damit einhergehende Bedürftigkeit immer neu in Frage gestellt.

Wie also, frage ich nun weiter, kann solchen Kindern geholfen werden? Meine These lautet: Um zu helfen, benötigen diese Heranwachsenden die Anerkennung einer noch stärkeren Macht, die die Maßlosigkeit ihres aus disziplinarischer Kälte geformten Willens bannt. Kehren wir noch einmal zu den autobiografischen Texten Magersüchtiger zurück: Wir finden in ihnen nahezu immer neben der Demonstration der Willensstärke eine merkwürdig passive Gegenströmung. Sie passt gar nicht zu ihrer sonstige Ent- und Verschlossenheit.

So ist es auch bei Geza Herbst. Sie schreibt: »Das bedingungslose Anerkennen der Macht, die diese Sucht über mich gewonnen hatte, weckte meine Stärke.« In der Vermählung mit dieser Macht ist die Tragik ihres Alleinseins aufgehoben. Im Rahmen der Macht der Sucht kann sogar die Magersüchtige sich erlauben, schwach zu sein. Der mächtigen Sucht kann sie sich buchstäblich »ergeben« und fühlt sich eben nicht gedemütigt, sondern gestärkt dadurch. Die Sucht wird ihr Ideal. Nicht ihr Wille muss weiterhin der allerstärkste sein, er wird abgelöst durch die Identifikation mit einer noch überlegeneren Macht. Geza schreibt: »Wenn ich diese Willensschwäche als das Gegenteil, nämlich als Stärke, annehmen konnte, ginge ich als Siegerin aus dem Zweikampf hervor.«

Ich weiß viel, ich weiß, dass ich schuldig bin!

Ich kehre nun zu meiner These zurück: Die Chance der Therapie liegt also, meine ich, darin, sich mit dieser als Stärke umgedeuteten Passivität (sie hat offenkundig mit den frühesten oralen Versorgungsbedürfnissen zu tun) zu verbünden. Geza hat ja mit beispielhafter Deutlichkeit erklärt, wie die Magersüchtige sich einer überlegenen Macht unterwirft, wie bereitwillig sie es tut. Wäre es also, so lautet meine Frage, nicht möglich, ja notwendig, dieser »Sucht-Macht« eine andere Autorität, eben die des Therapeuten oder der betreuenden Institution/Klinik entgegenzustellen? Wäre dies nicht ein Weg, um sich mit dem unbewusste Versorgungsbedürfnis der Magersüchtigen zu verbünden und damit der Sucht ein zentrales Motiv zu nehmen?

Ich plädiere mit anderen Worten für mehr »Persönlichkeit« des Therapeuten und zugleich mehr Mut zur lenkenden personalen Einflussnahme in der psychologischen Betreuung. Freilich akzeptieren diese hochkritischen und meist intelligenten Kinder nicht alles und jedes, nach meiner Erfahrung lehnen viele von ihnen beispielsweise die in begleitenden Kunsttherapien oder Entspannungsübungen gern beschworenen »positiven, harmonischen« Übungen als gut gemeinten Kitsch oder als schwülstig, als »Spießerkram«, ab. Nein, wir müssen mit ihrer Radikalität Schritt halten, die sie in die Härte und Kälte der Sucht geführt hat. Nur dann werden wir ihr tieferes Vertrauen finden und ihnen helfen können. Ich werde dies anhand der folgenden Beispiele dieser so radikal willensstarken und abhängigen Kinder weiter vertiefen.

7 MARYA ODER: EIN IDEAL, NAHE AM SCHMERZ

Jedes Zeitalter hat seine Ideale, seine Ideen von der vollkommenen Form, dem absolut Schönen, das mitten im Alltag existiert. In der Informationsgesellschaft mit ihrer hohen Präsenz von Bildmedien sind die Ideale aus der Ideenwelt in die Bildwelt übergegangen. Der menschliche Körper in seiner digitalen Bearbeitung ist in den Mittelpunkt gerückt, verbreitet von den Medienapparaten Kino bis Fernsehen. Dabei scheinen viele Differenzierungen verloren zu gehen. Es gibt ja auch eine Körperlichkeit der Mächtigen, eine Gestik der Nachdenklichen, der Askese usw., aber sie spielt im allgemeinen Verständnis von Attraktivität und Schönheit keine Rolle mehr. An ihre Stelle sind banale und normierbare Standards gesetzt worden – etwa der »Cool Man« aus der Parfümwerbung für den männlichen, die schmalhüftige und sinnliche Kindlichkeit für den weiblichen Körper.

Barbie sagt: Ich bin schön

Während ein Kind – wie wir bereits erläutert haben – lernt, anhand seiner Bewegungen, seinem Umgang mit Spielzeug, dem Spielen mit Nachbarjungen, dem Lächeln von Tanten und Großmüttern, was es bedeutet, Körper zu »sein« und an sich selber Gefallen zu finden, wird ihm bereits die Barbie-Puppe in seine Spielwelt gelegt. Es dringen Maßstäbe in seine Körper- und Spielwelt ein, die mit seinen kindlichen Gefühlen keineswegs in Übereinstimmung sind. Barbie ist beispielsweise gar nicht »kuschelig«, sie ist auch nicht beweglich, überhaupt ist sie als Spielzeug viel zu starr und sperrig. Trotzdem begreifen schon die Kleinsten, dass diese Puppe mit dieser Figur und dieser Körperformung allgemeine Anerkennung erfährt. Oh, du hast eine Barbie-Puppe, sagt die Tante bewundernd. Mama kauft noch die roten Schühchen, passend zum blonden Barbie-Haar, und zum vierten oder fünften Geburtstag bringen mehrere der kleinen Gäste ein Geschenk für Barbie mit.

So wächst diese verkünstelte Barbie-Form des »schönen Körpers«, die mit ihren aufgeworfenen Lippen und den großen Brüsten einer Männerfantasie entsprungen zu sein scheint, unmittelbar in die Spielfantasie eines Kindes hinein. Ich habe eine Barbie-Puppe (oder zwei oder drei), sagt es stolz und hält die Puppe liebevoll im Arm. Dabei nimmt es Form und Gestalt, die Körpersignale der ellenlange Beine und des runden Hinterteils in sich auf. Eine »Zeichnung« körperlicher Schönheit prägt sich ein, die den kindlichen Selbsterfahrungen körperlicher Vorgänge offenkundig widerspricht.

Dieses weibliche Körperideal entstammt nicht einer Kindervorstellung, es kommt direkt aus dem Fernsehen, den digital bearbeiteten Bildern in Magazinen, dem Kino, den Werbespots und Musikvideos. Ich verwende für das Ineinander-Wirken dieser vielen Medienvorgänge, die unsere Kinder unaufhörlich umgeben und auf sie einwirken, den Begriff »Medienmaschine«. Diese öffentlichen Bilder sind mächtig, sie haben die Kinderzimmer längst erreicht. Kein Zweifel, Barbie bringt mit ihrer exzessiven Betonung von Sexualität und Weiblichkeit das reduzierte Körperbild des Fernsehzeitalters optimal zum Ausdruck. Barbie ist die mit Abstand meist verkaufte Puppe der westlichen Welt.

Aber Barbie ist nicht allein. Eine ähnliche Reduzierung der körperlichen Erscheinung auf simple Attraktivitätssignale lässt sich beispielsweise bei den japanischen Zeichentrickfilmen beobachten, die nachmittags über RTL und Super-RTL laufen. Dort haben alle Kinder – egal ob Mädchen oder Jungen – übergroße mandelförmig dunkle Augen, die ihr Gesicht vollständig dominieren. Diese Disproportionalität löst alle ästhetischen Relationen in der Gestaltung auf. Aber darauf kommt es nicht an. Nur das Signal zählt und erzeugt Attraktivität, also Zuschauerbindung – die übergroßen Augen, die sinnlich-aufgeworfenen Lippen, die schmalen Hüften mit »kugeligem« Hinterteil mögen noch so sehr im Missverhältnis zum Körperganzen stehen, sie tragen die Botschaft körperlicher Schönheit mit sich und fesseln die Aufmerksamkeit. Solche Betonung und Übersteigerung einzelner Merkmale lässt das integrierte Körperganze unwesentlich erscheinen. Das ist eigentlich die Logik von Porno-Filmen.

Die Kinder richten sich danach. Also beginnen sie in ihrer eigenen Körpererscheinung nach dem Ideal zu forschen, sie sind versucht, ihrem Körper ebenfalls auffällige überdeutliche Signale überzustülpen. Deshalb schminken sich schon die acht- und neunjährigen Mädchen, laufen mit freiem Bauchnabel und sind sich ihrer Attraktivität bewusst, ohne sie ganz zu verstehen. Sie haben Signale gelernt, deren Bedeutung sie nicht einordnen können. Mama hilft ihnen, damit alles »schick« aussieht. Kurzum, diese Kinder haben ihren eigenen Körper, ihre leibliche Gestalt, ihre Gestik und Mimik noch gar nicht ausreichend im freien Umgang mit Dingen und Menschen, Spielzeug und Nachbarjungen und Großtanten erkundet, da lernen sie schon, dass sie, gemessen am Ideal, »nicht genügen«. Sie haben noch gar kein ausgereiftes Körper-Selbst, da wird ihnen schon beigebracht, dass es perfekte und weniger perfekte Körper gibt, sie müssen sich also anstrengen. *Sie haben sich noch nicht zu lieben gelernt, da wissen sie schon, dass sie nicht liebenswert genug sind.*

Wie siehst du denn aus?

Jedes Ideal widerspricht einer realen natürlichen Körperlichkeit und ihren Bedürfnissen. Ein Ideal ist »fertig«, in sich abgeschlossen und perfekt, »wie ein Kristall oder ein schöner Stein«. Die Entwicklung des

Körper-Selbst kann aber bei einem 9- oder 11-jährigen Kind natürlich auf gar keinen Fall »abgeschlossen« sein. Eben dies gehört ja zu einem freien, frohen Kind-Sein: dass es unfertig, unvollständig, veränderlich ist und auf eine offene Zukunft hin lebt. Ein Ideal hingegen ist eine perfekte Gestalt, sie existiert ganz im Jetzt. Das Problem ist nicht, dass es körperliche Idealbilder und körperbetonte Idole gibt, das Problem besteht darin, dass sie viel zu früh viel zu wirksam in die Kinderwelten eindringen und dort Geltung beanspruchen.

Eigentlich kann man dies ganz ohne psychologische Theorie einfach »sehen«. Herausgeputzte Kinder haben keinen kindlichen Reiz, sie wirken immer irgendwie traurig. Auch früher sahen etwa die kleinen Jungen, die zum Besuch bei der Großmutter in anständige Sonntagsanzüge gepresst wurden, höchst unglücklich aus. Wenn der Sonntagnachmittag vorbei war, hatten sie nichts Eiligeres zu tun, als sich der unbequemen Kleidungsstücke zu entledigen und sich wieder so zu bewegen, wie es ihnen passte. Sie hatten die mit den guten Anzügen verbundenen Maßstäbe von Anstand und Stillsitzen keinesfalls verinnerlicht. Eben dies macht den Unterschied zu den modernen, medientransportierten Körpervorschriften aus. Sie sind genauso unkindlich, aber die Kinder haben sie als ihr Eigenes angenommen. Ihre körperliche Entwicklung wird ihnen fremd dabei. Das ist ihr Dilemma.

Welch eine Diskrepanz zwischen einem unfertigen, weichen Kindergesicht und der oft schon so gekonnt aufgetragenen Schminke, dem typgerechten Teint, der dezente Betonung der Wimpern und Augen. Warum junge Mütter das insgeheim Trostlose an ihrem herausgeputzten Kind nicht bemerken? Wohl deshalb, weil sie selber so abhängig von der allgemeinen Bewertung, so angewiesen auf die Anerkennung der »Leute« sind. Andere Maßstäbe für das Schöne an Kindern scheinen sie nicht zu kennen. Also gehorchen sie alle derselben banalen Normen, und halten ihre Kinder an, es ihnen gleichzutun.

Rühr mich nicht an!

Ein »Idol« ist immer a-sozial, es müht sich nicht um Kontakte, es nimmt vielmehr die Bewunderung der anderen huldvoll entgegen. Ein »Idol« kommt natürlich niemals mit Schmutz in Berührung (Denken wir an den Jüngling Narziss, der sein Spiegelbild, wie es bei Ovid heißt, im »unbefleckten Wasser« erblickte, »von keiner Ziege geleckt, keinem Ast berührt«). Mit anderen Worten, kein Idol ist so, wie ein Körper ist. Das Aufpressen einer Idealvorstellung auf die Körperlichkeit führt in eine verzweifelte Denaturierung des Körperselbst. So erklärt sich wohl auch die verstörte Angst vor Intimität, die neun- oder zehnjährige Kinder, mitten in einem Zeitalter der allseitigen sexuellen Aufklärung, zu erkennen geben.

Überall ist von Körperlichkeit die Rede, aber die realen Körper werden immer fremder und peinlicher. Auch in den Familien ist eine Art mutlose Körperfremdheit eingezogen. Mama findet ihren Körper unerträglich. Papa wagt nicht, sein Töchterchen zu streicheln oder ihr einen Klapps zu geben, die moralisierenden Argusaugen einer aufgeklärten Öffentlichkeit lasten auf den feinsten Regungen der Familienintimität. So schaut die ganze Familie zwar im Fernsehen perfekte Körper an, schämt sich aber der eigenen Körperlichkeit und verbirgt sie. Die Kinder spüren das. Das ist das eine.

Das andere: Wer sich selber ständig an Idealen misst, hat Mühe mit seiner Wirklichkeit. Narzisstische und kränkbare Menschen scheuen zu viel Nähe und Intimität, weil beides den Verlust von Kontrolle bedeuten kann. Da ihnen ihr eigener Körper nicht genügt, *niemals*, müssen sie ihn permanent unter Kontrolle halten und disziplinieren. Sie müssen immer das Bild von Unversehrbarkeit und Unverletzlichkeit vor sich selbst und vor anderen aufrecht erhalten. Also haben sie auch Scheu, ihre Bedürftigkeit sich und anderen einzugestehen. Nichts fürchten sie mehr, als dass die Wahrheit ihrer körperlichen Bedürftigkeit ans Licht kommt und etwa der Satz aus ihnen hervorbricht: »*Ich habe Hunger.*«

Alles soll unter Dauerkontrolle gestellt werden: Ihre Stimme, die immer irgendwie zu laut ist, ihre Gestik, die immer eine Spur zu heftig ausfällt, ihre Bewegungen, die ihnen eher polternd und ungeschickt vorkommen und die sie lieber milde-distanziert und verhalten hätten, vor allem aber die Mimik, der Ausdruck des Gesichts, der verraten könnte, wie abhängig und sehnsuchtsvoll sie sind. Totale Kontrolle und die aggressive Suche nach der idealen Figur und Gestalt im eigenen Körperbild, prägen ihr Selbstgefühl.

Nietzsche beschrieb diesen Traum so: »Ein um sich selber kreisender Stern sollst du werden, ein aus sich selber rollendes Rad«. Das ist das Bild des vollendeten Ideals, der Traum des narzisstischen Charakters: das Idol zu sein oder der Star, der Stern, zu dem die anderen massenhaft die Köpfe heben, um ihn zu bestaunen, ohne ihn jemals zu erreichen. In der Magersucht treffen wir auf eine Variante dieses Traumes: Die Härte des abgemagerten Körpers ist die Härte der Verschlossenheit, die sich dagegen sperrt, Teil der Masse zu sein. Der Körper wird leicht, er erhebt sich, er steht im Licht. Die öffentlichen Körperbilder, die Schönheit und das Recht auf Anerkennung beanspruchen dürfen, sind der Magersucht, der Selbstabgrenzung bis hin gegen die eigenen Körperbedürftigkeiten verwandt. Unsere Kinder lernen das, sie atmen diese Kultur und ihre Ideale ein. Sie scheitern daran, und manche sterben.

Das idealisierte Selbst erträumt sich unabhängig und in einsamer Höhe. Aber so viel Alleinsein erträgt ein Mensch nicht, ein heranwachsender schon gar nicht. Hier bietet sich für die Traumwirklichkeiten der Kinder und Jugendlichen die Medienöffentlichkeit an. In ihr sind alle diese narzisstischen und ungestillten Sehnsüchte zu Aktionen und Bildern verdichtet, es ist alles zum Greifen nahe. Wer im Super-Casting zum Star aufsteigt, der kann *sein ideales Allein-Sein zugleich als Kontakt mit Millionen Fernsehzuschauern erleben.* Das ist die Erfüllung. Unsere Kinder haben sie täglich vor Augen. Aber für die allermeisten von ihnen bleiben die Medienbilder wie ein fordernder Spiegel, der ihnen fortwährend begegnet, in dem aber ihr reales Selbst und ihr reales Körperbild niemals erscheint.

Die Puppe in der Puppe in der Puppe

In dem wunderbaren Buch *Alice im Hungerland* – die beste Autobiografie einer essgestörten jungen Frau, die ich kenne – beschreibt Marya Hornbacher ihre 15 Jahre dauernde Magersucht und Bulimie. In keiner anderen Selbstbeschreibung fand ich die permanente Anstrengung der Essgestörten, sich und ihren Körper an einem Ideal zu messen und deshalb die Welt als Kulisse, als Auftrittsort ihrer Performance anzusehen, so ausdrucksvoll dargestellt. Marya schreibt: »Irgendwo im hintersten Winkel meines Hirns gibt es die Gewissheit:

der Körper ist nicht mehr als ein Kostüm und kann durch reine Willenskraft verändert werden. Ein neuer Körper würde mich wie ein Kostüm zu einem anderen Menschen machen, einem Menschen, der möglicherweise irgendwann sogar gut wäre.«

Die Umdefinition ihres natürlichen Körpers zum Kostüm bedeutet: Sie will mit ihrem Körper manipulieren, sie will »bezaubern«, sie will ihren Körper am optimalen Auftrittsort platzieren und perfektionieren, sie will den Körper als »Ideal«. Das gelingt nicht auf natürliche Weise, also muss der Körper verkleidet oder maskiert werden. Zugleich wird damit das Körper-Sein an sich geleugnet.

Marya schreibt: »Ich lernte sehr früh meinen Text sorgfältig zu wählen. … ich weiß im Voraus, was ich sagen soll. Ich kleide mich den Anlässen entsprechend, wie es die Rolle erfordert. In meinem Kleiderschrank hängen verschiedene Frauen auf den Bügeln, jedes Kostüm repräsentiert eine ganz andere Person.« So versteckt sie sich und ihren Körper und betritt zugleich eine Bühne. Sie will die Welt verzaubern und sich zugleich von der Schuld ihres Körperseins befreien. Dabei verfährt sie höchst differenziert, und ebenso radikal. Sie zeigt nicht nur, dass ihre Körpererscheinung nicht ihr wirklicher Körper ist, nein, sie geht noch weiter: auch das Kostüm bedeckt nicht einen Körper, der sich unter der Verkleidung verbirgt, es ist vielmehr so, dass das Kostüm nur ein weiteres Kostüm, die Maske eine darunter liegende Maske verbirgt, wie die Puppe in der Puppe. Es gibt gar keine »natürliche Substanz«, über der die Kostüme und Masken hängen. Es gibt keinen Körper. Das ist die Logik ihrer Seele.

Als ich ihr Buch las, fiel mir ein, dass ich eine ähnliche Beobachtung vor nunmehr acht Jahren am Phänomen Madonna gemacht hatte. Sie war in den 80er- und 90er-Jahren bei mittelmäßiger Begabung zur Video-Queen, zur Kult-Gestalt aufgestiegen. Ich hatte mich gefragt, warum sie auf Millionen Menschen derart faszinierend wirkte. Ich hatte es folgendermaßen beschrieben:

»Der Erfolg zeigt, dass hier etwas funktioniert. Madonna: mal die coole Geschäftsfrau, mal das ›Material Girl‹, mal die katholische Göre mit Vaterkomplex, mal die Peitschen schwingende Domina und ganz zuletzt die sehnsuchtsvolle Frau mit Kinderwunsch, zwischendurch der blonde Sex-Vampir, und als solche nicht einmal eine selbst erfundene

Maske, sondern ein Imitat einer anderen, der toten Marilyn Monroe. Keiner hat vor ihr das Vexierspiel der Identitäten so perfekt vorgeführt. Keiner hat sich so offensichtlich in Rollen verkleidet, hinter denen sich alles oder nichts verbergen konnte – ihr Gesicht war und ist ihr Geheimnis, wahrscheinlich ein banales.« Über Madonnas sexuelle Tabubrüche hatte ich vermerkt: »Keine wilden erotischen Energien verbargen sich hinter diesem Tabu, kein Verbot hatte da dunkle Triebe aus menschlichen Abgründen gefesselt, die nun freigesetzt wurden, nichts davon. Auf dieser Masche ritten andere. Madonna zeigte etwas ganz anderes. Nämlich: das Tabu war gar kein Tabu, nur eine Schimäre, ein Nichts. Das Verbot zu durchbrechen bedeutete nichts. Und das hieß weiter: Alles ist möglich. Auch der Bruch des Tabus war wiederum nur ein Spiel, eine Inszenierung, so wie die Erotik, die jedem Tabu innewohnt, nur ein Spiel, eine Inszenierung ist. Sie stülpte eine Maske über die andere, mit kalter Perfektion, das ist ihr Erfolgsprinzip.«

Was Körper ist, kann nicht Ich sein

Natürlichkeit ist peinlich, Intimität jeglicher Art ist erst recht peinlich. Alles, was an den realen Körper gemahnt und seine Maskierung beeinträchtigt, ist abstoßend. Es widerspricht dem Willen zum Ideal. Marya schreibt zu Recht, dass ihre Aufgabe darin bestand, ihre »äußere Hülle zu verbergen.« Und weiter: »Das war auch gut so, denn was ich versteckte, war wie rohes Fleisch. Rot, heiß und entzündet.«

In diesem Zusammenhang gebraucht sie eine wundervolle Metapher, ich will sie ausführlich zitieren: »Ich ging durch den Spiegel und dahinter stand alles kopf. Die Bedeutung der Worte verkehrte sich in ihr Gegenteil. *Hinter dem Spiegel wird man selbst zum Zentrum des Universums.* Alle Dinge reduzieren sich auf die Beziehung, die sie zu einem selbst haben, du klopfst gegen das Glas – und die Menschen drehen sich um, sehen dich, lächeln und winken. Dein Mund bewegt sich, ohne einen Laut von sich zu geben.«

Maryas Metapher spielt natürlich auf Alice hinter den Spiegeln an. Und wieder fiel mir beim Lesen ein, dass sich mir vor vielen Jahren im Zusammenhang mit der Analyse von Computerspielen dieselbe Metapher aufgedrängt hatte – zu einem damals höchst populären Computerspiel: »Auffallend oft stürzt Super Mario in einen Spiegel und erlebt seine Abenteuer hinter oder in dem Spiegel, also in einem Nirgendland, in dem alle Dinge auf dem Kopf stehen.« Die Computerfantasien führen ebenso wie die Fantasma der Magersucht in ein körperloses »Neverland«. Dazu mehr in den beiden abschließenden Kapiteln dieses Buches.

Das Ideal verlangt nach Strafe

Dem Körper soll das Ideal aufgezwängt werden. Was sich dennoch an ihm als »natürlich« zu erkennen gibt, erzeugt Schuld und muss bestraft werden. Auch diesen Zusammenhang hat Marya mit ihrem rückhaltlosen Scharfsinn benannt. Sie beschreibt ihre Sucht als »Askese, heilig. Sie ist Selbstkontrolle. Sie ist Masochismus … Wir lassen den Gedanken nicht zu, dass ein Mensch ein verschlungenes autoerotisches Leben führen kann, gleichzeitig an der Spitze und am Tiefpunkt sein … kann: die Freude, ein Körper, der an den Händen gefesselt ist, immer und immer wieder zu schlagen, und die Freude, dieser Körper zu sein und zu wissen, dass er jeden Schlag verdient hat.«

Das Motiv der Bestrafung ist offenkundig, auch die Lust daran. Dahinter verbirgt sich aber ein weiteres Motiv. Der ganz und gar bezwungene (abgemagerte, verhärtete) Körper, der die ideale Form irgendwie in sich birgt oder zu ihr hin gebogen und gezerrt werden soll, ist wie Stein. Auf diesen versteinerten Zustand antwortet die Magersüchtige, indem sie sich selber Wunden zufügt. Warum tut sie das? Aus zwei Gründen. Zum einen zur Strafe – weil die Magersüchtige sich, wie Kafkas *Hungerkünstler* noch im abgemagertsten Zustand als strafwürdig empfindet. Zum anderen, um eine Art perverser Wiederbelebung von Körpergefühlen zu provozieren. Der Körper wird im Schmerz ja wieder gespürt, er ist wieder »da«. Aber natürlich muss er sofort wieder eingefangen werden, er darf sich auf keinen Fall gegen die Freiheit des disziplinierenden Willens durchsetzen. Also wird er, wie Marya schreibt, zugleich reduziert (er ist »gefesselt«). Unter der Schmerzwirkung regen sich die Sinne zwar wieder, aber sogleich muss jede Regung eingeschlossen und gebannt werden. So erklärt sich dieses – von Marya so genau beobachtete – Motiv: Fessel und Strafe. Es zeigt die verhärtete Symptomatik wider die Körperlichkeit bei ebenso beharrlichem Wunsch nach der Wiederkehr des Körpers. Was ist das für ein durch und durch gekehrtes Vexierspiel, das die Seele mit dem Körper und seinen Empfindungen treibt!

Dieser masochistische Anteil in der Erlebenswelt der Essgestörten verweist auf eine am Ende des vorigen Kapitels schon thematisierte Chance in der psychologischen Betreuung. Die Selbstverletzung der Essgestörten lässt sich auch als ein Ruf nach einer Übermacht, einer alles überlagernden personalen Autorität interpretieren. Ähnlich wie die hyperaktiven Kinder suchen sie nach einer Instanz, die einerseits ihre Fantasmen ein Stück des Weges mitgeht und »teilt« und sie andererseits – gleichzeitig – bannt. Je länger ich mich mit diesen Kindern und Jugendlichen beschäftige, desto mehr meine ich ihren Ruf nach erwachsener Autorität zu vernehmen, die ihnen für eine Strecke ihres Lebens einfach die Widersprüche ihrer Seele verbietet. Freilich muss der Therapeut sich das Recht und das Vermögen, diesen trotzigen und willensstarken Seelen irgend etwas zu verbieten oder zu erlauben, mühsam erarbeiten.

8 ALS SEI SIE AUS IHREN EIGENEN WÜNSCHEN VERTRIEBEN WORDEN …

Kathrin war mir mit der Diagnose »ADS mit Hyperaktivität« vorgestellt worden. Etwas ungenau, wie ich fand. Gewiss, sie wirkte unruhig, zerfahren in ihrer Gestik und in ihrer Sprache. Doch der formale Zuordnungsbegriff ADS erklärte ja noch nicht viel.

Auf den ersten Blick fiel ihre Selbstbezogenheit auf. Sie führte zu typischen Konflikten. Die Unruhe stellte sich regelmäßig dann ein, wenn die Spiele im Kindergarten und später im Schulhort nicht den von ihr erwünschten Verlauf nahmen. Wenn sie sich, mit anderen Worten, nicht als das offenkundige oder heimliche Zentrum des Geschehens anerkannt sah. Dieses Kind war nicht an sich unruhig, sie wurde es erst unter ganz bestimmten Voraussetzungen: wenn sie nicht im Mittelpunkt stand. Dann war sie aufgeregt, hektisch, nahm gar nicht oder übermäßig lautstark am Spiel teil, um es abrupt fallen zu lassen, was natürlich zu heftigen Vorwürfen der Spielkameraden führte – lief das Spiel dann ohne sie weiter, zog sie sich verbittert zurück und war kaum noch ansprechbar.

Kindergärtnerinnen und später die Betreuerinnen im Hort, die sich in solchen Situationen um das Mädchen bemühten, erlebten eine heftige Abfuhr. Sie war stumm wie ein Fisch, gab keine Antwort, als habe sie alle Kontakte restlos abgebrochen und alle Hoffnung aufgegeben. Manchmal beschimpfte sie die gutwilligen und ratlosen Betreuerinnen auch, spuckte und kratzte und verstand es auf diese Weise, wieder alle Aufmerksamkeit auf sich zu ziehen.

Nicht selten erreichte sie ihr bewusstes oder unbewusstes Ziel sogar: das Spiel wurde abgebrochen, entweder, weil die Kinder inzwischen die Lust verloren hatten oder weil ihrem Problem so viel Aufmerksamkeit geschenkt worden war, dass danach zum Weiterspielen keine Zeit mehr blieb … ihr war es egal. Zufrieden registrierte sie das Desaster, das sie hinterlassen hatte.

Ihr Verständnis für die (unvermeidlichen) Folgen ihres Verhaltens war höchst unentwickelt. Sie war ratlos, wenn sie am nächsten Tag bemerkte, dass sie von den anderen Kindern »geschnitten« und nicht wieder zum Gruppenspiel aufgefordert wurde. Dann versank sie in trübes Selbstmitleid oder brach in lautstarke, heftige Wut aus. Die Betreuer im Hort verstanden sie nicht, und ihre Mutter auch nicht. Deshalb hatte sie eine Kinderpsychiaterin aufgesucht. Dort wurde die Diagnose »ADS mit Hyperaktivität« gestellt.

Aber was erklärte das schon? Die Etikettierung des Problems half nicht weiter, und die Diagnose war auch nicht vollständig. Es wurde unübersehbar, dass Kathrin von Woche zu Woche an Gewicht verlor. Die Sorge der Mutter wuchs zur Panik.

Eine 10-Jährige und Magersucht – Klischees, die sich vielleicht aufdrängen, trafen nicht zu. Dieses Mädchen saß nicht den ganzen Tag versonnen vor den Fotos irgendwelcher Models oder flachbrüstigen TV-Serien-Stars, sie eiferte keinem Idol nach, das sie in irgend einem Magazin vorgefunden hatte, es war alles viel schlimmer. Es war so, dass ihre ganze *Existenz in eine Art von Nicht-Da-Sein trieb.*

Alles an ihr war mager, karg, manchmal leer…

Wir wissen von den hyperaktiven Jungen, dass sie am Ende eines lauten, aktions-überladenen Tages oft müde, wie krank, in ihrem Zimmer hocken und auf Nachfragen mit hängendem Kopf leise antworten: »Ich mag gar nicht mehr leben.« Für manche Eltern zerbricht erst nach solch einem Satz die tapfer aufrecht erhaltene Illusion vom »aufgeweckten« oder »richtigen Jungen«, der sich halt austoben müsse. Erst dann wird ihnen klar, dass sich hinter dem ganzen Wirbel eine oft verzweifelte Müdigkeit und Resignation verbirgt. So war es auch bei Kathrin.

Viel zu lange hatten Verwandte und wohlmeinende Bekannte der Mutter eingeredet – und sie war viel zu lange bereit gewesen, ihnen zu glauben –, dass ihre Tochter sich eben »durchzusetzen« wisse. Sie habe einfach einen starken Willen, da ist man schon auch mal allein, das weiß man doch. »Die lässt sich die Wurst nicht vom Brot nehmen.« Aber das war ganz und gar nicht die Wahrheit. Die Wahrheit war viel trauriger. Dieses Kind war müde und krank in der Seele. Sie hatte inzwischen nicht nur viele Freundinnen im Hort und in der Schule verloren, dass ihr kaum noch eine geblieben war, sie hatte – viel schlimmer – buchstäblich den Zugang zur Welt verloren.

Eine glückliche Kindheit besteht ja nicht nur aus Freundschaften, Geburtstagspartys und guten Zensuren. Glück ist in der Kindheit auch und vor allem diese besondere Fülle der vielen kleinen Dinge, für die Kinder solch eine einzigartige Begabung haben. Dinge, die man wahrnimmt, sieht, hört und riecht und die froh machen, die ein Kind in übermütige Spannung versetzen, überwältigen und bezwingen, kurzum: die das Leben »füllen«. In ihr war nur eine magere Leere, eine buchstäbliche Kargheit an Allem und Jedem. In ihr war nichts als Abwesenheit.

Die Frühlingssonne kitzelte ihre Nase – sie spürte es gar nicht. In den Auslagen eines Geschäftes, an dem sie täglich auf ihrem Schulweg vorbei kam, stand eine neue Kollektion von Puppen – sie schaute nicht hin. Sogar die Prüfungsarbeiten in der Schule, die Tests, denen sie immer mit viel Ehrgeiz entgegen gefiebert hatte, weil sie ja immer die Erste und Beste sein musste, wurden ihr gleichgültig. Ob sie schlechter oder besser war als die anderen, was machte das für einen Unterschied?

Kurzum, sie hatte sich, ohne es zu verstehen, einer trüben Befindlichkeit überlassen, die sie nun überschwemmte. Sie konnte nichts dagegen tun. Es war nicht *dies* oder *jenes*, was sie bedrückte, nicht irgendein nachvollziehbares Geschehen, keine mißglückte Aufgabe und keine sonstwie benennbare Kränkung, die sie aus dem Leben trieb. Nein, es war das Leben selber, das sie von sich fort stieß.

Sie hatte keine Worte dafür, sie war ja viel zu klein, aber mit ihrem Körper brachte sie ihre innere Wahrheit zum Ausdruck. Sie ging mit ihren Körper um, wie mit allen Dingen ihrer Umgebung. »Ihr Zimmer sieht so unordentlich aus wie ein Schuttabladeplatz«, sagt ihre Mutter. Aber auch sie hatte inzwischen verstanden, dass es darauf gar nicht ankam. Die kleine Tochter saß mitten in dem Gerümpel und, wie die Mutter meinte, »träumte vor sich hin«. Aber sie träumte gar nicht, sie döste nur.

Zwischendurch hockte sie stundenlang vor dem Fernseher und starrte auf den Bildschirm. Doch sie schaute kaum hin. Nein, das Klischee stimmte wirklich nicht: Sie hungerte keinem Ideal entgegen. Sie wollte keinem Ideal gleichkommen. Sie wollte ganz einfach nicht mehr leben. Ihr Körper nahm diese Botschaft ernster als ihr Verstand.

Wie ein Stein

Aber im Innersten eines kleinen Menschen flackert immer ein unstillbarer Lebenswille, so war es auch bei ihr. Nur die zunehmende körperliche Schwäche deckte alle Lebensimpulse zu. Sie wurde – anfangs waren wohl tatsächlich einige Kränkungen und Ausgrenzungen die Ursache gewesen, aber wie lange das schon her war, sie erinnerte sich kaum – ein Wesen fast wie aus Stein, unangreifbar, unbeeindruckbar.

Das zehnjährige Mädchen verhärtete sich in ihrer Körpererscheinung, bis sie nur noch aus Muskeln und Knochen zu bestehen schien, nichts drang in sie ein. Anfangs hatte sie noch Ausdauersport trainiert, eine Zeit lang exzessiv. Aber jetzt war sie auch dazu zu müde. Sie war schon fast ohne Leben, eben fast wie ein Stein. Die Verzweiflung und zuletzt die Resignation der Mutter und überhaupt die Rat- und Hilflosigkeit der Erwachsenen war wie eine Bestätigung: Sie hatte es beinahe geschafft. Sie war nicht mehr erreichbar.

Körperreisen ins Nichts

Sie kam in psychologische Betreuung, dort versuchte man, ihr mit Hilfe von »Körper-Fantasie-Reisen« und »positiven Gesprächen« die Freude am Leben zurück zu geben. Das schlug fehl. Wenn es überhaupt Anknüpfungspunkte an ihre kleine starre Seele gab, dann lagen sie ganz gewiss nicht in »positiven« Gefühlen, sondern in ihrer desinteressierten Trauer.

»Wenn Sie Ihr Kind in den Arm nehmen, was geschieht dann?«, fragte ich die Mutter, die mich um Rat fragte, nachdem der Fehlschlag der Behandlung offenkundig geworden war.

Ihre Antwort war Hilflosigkeit. »Gar nichts geschieht, sie wehrt sich nicht, aber sie greift auch nicht nach mir, sie hält sich nicht fest«, sagte sie. Ich habe ihr nicht recht geglaubt.

Also fragte und bohrte ich weiter, und allmählich kam eine kompliziertere Wahrheit ans Licht. Ich bat sie, sich an winzige, kaum bemerkbare, vielleicht übersehene Gesten des Anklammerns, des Trostsuchens zu erinnern. Sie benötigte gar nicht viel Zeit, da fielen ihr welche ein, und dann auch gleich zahlreiche.

Ihre erste Antwort auf meine Frage war – wer wollte es ihr verübeln? – *auch* ein Ausdruck ihrer mütterlichen Enttäuschung gewesen. Sie fühlte sich selber von der unzugänglichen Seelenverfassung ihres Kindes abgewiesen und kam damit nicht zurecht. Deshalb war sie eben nur in der Lage, die Zeichen der Abweisung zu entziffern, die wegstoßenden Gesten wahrzunehmen, dabei übersah sie das Wichtigste. Ich konnte sie gut verstehen. Sie hatte sich stärkere Zeichen der Zuneigung oder Trostsuche, des Anklammerns erhofft, die ihr selber eine klare mütterliche Position zugewiesen hätten. Auch aus diesem Grund hatte sie so lange und ausdauernd »positive Gefühle« bei der Tochter zu entdecken oder zu erwecken gesucht. Eine Botschaft wie »Mama, hilf mir!« hätte sie sehr ermutigt. Aber diese Botschaft kam nicht. Es gab nur einen Weg zurück zu ihrer Tochter, er führte über die geteilte und mitgeteilte Trauer. Natürlich wäre ihr ein »positiver Weg« lieber gewesen. Sie, die sorgenvolle, liebevolle Mutter, die ihr Kind zur Lebensfreude zurücklenkt. Das war ein Bild, mit dem sie gut zurecht gekommen wäre. Aber es entsprach nicht der Realität, weder der seelischen Realität der Tochter noch ihrer eigenen. *Beide* waren von

Trauer infiziert. Beide waren auf Grund ihrer wechselseitigen Wünsche zutiefst gekränkt, beide warfen einander ihre Ohnmacht vor. Sie hatten keine andere Chance, als sie gemeinsam zu durchleben.

Eben dies wurde schließlich die Kehrtwende in dem aussichtslos erscheinendem »Fall«: die gewagte Traurigkeit.

Als die Mutter begann, sich ohne Vorbehalte und ohne Absicherung den tatsächlichen Gefühlen ihrer Tochter zu nähern, begann sie Schritt für Schritt, ein tieferes – keineswegs nur rationales – Verstehen für ihr Kindes zu entfalten. Sie verstand, dass die vielen positiven Botschaften von den lebenswerten Dingen und der Freude am Dasein ihrem Kind nur »spießig« erschienen waren. Wie das Bemühen von herum hampelnden Marionetten, die die Tragödie des Lebens nicht begriffen hatten. Solange Kathrins abwehrender Lebensüberdruss von ihr als Mutter nicht akzeptiert und bis zu einem gewissen Grad sogar geteilt wurde, war das Kind nicht erreichbar. Die Mutter war die Erste, vielleicht die Einzige, die über jene unbewusste Verkettung, die intuitiv jede Mutter mit jedem Kind und jedes Kind mit jeder Mutter verbindet, den Zugang zu ihr finden konnte, vorausgesetzt, dass ihr diese auf klare authentische Weise gelang.

Am Grunde der Wahrheit

Als Betreuer dieser kleinen Familie konnte ich gar nicht viel tun, ich konnte nur zur Wahrheit ermutigen und die Mutter, wenn ihr einmal die Kraft ausging, unterstützen. Wenn sie in einem verständlichen Reflex ihr Kind dann doch wieder auf die »schöne Frühlingssonne« oder das wohlschmeckende Eis aufmerksam machen wollte und damit bei Kathrin nicht »ankam«, dann vermochte ich in einem beratenden Gespräch wenigstens ihre Enttäuschung zu beruhigen und sie darauf hinzuweisen, dass sie sich eigentlich zu einem anderen, mühsameren Weg entschlossen hatte. Ihr war durchaus verständlich zu machen, dass die Ausflucht »schöne Frühlingssonne« eben auch und vor allem eine Chiffre für ihre Enttäuschung war – *»warum ist meine Tochter nicht so wie alle Kinder, die sich doch auch an der Sonne freuen«*. Sie verstand, dass ihre Tochter diese Chiffre zu entziffern wusste und sich zurückgestoßen fühlte. Nein, leicht war es für sie nicht, sich durch Trauer und Versagensangst und Illusionsbereitschaft hindurch ihrem Kind zuzuwenden – nicht dem Kind, wie es sein sollte, sondern dem realen Mädchen, das da tieftraurig und immer mehr im »Verschwinden« begriffen vor ihr saß, am Tisch oder im unaufgeräumten Zimmer, müde und leer.

Diese Zuwendung gelang ihr – wohl auch unter der Ägide der »psychologischen Autorität« –, und als ihre Bereitschaft endlich gefestigt war, zeigte sich, dass die Alltagsrealität selber viele kleine Hilfen zur Kontaktaufnahme zur Verfügung stellte. Stabile, unprätentiöse, unaufdringliche Hilfen, in den therapeutischen »Materialien« kommen sie nicht vor: das Geschirr, das abgewaschen, der Müll, der in den Hof transportiert werden musste, das Klo, das geputzt werden sollte und die Schuhe auch. Das ergaben hundert und mehr Berührungen und Gesten und Bemühungen im lebenserhaltenden Realitätskontakt. Sie prägen sich ein.

Musik war auch so ein Hilfsmittel. Sie hörten gern gemeinsam Musik. Musik, konzentriert aufgenommen, macht stumm. Gemeinsam hörten sie oft traurige Lieder, sie schwammen gelegentlich in einer Orgie von Traurigkeit, es tat ihnen gut. Die Mutter bevorzugte irgendwelche keltischen Gesänge, die Tochter hielt sich gern an die Charts, in denen neben dem Schwulst auch viel Härte und Melancholie ihren Platz behauptet.

Musik war ein große Hilfe, Bilder auch. Kathrin war talentiert, das hatte sich schon im Kindergarten gezeigt, sie hatten es beide beinahe schon vergessen. Begabungen sind eine riesengroße Verführung zum Leben. Es reichten einige Ermutigungen, um sie eine ganze Zeit lang in eine geradezu »manische Zeichenwut« zu versetzen. Sie hockte manchmal stundenlang vor ihrem Zeichenblock. Sie strichelte und pinselte – wütend und hochkonzentriert, verbissen und tapfer – ihr Innerstes auf große Papierbögen. Selbstverständlich war das ein weiterer, wichtiger Schritt, der Schritt von der Selbstverschlossenheit zur Mitteilung. Von Innen nach Außen. Jede Zeichnung war nicht nur Mitteilung, sondern auch *Teilhabe* an der Welt. Was auf dem Papier stand und dort fixiert war, war eine »Hervorbringung« ihrer Psyche, ein Werk ihrer kleinen Hände, ihrer mutigen Geschicklichkeit. Es war etwas, das sich, einmal fertiggestellt, *objektiv* im Realen wiederfand. Es war ein Ding unter Dingen und gehörte doch ganz zu ihr. Es war eine weitere Spur der Versöhnung mit der Realität.

Fratzen zum Lachen ...

Im Verlauf von zwei oder drei Wochen entstanden eine Fülle von »Werken«, die die Mutter – auf mein Anraten – wie in einer Galerie aufstellte. Jedes Bild wurde sorgfältig plaziert. Zum *Anschauen* ausgestellt!

Gewiss, ihre Motive waren finster, manche Masken und Fratzen wirkten furchtbar, aber darauf kam es nicht an. Es kam vielmehr darauf an, dass diese Bilderaufstellung ein Teil der äußeren Realität war. Da standen sie, dauerhaft und sicher, Kathrins »Werke«. Sie gehörten ganz dem Realen an und waren doch mit Kathrins kindlicher Seele zutiefst verbunden. Sie waren ja, wie gesagt, ihre Hervorbringungen. Symbole der Entfremdung von Innen und Außen und zugleich Markierungen ihrer Überwindung. Also *gab* es einen Identitätsbezug von Innen und Außen, gab es eine Gleichzeitigkeit von Selbstbezüglichkeit und Mitteilung, es gab also auch für dieses Kind eine Teilhabe an der Welt. Neben der Musik war die Malerei das zweite Ausdrucksmedium, vermutlich das Wichtigere.

Die Blume vertrocknet, die Sonne verdorrt ... wir kommen voran!

Über die Bilder konnte das Kind dann auch den engen Raum des Mütterlichen, der bislang ihr einziges »Kommunikationsbehältnis« gewesen war, überschreiten. Nun machten endlich auch die Gespräche mit einer anderen erwachsenen Person – mit mir – Sinn. Sie blieben nicht im Vagen, sie wurden rasch konkret. Das Kind hatte ja ein Medium der Mitteilung gefunden. Über die Bilder kamen wir ins Gespräch. Selbstverständlich deutete ich sie nicht. Deutungen sind, wenn überhaupt, nur in einer sehr späten, fast schon erfolgreich abgeschlossenen psychologischen Betreuung sinnvoll.

Nein, wir *vertieften* uns vielmehr in die kleinen Werke, die mir im Übrigen, je länger und intensiver ich hinschaute, immer merkwürdiger, detailreicher und »voller« erschienen. Tatsächlich, es war erstaunlich, was dieses Kind hervorgebracht hatte. Man musste nur genau hinsehen. Und ich durfte mich eben nicht der Verführung zu eifrigen Interpretationen hingeben. Ich durfte mich gar nicht erst einlassen auf die Frage, ob dieses Haus und jene vertrocknete Blume, diese ausgedörrte Sonne und jene verzogene Fratze oder Maske ein zeichnerisch interessantes, ausdrucksstarkes »therapeutisches Material« abgeben würden. Alle Kriterien und Kategorien, die mit einem vernunftgeordneten Realitätsanspruch einhergehen, mussten aus meinem Kopf verschwinden, damit ich mit dem Kind eine gemeinsame Wahrnehmungsebene – ihre – fand. Das war gar nicht so schwer. Man muss nur die Augen schließen und sie anschließend ein klein wenig anders wieder aufmachen.

Ich grinste. »Was gackerst du denn da?«, fragte sie und begann, wie es die Art von Kindern (sogar der depressiven) ist, gleich mitzugackern und zu kichern.

»Dieser Mund hier sieht ja selten dämlich aus«, sagte ich.

»Dämlich?«, fragte die Kleine empört. (Ich zwang mich dazu, ihre Empörung nicht als positive Kommunikationszeichen – selbstbestätigender Leistungsstolz, der sich zur Wehr setzt o. ä. zu deuten, sondern konkret bei dem schiefen Mund in der furchterregenden Fratzenmalerei zu bleiben).

»Siehst du doch«, sagte ich. »Der Mund grinst. Das Gesicht voll Wut oder was weiß ich, und dieser dämliche Mund grinst schief und unpassend. Total bescheuert.«

Da sah sie es auch.

Ja, fand sie, da war etwas dran, ein verblüffter Blick streifte mich, dass da einer überhaupt richtig hinguckt, das war ja – abgesehen von ihrer Mutter, die genau diese Fähigkeit auf bewundernswürdige Weise erworben hatte – etwas, was man von einem Erwachsenen gar nicht erwartete. »Ein bisschen komisch sieht das schon aus«, räumte sie ein.

»Super sieht es aus«, nickte ich, »total gut.«

Ansonsten bestanden unsere Stunden im Wesentlichen aus einem Schweigen, das sich (oft am Rande meiner nervlichen Belastungsfähigkeit) ganz allmählich von einem trotzigen zu einem gemeinsamen Schweigen entwickelte. So etwas kann auch sehr angenehm sein, angesichts der aufdringlichen und auftrumpfenden Präsenz der allermeisten Menschen. Dieses Kind war wie ein Schatten, und ich hatte (genau so mühsam wie die Mutter) gelernt, eben das Schattenhafte ihres Wesens zu respektieren, ja zu mögen, in gewisser Weise zu genießen.

Das gab ihr die Chance, aus dem Schatten herauszutreten. Unsere Gespräche fanden zu einem relativ späten Zeitpunkt der Betreuung statt. Kathrin sprach nun ausdauernd und antwortend, während sie anfangs im Wesentlichen mit sich selber gesprochen und den Klang ihrer Worte am Gesichtsausdruck ihres Betreuers überprüft hatte. Sie reagierte offen und geschickt. Unser Bezugsrahmen war aber weiterhin *ihr Werk*, ihr Versöhnungsband zwischen Innenwelt und Außenwelt, ihre kleine durchlässige Grenze von Ich und Nicht-Ich.

Ich mochte dieses Kind, ich fand Gefallen an ihr. Die Finsternis ihrer Bildmotive hatte etwas Verlockendes, ja, etwas Suggestives. Manchmal übertrafen wir uns buchstäblich an gruseligen Einfällen. Diese Sonne hier, fand ich beispielsweise, müsste zur Abrundung des Gesamteindruckes total eingeschwärzt werden, ein Stück Asche am Himmel. Das gefiel ihr. Sie begann sofort eifrig zu pinseln. Das war einer unserer allerersten intensiveren Kontakte gewesen. Kontakt heißt, dass sie anfing auf mich zu reagieren und nicht immer nur in meiner Gegenwart im einsamen Zirkel zu kreisen. Einen Vorschlag aufnehmen, der von einem anderen kam, obwohl es doch etwas »Eigenes« betraf, der sozusagen ins Innerste eines Werkes eingriff – was für ein fein gesponnenes Wagnis da jedes Wort war, und wie befreiend jede Antwort wirkte … Die Sonne hing zum Schluss wirklich wie Asche am Himmel, der sich über eine trostlose Landschaft spannte.

In längeren Phasen der Betreuung war meine Absicht nicht, an diesem Kind und seinem Leben irgend etwas zu ändern. Ich hatte überhaupt keine Absicht. Das war meine Chance. Was ich da also mühselig nachvollzog, hatte mit unvergleichlicher Intuition die Mutter bereits vor mir geleistet und mir den Pfad geebnet, sonst hätte ich dieses verstörte und vertrotzte und dabei immer mehr verschwindende Kind anfangs wohl nicht erreichen können. So aber fanden wir über die vom »Mütterlichen« vorbereiteten Trampelpfade zaghaft einen Weg zurück in die Gemeinsamkeit des Lebens.

Eine Punkerin als Freundin und eine grüne Sonne

»Ich male eine Sonne«, sagte sie. »Grau oder grün?«, fragte ich. »Gelb«, sagte sie. In einem kleinen farbenpsychologischen Spiel, das ich gelegentlich zum Abschluss mit meinen kleinen »Patienten« spiele, griff sie jetzt häufiger nach den freundlichen Farben, oder den *Misch*farben, zu denen ich andere Farbtöne hinzu geben durfte – etwas *Gemeinsames* entstand. Sie fand Gefallen daran.

Mit den freundlicheren Farben und dem aufmerksameren Blick auf die Welt um sie herum, mit der Schärfung ihrer Sinne und der Herstellung einer Sinnesordnung entwickelte sie schließlich Zukunftsvorstellungen. Das ist wörtlich zu nehmen: Sie begann, sich Zukunft vorstellen zu können, Zukunft zu denken und sich selber mit zaghafter Hoffnung in der Zukunft zu sehen. Man benötigt schon ein stabiles und einheitliches Ich und ein volles Körper-Selbst, um es im ungewissen Zeitfeld auszuhalten, es gelang ihr jetzt und machte nur wenig Angst. Zu diesem Zeitpunkt begann sie, regelmäßiger zu essen. Ich schaute den Selbstheilungen der kindlichen Seele beglückt zu. In dieser Phase bestand meine Aufgabe im Wesentlichen darin, da zu sein und ihr zuzuschauen. Sie duldete meinen Blick!

Vielleicht wäre alles doch noch schief gegangen, wenn sie nicht in ihrer Klasse eine 11-jährige Punkerin (ein oder zweimal »sitzengeblieben«) gefunden hätte, die ihre immer noch sprunghafte, launische und manchmal verfinsterte Weltsicht teilte. Die Mutter hatte verständlicherweise Sorge, ihr Kind könne von der Größeren wieder in eine Art Weltverneinung hineingezerrt werden. Sie fürchtete den »schlechten Einfluss«. Ihre Furcht war unberechtigt. Wir verbrachten einige Stunden zu dritt, meine kleine Patientin, die Punkerin und ich, und wir hatten viel Spaß dabei, die allerfinstersten Seiten des Lebens zu beschwören, nur um dabei herauszufinden, dass, wo es eine Seite gibt, auch eine andere geben muss, dass es *Wechsel* und *Bewegung* gibt, dass man nicht von einer starren Realität innen und außen überwältigt wird, *sondern die Wahl hat.*

Die Welt ist kalt und das menschliche Leben ist tragisch, es gibt Kinder, denen kann man diese Wahrheit nicht vorenthalten. Gemeinsam mit einem Erwachsenen, der ihnen und sich selber nichts vormacht, können solche Kinder sich aufmachen zu der Entdeckung, dass diese Wahrheit nicht die ganze Wahrheit ist. Gerade die verwöhnten, die überfürsorglich erzogenen, aber – wie wir gesehen haben – auf besondere Weise ungestillten, ungehaltenen Kinder ertrinken leicht in den Anforderungen des Realen, die ihnen wie Anmaßungen erscheinen, sie übertreiben dann gern die Kälte der Welt, um sich zu schützen. Zu diesen Kindern gehörte auch meine Patientin. Sie hatte die Ordnung der Dinge und die Ordnung ihrer Sinne in einer bedrohlichen Seelenverfassung kennengelernt, dann aus Selbstschutz abgelehnt und schließlich doch, über mehr als einen Umweg, zu akzeptieren begonnen. Ihr Körper fand sich dann gemeinsam mit ihrer Vernunft und ihren Gefühlen allmählich in der Welt zurecht. *Halb versöhnt.* Das reichte aus. Meine kleine Patientin konnte akzeptieren, dass ihre Existenz eine Gültigkeit hatte. Sie nahm ganz allmählich, aber beständig wieder zu.

9 DAS ALLES-ODER-NICHTS-PRINZIP

In dem sehr lesbaren und lesenswerten Buch *Heiliges Fasten – Heilloses Fressen* verknüpft das Ärzte-Ehepaar Edda und Horst-Alfred Klessmann Bildinterpretationen – genauer gesagt: die Wiedergabe von teilweise sehr differenzierten Bild*erfahrungen* – mit allgemeinen Analysen der Magersucht. Anschließend an die Stunden mit der 10-jährigen Kathrin habe ich ihre Berichte noch einmal durchgeschaut. Dazu sind mir einige Beobachtungen und Überlegungen eingefallen.

Das Autorenpaar berichtet von einer sehr jungen, schwer essgestörten Frau. Im Verlauf der Therapie, in der Bilderkennung und -verstehen im Zentrum standen, fertigt sie ein Selbst-Bild an. Sie zeichnet sich als einsame Gestalt, dürftig bekleidet, auf einem hohen grauen Berg. Ein Gefühl von Erhabenheit und ein unvergleichlicher Blick, so schreiben die Autoren, eröffnen sich dort. Weit unten gibt es Felder und ein kleines Dorf, Gemeinschaft und blühende Obstbäume. Mit einem auffällig geschwungenen Schriftzug schreibt die junge Frau unter ihre Zeichnung: »Keiner holt mich hier herunter.«

Die Autoren interpretieren dies, differenziert, zum einen als Warnung, »untersteht euch, mir nahe zu kommen«. Zum anderen, fahren sie fort, handele es sich um eine versteckte Anklage: »Mich holt ja doch keiner.« Sie sagen, ein Wunsch nach Nähe sei spürbar bei gleichzeitiger Angst vor Nähe.

Mir erscheint hier – auch aufgrund der Erlebnisse mit Kathrin – eine andere, mindestens ergänzende Deutung sinnvoll. Sie lautet: »*Wagt es nicht, mich von meiner einsamen Höhe herunter zu holen, ich würde ja stürzen und wer von euch hätte genug Kraft, um mich dann noch aufzufangen?*«

Hoch oben, im Kalten und Weiten …

Die junge Frau in Klessmanns Beschreibung ist einen langen Weg gegangen. Sie musste steigen und sich mühen, sie ist über Steine und Geröll gestolpert und hat sich viele Male an harten Felsvorsprüngen gestoßen, sie tat sich weh, bis sie ihre einsame Position, so weit oberhalb der blühenden Obstbäume und des kleinen gemütlichen Dorfes erreicht hatte. Ihrer *Position* im Bild ist die Anstrengung des Weges anzumerken.

Die Autoren berichten, dass sie, wie viele Magersüchtige, die klaren und kalten Farben Blau oder Gelb bevorzugt, sie stechen hervor, während das wärmende Rot, das versöhnliche Grün kaum in Betracht kommen. Einsam ist es dort oben, und schmerzlich war der Weg. Umso eindringlicher und präziser – ja, kalt und unerbittlich – fällt, denke ich, die Prüfung für denjenigen aus, der sich solch einer Jugendlichen oder jungen Erwachsenen zu nähern versucht. Er will sie, so muss es ihr doch erscheinen, aus ihrem besonderen Alleinsein in gehobener Position herausstoßen, vielleicht stürzt sie dabei …

Aus der Perspektive des Dorfes betrachtet, ist das dürftig bekleidete Wesen dort oben fast in den Himmel gestellt. Der Himmel, das ist diese kalte Bläue, ist das Unfassbare, ist natürlich die Auflösung aller Grenzen, auch der des Körpers, ist die Nähe zur Endlosigkeit, zum Nichts. Wie verlockend das alles ist! Man spürt ja geradezu den Sog, dem sich die junge Malerin beim Zeichnen hingab. Mir fällt es schwer zu glauben, dass man solcher Unendlichkeit Angeboten zum Gespräch und Kommunikation, vielleicht mit Bequemlichkeit und Kerzenschimmer entgegen setzen könnte. *Absolutheit ist dieser Position eingeschrieben,* wer sich ihr stellen will, müsste einen ähnlichen Absolutheitsanspruch in sich tragen. Welcher der betreuenden Psychologen kann das?

Deswegen haben die Sekten oder andere maßlose Verführer oft die plausibleren Lösungsangebote für solche Kinder und Jugendliche. Und die digitalen Medienbilder und -realitäten haben sie auf andere Weise auch. Schon ihre Ästhetik ist radikal. Wo unsere Patientinnen die Kälte des Blaus aufsuchen, da verfügen die digitalen Apparate über eine noch tiefere, intensivere Kälte, nämlich die des *gerechneten* Blaus, Farben aus algorithmischen abstrakten Rechenvorgängen, aus der Endlosigkeit der Zahlenreihen, die einen Körper in Lichtpunkte verwandeln und ihn so auf dem Bildschirm erscheinen lassen! Die digitalen Bilder sind wie die Selbstbilder der Magersüchtigen ins Absolute gestellt, in den Geist der Mathematik und gleichzeitig in eine Ästhetik des Lichts.

Ein Klick reicht aus, um die Körper der Menschen und Dinge zum Verschwinden zu bringen, um das in diese Sehnsuchtslandschaft gestellte Ich auszulöschen. Nichts, so scheint mir, kommt den Fantasien und den Todessehnsüchten der Magersüchtigen eindeutiger entgegen. Zwischen Existenz und Nicht-Existenz ist nur eine feine Schnittstelle, eine minimale graduelle Unterscheidung – einem magersüchtigen Mädchen auf dem Übergang zur Körperlosigkeit leuchtet solche Ästhetik unmittelbar ein. In der realen Welt gibt es – *außer in ihrer Psyche* – nichts Vergleichbares. Hier, in diesen Bildern ist es perfekt zum Ausdruck gebracht worden. Wer den Zugang zur Bildwelt der magersüchtigen Kinder sucht, wird ihn am ehesten über die Bilder der Informationstechnologien finden. In ihnen ist das Leibliche nicht verleugnet, ist nicht verdrängt, *sondern ausgelöscht.*

Wäre es nur verleugnet und verdrängt, dann lägen die Körperbedürftigkeiten mit ihren Wünschen und Abhängigkeiten ja immer noch wie eine Bedrohung auf der Lauer, wären irgendwo im Hintergrund oder Untergrund verborgen (darauf zielen ja auch viele therapeutische Bilddeutungen ab, »wir suchen in diesen körperlosen Landschaften oder Szenen das verborgene Körperliche«). In den artifiziellen Bildern der Informationstechnologie ist dies nicht der Fall, das Leibliche, das Materialhafte, das Objekthafte des eigenen Körpers ist schlicht nicht existent. In der digitalen Bildästhetik »steht man über den Dingen«. *Der Schmutz und die Rissigkeit, die Falten und die Vergäng-*

lichkeit (die Zeit!) der wirklichen Dinge ist aufgehoben. Sie ist überwunden. Wenn nur der eigene Körper sich in diese Ästhetik vermischen, in sie einmengen und in ihr auflösen könnte, dann wären alle Sehnsüchte gestillt!

10 WAS ICH KRIEGEN KANN, DAS WILL ICH NICHT

Eine kleine Reflexion über das Wünschen

So etwas kann einen Kinderpsychologen zur Verzweiflung treiben. Man sucht am Anfang einer Betreuung ja eine möglichst rasche Verständigung mit einem Kind, indem man sich nach seinen Interessen, seinen Zielen, seinen Wünschen erkundigt. »Wir sollten uns mit den Wünschen der Kinder verbünden«, empfahl ich Lehrern und Erziehern vor wenigen Jahren in einem Buch. Nicht originell, aber plausibel. Mir jedenfalls erschien dieser Umweg über die Wünsche ein sinnvoller Zugang, vielleicht sogar ein Königsweg zum Verständnis der Kinder und zur Erlangung ihrer Kooperationsbereitschaft (um das hässliche und überdehnte Wort »Motivation« zu vermeiden).

Die Schwierigkeit ist aber folgende: *Diese Kinder haben viele Wünsche, aber keinen bestimmten.* Auf meine Frage – »Was ist dein Ziel? Was erwartest oder erhoffst du am allermeisten?« – antworten Kinder oder Jugendliche immer häufiger mit einem Achselzucken. Sie haben für ihre Wünsche keine Sprache.

Ehrgeizig, aber ohne Ziel …

Vielmehr werden sie von einem intensiven und diffusen Wünschen beherrscht (»Ich will alles, und alles ist nicht genug«), einer weit vom Realen abgerückte Idealisierung des Selbst, die in ihrer konkreten Umwelt so wenig Anhaltspunkte findet, dass sie nicht zu fassbaren Bildern ausreifen kann. Die andere Seite dieses ausufernden Wünschens ist ihre permanente Klage: »Alles ist so langweilig.«

Fragt man freilich weiter, was denn eintreten müsse, damit die Langeweile aufhöre, erntet man erneut nur ein Achselzucken. Die Kinder wissen nicht nur mit den »normalen« Dingen des Alltags wenig anzufangen, sie wissen auch mit sich selber kaum etwas anzufangen, sie können ihre Wunschvorstellungen nicht so weit konkretisieren, als dass sich daraus ein zielorientierter Ehrgeiz entwickeln könnte. Daraus folgt gleich das zweite erstaunliche Phänomen: Ihre Wunsch- und Ziellosigkeit schließt Ehrgeiz keineswegs aus. Ehrgeizig sind sie durchaus, sie stellen sich vor, wie sie hoch diszipliniert irgendwelchen Zielen entgegeneifern – nur, was für Ziele das sein sollten, wissen sie nicht.

Was benennbar ist, ist real, und damit kann man ihnen nicht kommen. Bildkräftig werden ihre Ziele und Wünsche nur, wenn sie sich z. B. an die Vorgaben des Fernsehens anlehnen. Beispielsweise im kalten blauen Licht stehen und Shirley Bassey nachsingen, getragen vom johlenden Applaus eines hundertköpfigen Publikums, wie es Juliette in der Endrunde von »Deutschland sucht den Superstar« getan hat – das wäre ein klares Wunschbild, auf dass sich viele Jugendliche zur Zeit einlassen würden. Nur können sie leider überhaupt nicht singen und haben auch nicht vor, es zu lernen. Das Wunschbild steht in keinerlei Bezug zu ihrer Alltagsrealität, ist aber trotzdem näher an ihren Wunschgefühlen als irgendein anderer realitätstüchtiger Plan.

Oder wie seinerzeit Dr. Seltsam in Kubricks Film *Wie ich lernte, die Bombe zu lieben* auf der Spitze einer aalglatten, geschmeidigen Rakete zu hocken und irgendeinem bösen Feind jubelnd Zerstörung ins Haus zu tragen, das ist auch ein Wunschbild (in Computerspielen kommt man ihm ganz nahe). Tatsächlich stößt man in Gesprächen mit den Kindern reihenweise auf solche oder vergleichbare Fantasien, die oft einen extrem destruktiven Charakter haben: Da wollen sie buchstäblich identisch sein mit dem todbringenden Geschoß, total und allmächtig, und wenn man ihre hallluzinatorischen Fantasien dann noch weiter ins Kraut schießen lässt, dann enden sie buchstäblich im universalen Desaster – so, wie es Robert S. in Erfurt wahrgemacht hat.

Wo der Himmel weit und kalt ist …

Nahezu alle Wünsche, die die Kinder und Jugendlichen angeben, haben indes einen gemeinsamen Charakter, sie führen weg vom Ich.

Dort, jenseits des Ich, beginnt das Wünschen anhand irrwitziger Bilder oder überlebensgroßer Tagträume. Das Ich hingegen ist langweilig. Deswegen muss es immer wieder an eine Grenze geführt werden. Das kann die Grenze des Körpers sein, so wie in den Techno- und Hip-Hop-Nächten, wenn sie sich bis in eine Trance hinein nach Rhythmen bewegen, die sie schließlich an den Rand des Körperempfindens versetzen, unterstützt von Haschisch (seit einiger Zeit wieder sehr »angesagt«) oder Extasy oder härteren Rauschmitteln. Das kann natürlich auch die Grenze des körperlichen Leistungsvermögens durch diszipliniertes Ausdauertraining im Extremsport sein, bis der Körper ganz hart und empfindungslos geworden ist. Das kann auch dadurch geschehen, dass sie ihren Körper aushungern oder ihn mit Nadeln oder Messern traktieren, auch dann sind die Grenzen des Körpers, die schützenden, endgültig zusammengebrochen, und man ist nicht mehr Körper unter Körper, Objekt neben anderen Objekten: ein totalitär gewordener Wille überflutet dann alles Wünschen.

Die meisten bleiben moderater und beziehen ihre Wunschbilder eben aus dem Kino. *Mad-Max* war und ist so ein Wunschbilder prägender Kultfilm. In ihm (und in allen vergleichbaren Produktionen) sind die konkreten Raum- und Zeitbezüge aufgehoben. *Mad-Max* beispielsweise hetzt auf seiner schweren vierzylindrigen Maschine nach der großen Katastrophe durch irgendeine Wüste, die früher einmal eine Großstadt war. Solch eine Wüste, aus Ruinen gebildet, ist ebenfalls ein »geiles Wunschbild«.

»Was ich will, das krieg ich nicht. Und was ich krieg, das will ich nicht!« Der Versuch erscheint aussichtslos, ihr Wünschen zurücklenken vom magischen Nirgendwo zum realistischen »Jetzt«, von den grandiosen Bildern zurück zu diesem Kinder-Selbst, das da vor einem sitzt und vor sich hin träumt und döst und Angst vor dem nächsten Schultest hat und gleichzeitig nicht die geringste Lust, sich auf ihn vorzubereiten. Dieses Kinder-Ich, vollgestopft mit überbordenden Wünschen, bedrängt von seinen körperlichen und geistigen Mängeln (Übergewicht, Lernstörungen, Konzentrationsmängel, Bewegungsarmut), ist auf dem Weg über das Wünschen zu keiner Leistung zu bewegen.

Komm mit, wir gehen kaputt …

»Hanging around« ist eine Floskel, die amerikanische Teenager seit Jahren gern benutzen, wenn sie nach ihrer Freizeittätigkeit gefragt werden. Rumhängen, durchhängen. Neu ist das nicht, so verhielten sich Jugendliche in der alten Industriegesellschaft auch schon. Neu ist aber dies: Für die pubertierenden Jungen und Mädchen in früheren Zeiten war die Welt an allen Ecken und Enden wie zugenagelt. Alles, was ihr Körper wollte, war verboten. Alles was Spaß machte, fiel unter ein moralisches Verdikt. Und was von ihnen gefordert wurde, lief immer auf Mühsal und Disziplin hinaus. Also verkrochen sie sich in ein gelangweiltes »Hanging around«, ein Verharren vor einer Sperrzone der Wünsche.

Die modernen Jugendlichen kennen solche Sperrzonen kaum. Sie finden vielmehr eine Welt vor, die ihnen möglichst viele Wege öffnet, aber dann stehen sie am Anfang dieses und jenes und noch eines Weges und wissen nicht, aus welchem Grund sie ihn entlang laufen sollten. War das »hanging around« früher Ausdruck gehemmter Wünsche, ist es heute Ausdruck von Wunscharmut bei einem gleichzeitigen Übermaß an Wunschansprüchen: »Was immer ihr uns anzubieten habt, es ist zu wenig.«

Manchmal gelingt es, die Wunschlandschaft in eine Art irdisches Jenseits zu verlegen, Amerika war lange Zeit ein Wunsch-Raum. Weit genug weg von allem und jedem, um dem in seine Maßlosigkeit implodierten Wünschen einen scheinbar realen, tatsächlich ebenfalls imaginären Rahmen zu geben. Eine kluge 14-Jährige aus meiner Praxis träumt beispielsweise von Texas. Dorthin will sie im Internationalen Schüleraustausch, mindestens für ein Jahr.

Ich habe sie gewarnt, ich kenne Texas. Ich kenne vor allem die Erziehungsprinzipien texanischer Familien, für deutsche Teenager sind sie eine gute Ausgangsposition für ein solides Trauma. Dennoch: Texas, das ist für sie das weite Land, Unendlichkeit und zaunloses Gelände, Prärien mit Büffeln, ein kalter Himmel darüber und am Ende des Horizonts beginnt Mexiko mit seiner Farbigkeit, seiner Schwüle und dem hitzigen, schwitzenden Gewühl in den Städten. So bekommen ihre Wünsche Konturen, indem sie halb reale, halb fantastische Bilder produzieren.

Es gibt ja kein menschliches Sein ohne Wünsche. Die jugendliche Wunscharmut und Wunschnot erscheint mir buchstäblich unmenschlich. Und viele von ihnen fliehen vor der Leere, die mit so ungenauen Wünschen einhergeht, nach innen, aber sie tun es wiederum auf eine befremdliche Weise. Sie radikalisieren gewissermaßen das, was schon der Fall ist. Sie suchen eine eigenwillige Intensität in ihrem realen Lebensgelände dadurch, dass sie dessen Unattraktivität möglichst intensiv ausleben, ja, sie in gewissem Umfang selber inszenieren. So erhält noch die Langeweile auf dem Bahnhofsvorplatz eine paradoxe Attraktivität, hier, wo rein gar nichts passiert, halten sie es in einer Art gelähmter Unruhe mit sich selber aus. Sie können auch stundenlang vor dem Fernsehapparat ausharren und bewegen sich kaum von der Stelle. Viele hüllen ihre ohnehin verdöste Existenz zusätzlich in Haschisch-Qualm, der saugt wie ein großes Löschpapier alles auf, sogar das Zeitempfinden. Ich vermute, dass diese Intensität durch Maßlosigkeit einer oralen Disposition dieser Kinder entspricht. Alles zu vereinnahmen, bis man – wie in einer bulimischen Fantasie – platzt oder verhungert, das ist das psychische Korrelat zur Wunschlosigkeit ohne Maß.

Teil 3

HYPER- UND ANDERE AKTIVITÄTEN ODER: JUNGEN IN NOT

In den letzten Jahren gab es kaum einen psychologischen oder pädagogischen Kongress, auf dem das Thema »Aufmerksamkeitsdefizit« oder »Hyperaktivität« nicht zentrales Thema war. Aber weder in der Behandlung der so genannten »ADS-Kinder« (ADS = Aufmerksamkeitsdefizit-Syndrom; oder ADHD = Attention-Deficit-Hyperactive-Disorder) kam man recht voran, noch in der Interpretation dessen, was unter »Aufmerksamkeitsdefizit« eigentlich zu verstehen sei. Schon die in der ADS-Diagnostik unterstellte Relation zwischen Hyperaktivität und Aufmerksamkeitsschwäche ist keineswegs eindeutig, wenn man einmal von der Alltagsvorstellung absieht, dass, wer nicht stillsitzen kann, sich eben auch nicht recht zu konzentrieren und keine Aufmerksamkeit aufzubringen vermag.

Die Fokussierung der psychologischen und psychiatrischen Diskussionen auf »Aufmerksamkeit« mit oder ohne Hyperaktivität scheint insgesamt wenig hilfreich. Das Problem der Kinder liegt wohl eher darin, dass ihnen alles, was in normierter und geregelter Weise erfasst, gedacht oder geschrieben werden soll, große Schwierigkeiten bereitet. Sie können etwa frei und einfallsreich über ein Thema fantasieren, wirken aber, wenn sie ihre Gedanken in geordneter Weise zu Papier bringen sollen, hilflos und entmutigt. Das Geschriebene schließlich hat kaum mehr Ähnlichkeit mit der intelligenten Darstellung zuvor. Nicht die unzureichende »Aufmerksamkeit« ist ihr Hauptproblem – aufmerksam waren sie bei der einfallsreichen mündlichen Darstellung ja durchaus! –, es ist vielmehr die gleichförmige, von Regeln und Normen bestimmte Form der Schrift, die ihnen so viel Mühe bereitet. Äußerliche Ordnung jeglicher Art stützt ihre Intelligenz und ihre geistigen Fähigkeiten nicht, sondern blockiert sie.

Auf regelgebundene Anweisungen reagieren sie oft wie Kleinkinder. Manche der so genannten ADS-Kinder werfen sich buchstäblich zu Boden, strampeln mit den Beinen oder stimmen ein lautes Geschrei an – ganz so wie ein Dreijähriger bei einem Trotzanfall im Supermarkt, wenn ihm die Bonbons verweigert werden. Andere, weniger auffällig, verschließen sich vertrotzt und sind weder durch gutes Zureden noch durch Strenge dazu zu bewegen, etwa ihre Schulaufgaben zu erledigen oder ihr Zimmer aufzuräumen. Immer ist es die Regelmäßigkeit und der formale Charakter von Ordnung, gegen den sie sich intuitiv zur Wehr setzen. Übrigens gehört auch die deutlich anwachsende Zahl der »Schulschwänzer« in diesen Zusammenhang. Diesen Kindern fehlt nicht die »Realitätseinsicht«, rein rational sind sie durchaus in der Lage, Strukturen von Aufgaben, Notwendigkeiten des täglichen Lebens, soziale Regeln usw. einzusehen. Sie sind dadurch aber noch keineswegs fähig und/oder bereit, sich entsprechend zu verhalten. Anders gesagt: Intellektuell ist ihnen Realität in ihren geordneten, normativen Strukturen zugänglich, emotional vermögen sie dieser Einsicht nicht nachzukommen. Sie wirken dann restlos überfordert.

Mit »Aufmerksamkeit« hat all das wenig oder nur sehr oberflächlich zu tun. Es hat sehr viel mehr zu tun mit einer nicht ausreichend »verinnerlichten« Bindung an die äußere Welt der Dinge und der Menschen. Ihre Emotionen sind wesentlich abgetrennt von ihren intellektuellen Einsichten. Sie haben einen ausgeprägt ich-bezogenen Charakter, der den Bedürftigkeiten von Kleinkindern ähnelt. Ich habe einige dieser Bedürfnisse in den vorausgehenden Kapiteln genannt: der Wunsch im Mittelpunkt zu stehen, der Wunsch, ohne eigene Anstrengung »gefüttert« zu werden, sei es im unmittelbaren Sinn mit Süßigkeiten, Chips oder Schokoriegel, sei es mit Zuspruch, Wärme, übermäßigem Verständnis und Zustimmung. In denselben Zusammenhang gehört die Tatsache, dass viele dieser Kinder zwar auffällig dissozial sind – ihre eigenen Interessen setzen sie rücksichtslos durch –, aber zugleich von der Anerkennung und der Zuwendung der anderen Kinder hochgradig abhängig zu sein scheinen. Bleibt diese aus, sind sie sehr allein, sie wirken dann hilflos und oft depressiv, aus eigener Kraft finden sie keinen Weg aus ihrer Isolation »zu den anderen« zurück. Sie bleiben in ihrer Egozentrik heillos verfangen.

Ebenso auffällig ist ihr oft besserwisserisches Verhalten, ihr Verharren auf eigenen Anschauungen, die sie auch dann beibehalten, wenn alle erreichbaren Informationen längst gegen sie sprechen. Wider alle Realität behaupten sie den eigenen Standpunkt steif und fest. Wenn sich die anderen Kinder oder Erwachsenen schließlich ermüdet oder entnervt von ihnen abwenden, reagieren sie tief gekränkt. Ihr Ich fühlt sich in der sozialen »Ordnung« der Dinge und der Menschen nicht gut aufgehoben, trotzdem oder gerade deshalb sind diese Kinder auf Zuwendung und Zuneigung in besonderem Maße angewiesen. Sie versuchen sie mit allen möglichen – meist untauglichen – Mitteln zu erreichen. »Aufmerksamkeit« ist kein geeigneter Begriff, der dieses Verhalten zu enträtseln hilft.

Ein weiteres Beispiel, das so viele Eltern, Lehrer, aber auch Kinderpsychologen in Verwirrung stürzt ist das Spielen am Computer. Viele Eltern, die akzeptiert haben, dass ihr Kind ein »Aufmerksamkeitsdefizit« aufweist, fragen sich, wie es denn sein kann, dass eben dieses »unaufmerksame, unkonzentrierte« Kind sehr wohl über – stundenlange – Aufmerksamkeit und Konzentration verfügt, sobald es am Computer sitzt und seine Spiele spielt. Urplötzlich ist die Unruhe von ihm abgefallen, urplötzlich vermag es all die kognitiven Ordnungen, die Geduld und die Bereitschaft zum Neubeginn nach einem Fehlschlag, die Selbstmotivierung und Selbstregulation aufzubringen, zu der es ansonsten nicht in der Lage ist. Wie erklärt sich das? Aus einem »Defizit« an »Aufmerksamkeit« offenkundig nicht.

Nun, es erklärt sich einfach daraus, dass während des Computerspiels ein absolut ego-zentrierter Raum der Wahrnehmung und der Funktionen errichtet wird, ich werde in der nachfolgenden »Fallbeschreibung« des Kindes Jonas ausführlich darauf eingehen. Die Symbole auf dem Monitor, die aus Licht und algorithmischen Vorgängen zusammengesetzt sind, folgen unmittelbar dem spontanen Willen des Kindes, fügen sich seinen Fantasien und verleihen ihm – solange es spielt – den Nimbus der Omnipotenz. Frühkindliche emotionale Bedürfnisse vermengt mit der Freude am spontanen Funktionieren werden unmittelbar befriedigt. Die Folge ist: von »Aufmerksamkeitsdefiziten« keine Spur mehr.

Ich schließe daraus: erstens, dass die so genannte ADS wesentlich zu tun hat mit egozentrierten, narzisstischen Charaktermerkmalen, die sich emotional auf einem frühen kindlichen Entwicklungsstadium bewegen. Dieses ist in wesentlichen Teilen nie überwunden worden. Zwar ist die intellektuelle Entwicklung dieser Kinder durchaus weiter gediehen, sie blieb aber teilweise emotional leer. Daraus erklärt sich das verwirrende Nebeneinander von rationaler Einsicht und emotionalem Desinteresse oder der Unfähigkeit, entsprechend der Realitätseinsicht zu handeln, von der ich vorher sprach. All dies sind Charaktermerkmale, die, so lautet, gestützt auf zahlreiche Beobachtungen der kinderpsychologischen Praxis, meine Vermutung, typisch sind für die Kinder des Informationszeitalters; sie sind geprägt von frühesten Unordnungen im Aufbau ihrer Wahrnehmungen (wie ich sie im 1. Teil beschrieben habe) und von einem überfürsorglichen und harmonisierenden Charakter der Familien (den ich zu Beginn des 2. Teils dargestellt habe).

Zweitens: Die öffentliche Diskussion um diese Veränderungen moderner Kindheit wird dadurch erschwert, dass sie wesentlich von einer neurobiologischen und/oder medizinischen Betrachtungsweise bestimmt wird. Die Rede von den »ADS-Kindern« ist nicht nur deshalb unzureichend, weil dabei eine Reihe von wichtigen Eigenarten dieser Kinder unter den Tisch fällt, sondern auch, weil sie auf unzulässige Weise versucht, ein allgemein-kulturelles Phänomen der Kindheitsentwicklung auf ein individualisierendes Krankheitsbild zu verengen. Aus der Sicht der kinderpsychologischen-psychiatrischen Praxis ist es sicher notwendig, einen Katalog von Symptombildern und Kriterien aufzustellen, mit dessen Hilfe auffälliges oder selbstschädigendes Verhalten eingeordnet und gegen andere Störungen und gegen ein normatives Bild von »erwünschtem Verhalten« abgegrenzt wird. Wo aber diese rein symptomorientierte und -messende Konstruktion von Kriterien zur Analyse allgemeiner gesellschaftlich-kultureller Prozesse herangezogen wird, überschreitet sie ihren Geltungsbereich. Die Folge ist eine Diskussion, bei der zwar erkannt wird, dass »immer mehr« Kinder unter die ADS-Kriterien fallen, aber über die Ursache dieser Zunahme nicht sinnvoll nachgedacht wird. Dabei ist es offenkundig, dass die so genannten ADS-Kinder besonders ausgeprägte Verhaltensweisen zeigen (Dissozialität, Unruhe oder übermäßige Zurückgezogenheit, Egozentrik, Neigung zur Depression und Selbstüberschätzung), die in mehr oder minder ausgeprägter Weise bei der Mehrzahl *aller* Kinder bereits im Kindergartenalter beobachtet werden. Solche Beobachtungen werden jedoch von Kindergärtnerinnen oder Lehrern getroffen, die psychiatrische Diagnostik und Diskussion findet hingegen in einem davon vollständig getrennten Raum der Klinik und der universitären Lehre statt. Die Folge ist sowohl bei der Diagnose als auch bei der Beschreibung und der zahlenmäßigen Erfassung von ADS ein gewaltiges widersprüchliches Durcheinander.

Die Verengung der Diskussion auf das »medizinische« Paradigma (übrigens auch Ausdruck eines grandiosen Versagens der Erziehungswissenschaften) verstellt bei einem zentralen Thema moderner Kindheit den Blick auf die Ursachen, soweit sie gesellschaftlicher und kultureller Art sind. Eben davon handeln die folgenden Berichte von Kindern. Auch sie haben alle in einem psychiatrischen Sinn eine ADS-Diagnose gestellt bekommen, an ihrem Schicksal interessiert uns aber der allgemeine Charakter, der neben ihrer individuellen Besonderheit aufscheint.

11 JONAS ODER: GANZ ALLEIN MIT MAMA

Seine Kindheit war schön, die Katastrophe trat erst später ein. Ein kluger Junge, schüchtern, bescheiden, aber durchaus in der Lage, gegebenenfalls seinen Willen zu behaupten. Die Lehrer hatten ihre Freude an ihm. Kein Psychologe hätte etwas zu bemängeln gewusst. Ein sozial integriertes, freundliches Kind, das gleichwohl seine Eigenart zu bewahren wusste. Einer, der zwar wenig Freunde hatte – das war vielleicht auffällig –, dennoch kein Außenseiter. Keiner, der sich als Sündenbock einer Klasse eignet, keiner, dem die anderen Kinder den Rücken zudrehten. Nur am Nachmittag, zu Hause, war er immer allein. Aber zu Hause war ja Mama!

Am Anfang des ersten Schuljahres erwies Jonas sich überraschenderweise als etwas ungeschickt. Das Nachzeichnen der Schriftsymbole, der alphabetischen Zeichen fiel ihm schwer. Damit hatte Mama nicht gerechnet. Aber der kleine Makel wurde nachmittags ausgeglichen, wenn er Zeit genug hatte, mit Mama zu üben. Beide übten in schöner Gemeinsamkeit, hingebungsvoll. Die Lernstunden waren keine Anstrengung, sie waren eine Bestätigung ihrer Gemeinsamkeit.

Der ältere Bruder, ganz anders als er, tobte draußen herum, lautstark und ungehobelt. Von dem wusste er sich abzusetzen, von ihm unterschied er sich ganz klar. Bei Mama war Ruhe, vielleicht eine Spur zu viel, Mama hatte immer einen etwas traurigen, deprimierten Unterton, aber alles wurde durch ihr schönes Zusammensein aufgewogen. Aufmerksamkeit war gefragt, sie fiel ihm nicht schwer. So holte er auch den schulischen Rückstand schnell auf, schon bald flossen die Schriftzeichen nur so aus seiner Feder, seine etwas penible Handschrift wurde immer geschickter, die unzähligen Stunden gemeinsamen Übens zeigten Früchte.

Aber ein Streber war Jonas nicht, das konnte keiner behaupten. Überhaupt war er ja nicht unbeliebt bei den anderen Kindern. Sie fanden allenfalls keinen Grund, weshalb sie ihn zum Fußballspiel oder ihren Geburtstagsfeiern einladen sollten. Er hielt sich so sehr zurück, dass er einfach übersehen wurde. Falls er doch einmal energisch auf einen Vorschlag bestand, dann war der so verschieden von den normalen Spielen der »anderen« Kinder, dass sich keiner damit befassen mochte. Nur auf Anweisung eines besorgten Lehrers mussten seine Klassenkameraden gelegentlich auf einen seiner Vorschläge eingehen: Dann wurde eben Fangball gespielt statt Fußball, oder im Unterricht wurde auch einmal eine Geschichte vorgelesen (zu Weihnachten oder Ostern) und alle mussten zuhören, statt im lauten Gruppenunterricht durcheinander zu brüllen. Gelegentlich kam das vor. Der Lehrer setzte sich hin und wieder für ein wenig mehr Rücksicht auf den sensiblen Jungen ein, die anderen Kinder nahmen es ihm nicht übel. Aber in Wahrheit interessierte sie nichts von dem, was er vorzuschlagen hatte, seine Spiele und Ideen waren langweilig, und deshalb interessierte er selber sie auch nicht.

Immer im falschen Zug ...

Vielleicht hätte auffallen können, dass er etwas »trödelig« war. Einmal stieg er bei einem Schulausflug in die falsche Straßenbahn und fand sich (zu seiner Verwunderung und zu seinem Ärger) in einem völlig fremden Stadtteil wieder. Er hatte nicht nur übersehen, dass alle anderen Kinder in eine andere Bahn einstiegen, er hatte auch ihr aufgeregtes Rufen nicht beachtet, er war mit seinen Gedanken und seinen Sinnen eben ganz woanders. Wie gewöhnlich. Nur – *wo* war er mit seinen Gedanken oder Tagträumen? Wo eigentlich? Woran dachte, worüber sinnierte, was träumte er? Das wusste er auch nicht.

Jonas war sehr wütend, als er nach einer längeren Irrfahrt – und besorgten Anrufen der Lehrerin, die seine Abwesenheit zu spät bemerkt hatte –, endlich zu Hause eintraf. Geradezu unbändig war sein Zorn. Alle hatten Schuld an seinem Mißgeschick, die blöden Klassenkameraden, die dämliche Lehrerin, die bescheuerte Straßenbahn. Nur er nicht. Das fiel sogar seiner Mutter auf, die ihm sonst immer Recht gab. Sie sagte: »Aber du bist doch in die falsche Bahn gestiegen oder etwa nicht?« Davon wollte er nichts hören. Er wurde nur noch wütender und knallte die Tür zu. Danach bemühten sich beide erschrocken um eine rasche Wiederherstellung ihrer Harmonie.

Von der ebenfalls verärgerten Lehrerin kam zu allem Überfluss auch noch eine Bemerkung, die andeutete, dass er – wie sie sagte – eine »Orientierungsschwäche« aufweise. Ob man vielleicht bei einem Fachmann vorstellig werden sollte? Das brachte die Mutter erst recht in Rage. Sie beklagte sich bei der Elternvertreterin, anschließend bei der Rektorin. Sie war inzwischen auch ganz sicher, dass ihrem Kind, das sich ja schließlich nur durch die Nachlässigkeit der Aufsichtskräfte verirrt habe, wieder einmal Unrecht geschehen sei. Im Übrigen wusste die Lehrerin selber nicht genau, was sie eigentlich hatte andeuten wollen. Kurzum, der kleine Zwischenfall wurde wieder vergessen und von allen dankbar zu den Akten gelegt – von der Mutter und den Lehrern. Auch Jonas erinnerte sich nicht gern daran, dass er ja eigentlich hätte sehen müssen, wie die aufgeweckteren Klassenkameraden an die Scheiben der Straßenbahn klopften. Wo war er nur mit seinen Gedanken gewesen? Solche penetranten Fragen tauchten schon hin und wieder in seinem Kopf auf, aber dann verdrängte er sie rasch unter dem Ärger, dass eben alle Schuld seien und alle »irgendwie« etwas gegen ihn hatten. So war es ja immer schon gewesen …

Niemandem fiel auf, dass sein Ärger unverhältnismäßig groß war und dass er zu diesem und ähnlich belanglosen Anlässen eine Aggressivität zu erkennen gab, die mit der schüchtern-bescheidenen Art, die er sonst an den Tag legte, nicht recht in Einklang stehen wollte. An seinen Leistungen jedenfalls war nichts zu kritisieren, sein Verhalten war, wie gesagt, unauffällig. Grundschullehrerinnen sind dankbar für jedes Kind, das ihren Unterricht nicht stört. Warum sollte man also auf der kleinen Unstimmigkeit weiter herum trampeln? »Du solltest dich an Gemeinschaftsaufgaben engagierter beteiligen«, schrieb die Lehrerin zum Abschluss der vierten Klasse in sein Zeugnis, Rubrik »Zusätzliche Bemerkungen«. Aber damit war es dann auch genug. An einer modernen Grundschule tauchen unzählige Probleme, Verhaltensstörungen, Depressionen und Aggressivitäten auf, da muss man nicht Kleinigkeiten zu Problemen stilisieren. Dazu bestand in seinem Fall auch gar kein Anlass. Er verließ die Grundschule als erfolgreicher Schüler.

Draußen sind Kälte und Wind, dort will er beinahe hin …

Das Unglück stellte sich erst später ein. Mit der beginnenden Pubertät drängte es ihn, wie andere Kinder, zur Gemeinschaft. Er wollte in den Gruppen Gleichaltriger mitmischen. An manchen Abenden, an milden Sommerabenden beispielsweise, wenn die Atmosphäre in der Fußgängerzone leicht und warm ist, gelang es ihm sogar. Dann spielte er mit anderen Jungen Fußball (oft waren sie zwei oder drei Jahre jünger als er), dann rannte er wild und brüllend herum wie all die anderen, dann kam er verschwitzt nach Hause und fühlte sich sehr wohl. Nahezu glücklich. Aber am nächsten Abend, wenn ein etwas kälterer Wind ging, traute er sich nicht mehr vor die Tür, jedenfalls nicht bei der nun doch schon früh hereinbrechenden Dämmerung.

Er war ängstlich, er war es immer gewesen.

Seine Mutter lächelte darüber. Wenn zufällige Bekannte zu Besuch kamen, wich er nicht von ihrer Seite, er redete nicht dazwischen, er war ruhig und freundlich, aber er wollte an den Gesprächen der Erwachsenen unbedingt teilhaben. »Was für ein geduldiges Kind«, sagte eine

Bekannte einmal. Und Mama nickte. Ja, geduldig, sei er schon immer gewesen. Und so klug!

Er wusste nicht und seine Mama spürte nicht, dass in seiner verkrampften Suche nach ihrer Nähe etwas verborgen war, was sie beide – wenn er ihnen zu Bewusstsein gekommen wäre – heftig geleugnet hätten. Nur ein geschulter oder intuitiv-kluger Beobachter hätte vielleicht bemerkt, dass sein Anklammern sehr aufdringlich wirkte, über jedes vernünftige Maß hinausging, und hätte daraus schließen können, dass es in ihm auch einen gegenläufigen Impuls gab: dass er vielleicht nur darauf wartete, endlich einmal zur Seite geschoben zu werden, vor die Tür, auf die Straße zu den anderen Jungen, die dort Ball spielten, obwohl es regnete oder der Wind kälter geworden war. Mit den anderen toben, auch wenn der Sommer schon vorbei und Herbst geworden war. Oder wenn ein eisiger Wind ging und Schnee lag und man rutschen konnte, quer über das Pflaster, und hinfiel und wieder aufstand.

Er spürte solche Impulse durchaus, aber dann klammerte er umso heftiger, und Mama wollte eben nicht, dass er abends noch das Haus verließ, sie genoss seine Nähe, das gemeinsame Würfelspiel nach dem Abendessen, das gemeinsame Hören einer klassischen CD oder das Vertiefen in ein gutes Buch für ein Kind seines Alters. Sie erzählte auch gern von ihrer eigenen Kindheit in ausführlichen Schilderungen, Erinnerungsbilder tauchten auf, die für ihn keine Realität haben konnten (sie merkte es nicht), Bilder aus ihrer Kindheit, frühe Bilder, Bilder von Großmüttern, nachsichtigen Tanten und gütigen Vätern. Menschen, die er nie kennengelernt hatte und die in seinem Leben keine Rolle spielten. Gegenden und Szenen, die *keiner* Realität entsprachen, auch nicht der vergangenen der Mutter. Es waren Sehnsuchtsbilder, ihre wirkliche Kindheit war, wie jedes Kinderleben, anders, widersprüchlicher, schmerzlicher gewesen, aber beide spürten das Sehnsuchtsvolle im Gleichklang des Erzählens und Zuhörens und fühlten sich wohl.

Auf irgendetwas wartet er ...

Irgendwann aber musste die Harmonie zusammenbrechen, irgendwann musste die Katastrophe eintreten. Der große Bruder störte nicht, weil er zur Gemeinsamkeit dieser weichen Art nicht taugte. Er spielte in der kleinen Familie kaum eine Rolle, saß unruhig am Tisch, aß nervös und war schon wieder verschwunden. Gelegentlich schimpften sie gemeinsam über ihn, über seine Streiche, die manchmal keine Streiche mehr waren, sondern regelrechte kleinkriminelle Taten, einmal war ein Diebstahl darunter, ein anderes Mal zerstörte er ein abgestelltes Fahrrad oder zerkratzte den Lack eines Autos …

Der Bruder war ganz gewiss kein einfaches Kind, und die Mutter konnte sich stundenlang darüber aufregen. Aber solche Aufregung braucht Abnehmer, sie braucht Zuhörer, ein Vater war nicht da, und die Verwandten kannten die Missetaten des großen Bruders in- und auswendig, sie mochten auch nicht mehr zuhören. Der Eine oder Andere beging sogar den Fehler, die Mutter darauf hinzuweisen, dass ihr ältester Sohn möglicherweise orientierungslos sei, neben der Vaterlosigkeit »mutterlos«, aber damit kam er schlecht bei ihr an. Mama brach den Kontakt zu diesem unseligen Cousin oder Onkel sofort ab. Der verstand nichts von ihrer schwierigen Situation, der hatte nicht das geringste Mitgefühl, mit Besserwisserei war ihr schließlich nicht geholfen und wann hatte er jemals etwas für sie getan …?

Kurzum, der größere Bruder war der Sündenbock, an dem sich die Zweisamkeit von Mutter und Jonas immer neu aufrichtete. Dessen Existenz war eine Art Wahrheitsbeweis dafür, dass mit dem Kleinen alles in Ordnung war, besser konnte es ja gar nicht sein. Man stelle sich nur mal vor, er hätte sich genauso wie sein Bruder entwickelt!

Die Katastrophe kam trotzdem. Die Pubertät und die erwachende Sexualität des Jungen waren unausweichlich. Irgendetwas drängte ihn »nach draußen«, gar nicht so sehr zu den Mädchen, sondern einfach zu Gleichaltrigen, zu anderen Menschen. Seine sexuellen Wünsche entfalteten sich nur zögernd, von Mädchen hielt er sich fern, das weibliche Geschlecht war noch längere Zeit besetzt mit dem Bild von Mama. Aber der Wunsch, mehr zu tun und zu sein, ganz anders zu reden und zu handeln, als es allein im eigenen Zimmer oder im spielerischen Umgang mit Mama möglich war, dieser Wunsch stellte sich immer mächtiger ein.

Und nun zeigte sich, dass er versäumt hatte, Freundschaften aufzubauen. Die anderen Jungen in seiner Klasse waren alle in irgendwelchen Freundesgruppen, die oft schon seit dem Kindergarten oder

der Grundschule bestanden. Er fand keinen Kontakt, aber er sehnte sich danach. Manchmal saß er einen ganzen Nachmittag in Hörweite der Klingel, er ließ die Tür zu seinem kleinen Zimmer offen, während er über irgendeinem Buch gebeugt saß und hoffte, dass die Türklingel läuten möge. Aber sie läutete selten oder nie. Dann telefonierte er. Manche gaben seinem Drängen nach und verabredeten sich mit ihm, aber immer häufiger war es so, dass sie, wenn er bei ihnen ankam, zu einem anderen Kind gegangen waren, einfach abgehauen, andere Kinder waren attraktiver, er war bestenfalls ein Notnagel, ein Ersatz ... Das Gefühl der Zweitklassigkeit, das in so krassem Widerspruch stand zu dem Gefühl seiner Besonderheit in der Beziehung zu Mama quälte ihn ... Und irgendwann hörte er auf, bei den anderen Kindern anzuklingeln und anzufragen, er blieb lieber allein in einer grauen Einsamkeit, auf die er, wie er sich einredete, stolz war.

Zu dieser Zeit ließen auch seine Schulleistungen nach und zwar abrupt. Je komplexer und eigenständiger die Aufgabenstellungen im Unterricht wurden, desto verzagter und hilfloser fühlte er sich ihnen gegenüber. Er beherrschte die Rechtschreibung, jedes Komma wusste er penibel zu setzen, aber bei Inhaltsangaben versagte er, eigene Gedanken auf das Papier zu bringen, war ihm schier unmöglich. Irgendwie war sein Kopf wie leer unter dem Druck der Aufgabenstellung. Es war kaum zu unterscheiden, ob der Druck für ihn zu stark war oder ob er – trotz seiner Intelligenz, die von einem Schulpsychologen einmal als »weit überdurchschnittlich« bewertet worden war – zu kompliziertem eigenständigen Denken einfach nicht in der Lage war. Alles an ihm, er bemerkte es mit Bitterkeit, wurde mittelmäßig. Nur sein Selbstwertgefühl nicht, das es ertrug den Gedanken an Mittelmaß nicht, es sank vielmehr ins Bodenlose. So hatte er sich seine Position in der Klasse und bei den anderen Kindern im Leistungsvergleich der Schule nicht vorgestellt. Mittelmaß, schlimmer hätte es gar nicht sein können! Mama wurde jetzt immer mehr zu seinem letzten inneren Halt, und eben dies steigerte die Ausweglosigkeit.

Ein Junge entdeckt das Paradies

Er wollte, ja er musste von Mama weg, hin zu anderen Kindern und zu eigenen Aufgaben, eigenen Leistungen, er fühlte es genau, aber

Mama war der einzige verlässliche Punkt, der ihm in seiner fatalen Situation geblieben war. Jonas klammerte sich an sie und begann insgeheim, sie beinahe zu hassen. Zumindest reagierte er auf jede Anforderung, ja, die kleinste Kritik jetzt ungehörig, unmäßig verzweifelt und wütend. Er fing an zu brüllen, er schleuderte sogar sein Schulheft quer durch die Küche, als sie ihm einmal die schlechten Noten vorhielt. Er wusste nicht mehr ein noch aus. Weg von Mama ging nicht und hin zu ihr führte ihn immer tiefer in eine Sackgasse, das fühlte er genau. Ihm fehlte ein Punkt in seiner Existenz, zu dem er »ich« hätte sagen können. Sein »Ich« war aufgeweicht in der seelischen Realität eines kleinen Jungen, der sich nach Schutz sehnt und der sich in der Außenwelt der fremden und groben Gleichaltrigen nicht zurecht fand.

Gab es wirklich keine Lösung für ihn?

Doch, es gab sie. Sie kam wie eine Erlösung. Erst viel später sollte sich herausstellen, dass es doch nur eine Schein-Lösung war.

Zur Feier seiner Konfirmation (auch in der Konfirmandengruppe war er fast ein Außenseiter geblieben, ein gleichgültig Geduldeter) hatte er von einem wohlmeinenden und gut betuchten Onkel einen Computer geschenkt bekommen. Der veränderte sein Leben schlagartig. Der Cyberraum, der sich im Monitor vor ihm auftat, war der psychische Kompromiss, nach dem er ewig gesucht hatte. Der Cyberraum war der Fixpunkt, der zwischen »Mama« und »Kontakten mit anderen Menschen« genau die Mitte hielt. Der Cyberraum war ein Raum der Willkür, in dem er seinen Willen streunen ließ und gleichzeitig funktionstüchtig Regeln beachten, Vorgaben penibel erfüllen, technische Funktionen mit der ihm eigenen Präzision abrufen konnte. Sein hartnäckiger Wille *und* die Funktionstüchtigkeit – beides wurde hier gleichzeitig aufgerufen und war sinnvoll, *beides gleichzeitig machte den erlösenden Charakter aus, der ihn an den Bildschirm bannte.*

Er saß jetzt stundenlang in seinem Zimmer, immer vor dem Computer, und war kaum von ihm zu trennen. Freunde brauchte er nicht mehr, das Herumtelefonieren hatte er endgültig aufgegeben, er fand ja alles in den Symbolen des Bildraumes, der sich vor seinen beglückten Augen auftat. Eine Öffnung zum »Anderen« hin, das aber gar nicht so sehr »anders« war, sondern auf geheimnisvolle Weise immer auch er selber. Das »Andere« stand ihm mit einem Klick zur Verfügung, eine leichte Berührung der Tastatur reichte aus, um ihn in diese »andere Symbolwelt« zu versetzen, in der er sich neugierig, wissbegierig und zufrieden bewegte …

Natürlich sackten seine Leistungen in der Schule noch weiter ab. Natürlich schimpfte und zeterte »Mama« darüber. Manchmal drohte sie, den Computer aus seinem Zimmer zu nehmen und wegzuschließen. Da setzte er sich – zum ersten Mal mit Entschlossenheit – vehement zur Wehr. Das kam ja gar nicht in Frage, diese Kränkung hätte er nie verwunden. Und »Mama« spürte wohl, was sie ihm antun würde, wenn sie ihn aus seinem neu gefundenen Kinderparadies verstoßen würde und beließ es bei Mahnungen, Warnungen, Geschimpfe und Gekeife …

Seltsamerweise berührte das alles ihn kaum noch.

Warum war das digitale Gerät, warum war der Monitor als Eingangstür zum Cyberraum seine Rettung? Weil er trotz seines ausgedünnten Realitätsverständnisses einer hohen Komplexität begegnete, die seine formale Intelligenz befriedigte. Vor allem aber, weil er mit dem Gesichtssinn alle Dinge umfassen konnte, sie funktionsgerecht im Blick hatte, während alles Angeschaute und Gewusste zugleich die Tendenz in sich barg, zu noch Mehr, noch Ungesehenem, noch nicht Gewussten überzuleiten. Jedes Portal im Internet eröffnete eine Fülle von weiteren Möglichkeiten und Portalen, die über die vielen Links zu neuen führten und so immer weiter …

Seine Intelligenz war gefordert, er musste sich auf einen Punkt konzentrieren, ohne dass die betrachteten Objekte ihren *unendlichen* Charakter verloren. Seine Unersättlichkeit wurde immer neu zufrieden gestellt und stimuliert. Die unablässige Bewegung der Lichtobjekte, die einer erkennbaren, aber gleichwohl in Zeit und Raum sich verlierenden Struktur folgten, gaben ihm zu gleichen Teilen das Gefühl einer gesicherten Verfügungsgewalt und eines passiven Getragenwerdens, das ihn tröstete. Im Cyberspace gab es die harten Gegensätze vom betrachtenden Ich *hier* und den Objektdingen *dort* beinahe nicht mehr, die weichen Lichtsymbole verwischten die Differenz zwischen Betrachter und Betrachtetem, zwischen Zeichen und Zeichengeber, zwischen dem Fließen der Kommunikation und dem isolierten Kommunizierenden. Im Cyberspace war, kurz gesagt, der Kompromiss möglich, der ihm einerseits seine trotzige Kindlichkeit bewahren half und gleichzeitig sein intelligentes Ich aufrecht hielt und aktivierte. Der Computer war ein Glücksfall für ihn.

Kein Wunder, dass er die Anforderungen des Realen darüber versäumte. Im Verhältnis zum Erleben des Cyberraumes wurden die penetranten Hausaufgaben, das starre Pensum der Vokabeln, die mathematischen Formeln zu einer trostlosen Symbolwelt, die mit der des Cyberspace in keiner Weise rivalisieren konnte. Es fiel ihm immer schwerer, Gründe zu finden, weshalb er den peniblen Anforderungen des Alltags nachkommen sollte. Sein kindischer Trotz verschwand hinter einem diffusen Missmut, einem Überdruss an den realen Vorgängen, Sorgen und anderen Emotionen, die »Mama« Tag für Tag redselig vorbrachte. Das Eintauchen in den virtuellen Raum hatte zur Folge, dass auch die Distanz zu Mama wuchs. Auch das war eine Befreiung, auf die er lange, ohne es zu wissen, gewartet hatte.

Stop the World, I want to get off!

Seine Intelligenz im Banne des Computers war schon bald mit dem schulischen Anforderungen nicht mehr in Einklang zu bringen. Seine Computer-Intelligenz machte ihn im Unterrichtsgeschehen immer unkonzentrierter und nervöser. Bald konnte er kaum noch still auf dem Stuhl sitzen … Zuerst war es ein Lehrer, der – einer Mode folgend – urplötzlich eine Aufmerksamkeitsstörung vermutete. Tatsächlich war sein Verhalten ein Musterbeispiel für kinderpsychiatrische ADS-Kriterien, was schließlich – weil Mama sich immer mehr zur Seite geschoben und immer hilfloser fühlte – auch zur Diagnose von Seiten eines Arztes führte. Die freilich erklärte gar nichts. Sie gab nicht die geringste Auskunft über die komplizierte und verwickelte Geschichte, die ihn zu seiner Nervosität geführt hatte.

Der Arzt war ratlos. Eine Medikation kam nicht in Frage, eine Verhaltenstherapie brach der Junge entnervt ab, sie erinnerte ihn peinlich an die Langeweile des Schulunterrichtes, schließlich fragte man ihn in einer Beratungsstelle nach seiner Kindheit aus, entschlüsselte Bildvorlagen mit ihm und suchte nach verborgenen Motiven seiner Störung. Aber er erinnerte sich nicht gern an seine Kindheit. Nur ganz gelegentlich wurden über irgendwelche winzigen Sinneseindrücke Erinnerungen in ihm wach, dann erschienen ihm die zurückliegenden Jahre – aber wie lange das nun schon her war! – wie in einem vergoldeten Glanz. Aber er verlor ziemlich rasch wieder das Interesse an den Vergangenheitsgefühlen (die Mama häufig am Frühstückstisch oder am Wochenende zu beleben versuchte – ohne Erfolg). Er ging auch nicht mehr zu der netten Psychologin in der Beratungsstelle, die ihn hartnäckig, wie Mama, auf Kindheitserlebnisse festlegen wollte. Anfangs hatte er sie wie zum Trost aufgesucht, heute hatte er Besseres zu tun. Er kannte seinen Weg.

Sein unentschiedenes Ich wurde sofort klar und entschlossen, wenn er den Stuhl zurecht rückte und sich vor den Computer setzte. Seine Intelligenz wurde fokussiert, er freute sich an seiner Geschicklichkeit und seiner Wahrnehmungsgeschwindigkeit. Sein Ich schien gefestigter, mit seinen Selbstvorstellungen beinahe versöhnt, jedenfalls mehr, als es im Realen je sein konnte. Im Kontakt mit anderen »Computer-Freaks« fühlte er sich wohl, bei allen anderen Gesprächsthemen langweilte er sich schnell. Nur wenn über das Funktionieren der Apparate oder die Entwicklungen neuer Software die Rede war, mischte er sich ein, sonst blieb er still. Aber seinem Schweigen fehlte die kindische Verstocktheit, es war kein Schweigen aus Trotz, auch nicht aus Hilflosigkeit und Anlehnungsbedürfnis, es entsprang einem Gefühl der Überlegenheit. Er kannte seinen Weg wie ein Erlöster. Was andere von ihm dachten, interessierte ihn nicht mehr. Er würde sich nicht von seinem Weg zu sich selbst abbringen lassen. Und jenes Selbst war eben in den digitalen Welten verborgen, die Wirklichkeit dagegen barg kein Geheimnis mehr, auf die sich seine Erwartungen richten konnten.

12 DIE NOT DER ADS-KINDER UND DIE SCHULE

Sascha ist 12 Jahre alt; seit einigen Wochen besucht er eine Sonderschule für Lernbehinderte. ADS-Kinder stören an allen Ecken und

Enden. In unserem gegliederten Schulsystem werden sie deshalb gern »nach unten« weitergereicht. Mit Müh und Not erreichen sie dann trotz ihrer oft überdurchschnittlichen Intelligenz noch einen Hauptschulabschluss oder beenden ihre schulische Karriere an so genannten »Förderschulen« für verhaltensauffällige oder lernbehinderte Kinder. Geholfen wird ihnen weder hier noch dort.

Es gibt keine schulischen Betreuungskonzepte für ADS-Kinder, es gibt keine solide begründeten, wirksamen Lehrer-Fortbildungen, es gibt in den Kultusministerien nicht einmal Überlegungen dazu. Das Thema, das täglich in allen Grund- und Hauptschulen bedrängend aktuell wird, steht politisch einfach nicht auf der Tagesordnung. Auch Sascha ist mit der Überweisung an die Förderschule endgültig aufgegeben worden. Er weiß das, und die Mitschüler, die zusahen, wie er immer weiter weggeschoben wurde, wussten es auch. Es machte ihnen Angst.

ADS-Kinder mit Hyperaktivität neigen nicht nur zur Aggressivität. Trotz ihrer Intelligenz laufen sie außerdem kritiklos hinter den besonders lautstarken, besonders gewalttätigen, meist deutlich älteren Kindern oder Jugendlichen her. An seiner neuen Schule trifft Sascha solche Mitschüler in ausreichender Zahl an. Man hätte ihm kaum einen schlechteren Dienst erweisen können, als ihn in dieses Gewaltklima zu drängen. Nein, er wird keinen Schulabschluss bekommen, er hat damit auch kaum eine Ausbildungschance. Mit seiner Intelligenz wendet er sich jetzt anderen Zielen zu, die ihm aussichtsreicher erscheinen.

Simone gibt auf!

Simone ist zehn Jahre alt. Sie ist kein sehr sympathisches Kind. Simone ist egoistisch, verwöhnt, keine zwei Minuten kann sie still auf ihrem Stuhl sitzen, im Unterricht stört sie lautstark. Ihre Leistungen sind mangelhaft, ihre Intelligenz ist durchschnittlich. Wie die meisten ADS-Kinder hat sie eine Lese-Rechtschreibschwäche, auch der logische und geordnete Umgang mit Zahlen fällt ihr schwer. (Die typischen Lernstörungen der aufmerksamkeitsschwachen Kinder sind von so genannten Teilleistungsstörungen – Legasthenie oder Dyskalkulie – schwer zu unterscheiden. Aufgrund ungenauer Diagnosen erhalten zahllose Kinder deshalb schulischen Förderunterricht oder besuchen Legasthenietherapien, die ihnen nicht helfen.)

Die Grundschullehrerin ist überfordert, Simone bekommt es zu spüren. Inzwischen hat sie eine therapeutische Betreuung begonnen, die erste Erfolge zeigt. Aber sie kommen wahrscheinlich zu spät. Zuhause ist Simone jetzt umgänglicher, sie hat sogar – zum ersten Mal in ihrem Leben! – eine richtige Freundin, aber in der Schule stört sie immer noch. Ihre Leistungen sind miserabel, sie ist eine Außenseiterin geblieben. Das wirft sie in ihrer seelischen Entwicklung immer wieder zurück. Der Versuch des Kinderpsychologen, die Schule in die Betreuung des Mädchens einzubinden, scheitert. Die Klassenlehrerin hält ADS für eine überflüssige Modediagnose. Dem betreuenden Psychologen erläutert sie in einem ersten Gespräch, das Kind sei einfach faul und aufsässig. Eine Therapie erscheine ihr sinnlos. Kenntnisse über ADS hat sie nicht. Ein zweites Gespräch mit dem Rektor der niedersächsischen Grundschule bleibt ebenfalls ohne Ergebnis, ihm ist ein »Aufmerksamkeitsdefizitsyndrom« nicht bekannt. Beide machen deutlich, dass sie sich »nicht zuständig« fühlen.

Stattdessen wird ein sonderpädagogisches Gutachten eingeholt, mit dem Ziel, das störende Kind aus der Schule zu entfernen. Simone zeigt daraufhin vermehrte Symptome von Unaufmerksamkeit, Wut und Ängstlichkeit. Sie mag jetzt überhaupt nicht mehr lernen. Wahrscheinlich benutzt sie das pädagogische Versagen der Lehrer unbewusst, um sich von den Anforderungen der Therapie, die ihr schwer fallen, zu entlasten. »Ich bin so entmutigt, weil meine Lehrerin mir keinen Mut macht«, das ist einerseits die Wahrheit, andererseits eine höchst raffinierte Ausrede, der Kinderpsychologe und Eltern wenig entgegen zu setzen haben. Solche Cleverness ist für ADS-Kinder typisch. Ihr ganzer Lebensweg ist davon geprägt, dass sie mit hellwacher Intelligenz und massivem Trotz von einer Sackgasse in die nächste rennen. Die Lehrerin fühlt sich durch die zunehmenden Probleme des Kindes in ihrem Vorurteil bestätigt, sie begleitet Simones Entwicklung jetzt immer häufiger mit ironischen Kommentaren gegenüber der Psychotherapie. Manchmal glaubt Simone ihr, manchmal nicht. Simone hat keine Chance.

Der sanfte Schlaf vor der Katastrophe

Einige Beispiele für zahllose andere Aufmerksamkeitsdefizite mit oder ohne Hyperaktivität nehmen dramatisch zu. Umso erstaunlicher ist das Desinteresse von Lehrern und Schulbehörden. Auf jeder Lehrertagung wird die ausufernde Dissozialität der Schüler, zumal der Jungen, beklagt. Dass hyperaktive Kinder an der allgemeinen Unruhe und dem latenten Gewaltklima einen erheblichen Anteil haben, steht außer Frage. Sogar dem SPIEGEL, auf pädagogische und psychologische Themen nicht gerade spezialisiert, war das »Zappelphilipp-Syndrom« eine Titelgeschichte wert. Nur die Kultusministerien wissen von nichts. Die Fortbildungsmöglichkeiten für engagierte Lehrer sind gering, die dafür vorhandenen Materialien sind fachlich völlig unzureichend. So stellen diese überaktiven, kränkbaren und oft gewaltbereiten Kinder ein Konfliktpotenzial dar, das Lehrer an den Grund- und Hauptschulen Tag für Tag überfordert.

Woher rührt das Desinteresse der Schulbürokratien und besonders das der Ministerien? Vermutlich daher, dass das ADS-Thema höchst kompliziert und unübersichtlich ist. Da verlässt man sich gern auf Kompetenzen, die die Schulpädagogik seit je in anderen Disziplinen vermutet und sich selber nicht zuschreibt. Analytisch freilich hat die Kinderpsychiatrie mit ihren großen Institutionen wenig zu bieten, und die komplexeren Fach-Diskussionen außerhalb der zentralen Kliniken und Forschungsstellen erreichen die Bürokratie nicht. Freilich ist schon die *Beschreibung* der ADS-Symptome kompliziert. ADS ist eine komplexe Störung sowohl der sensorischen wie der symbolischen Fähigkeiten eines Kindes, die sich bereits im frühkindlichen Alter bemerkbar macht. Die Körperwahrnehmung dieser Kinder ist anders, sie bewegen sich behend und trotzdem unsicher im Raum, sie bleiben an allen Ecken und Enden hängen oder rempeln Menschen und Dinge an, weil sie sie buchstäblich nicht wahrgenommen haben. Sie wirken dabei aufdringlich und rücksichtslos.

Ohne den Filter der Erfahrungen – schutzlos

Den ADS-Kindern mangelt es vor allem an der Fähigkeit, regelhafte Vorgänge zu erfassen und zu wiederholen. Ohne das Begreifen, nein, das Verinnerlichen von Regelhaftigkeit in der umgebenden Welt gibt es keine verlässliche Wahrnehmung, kein stabiles Zeitempfinden, keine sinnhafte Symbolbildung. Die Welt bleibt diesen Kindern bis zu einem gewissen Grad in ihrer Eigengesetzlichkeit fremd. Insofern fällt es ihnen sehr schwer, körperliche und seelische Erlebnisse zu »generalisieren«. Äußere Regeln (normative, moralische, physische usw.) werden nicht zur inneren Regelhaftigkeit, damit ist auch der Entfaltung differenzierter Wahrnehmungs- und Symbolisierungsvorgänge die Grundlage entzogen. Ein hyperaktiver Junge steigt beispielsweise auf einen hohen Tisch und springt ohne Einsicht der Gefahr herunter, verstauchte sich den Fuß und weint jämmerlich, um sogleich wieder auf denselben Tisch zu klettern und denselben Schmerz noch einmal zu erleiden. Oft erwecken diese Kinder den Eindruck, als müssten sie sich seelisch und körperlich von jeder Art von Empfindung abschotten. Man kann den hochkomplexen Sachverhalt vielleicht grob in folgenden Satz zusammenfassen: ADS-Kinder können ihre Erlebnisse nicht als Erfahrungen festhalten. Sie sind ohne »die Filter der Erfahrung« ihren Impulsen schutzlos ausgesetzt.

Aus eben diesem Grund sind Strafen weitgehend wirkungslos. Ich werde dies in einem späteren Kapitel noch ausführlicher darstellen. ADS-Kinder nehmen sie hin wie Schicksalsschläge. So kann es passieren, dass sie unmittelbar nach einem intensiven und vertrauensvollen Gespräch, ja, selbst nach einer heftigen Bestrafung – inklusive des innigen Versprechens, »es nie wieder zu tun« – dasselbe Vergehen sogleich wiederholen. Den von Mal zu Mal anwachsenden Zorn der Erwachsenen nehmen sie verständnislos zur Kenntnis. Gerade engagierte Lehrer, die einen »einfühlenden«, zur Selbstverantwortung ermutigenden Umgang mit schwierigen Kindern gelernt haben, scheitern hier regelmäßig. Sie reagieren auf die scheinbare oder tatsächliche Unerreichbarkeit der ADS-Kinder oft gekränkt oder moralisch empört. Zuletzt erscheinen ihnen die vielfältigen Auseinandersetzungen, die diese Kinder provozieren, unerträglich.

Joscha brüllt, springt auf und ist dauernd gekränkt

Joscha ist ein ständiger Unruhefaktor im Unterricht. Er kaspert, er ist ein Außenseiter. Seine Witzeleien werden belacht, er selber wird zugleich ausgelacht. Joscha ist intelligent, er weiß das. Aber ausgelacht zu werden ist immer noch besser, als gar nicht wahrgenommen zu werden. Joscha ist auf die ständige Zuwendung anderer Menschen angewiesen, auch dies gehört zum »Symptombild« aufmerksamkeitsgestörter Kinder. Permanente Aufmerksamkeit der Umwelt gleicht in gewisser Weise ihren eigenen Mangel an Selbstwahrnehmung aus. Joscha lenkt ununterbrochen alle Ohren und Augen auf sich, notfalls lautstark. Er posiert, provoziert etwa im Unterricht mit Zwischenrufen, er ist in seiner Egozentriertheit nicht zu bändigen. Lehrer sehen bei mangelnder Disziplin zur »Schulstrafe« keine Alternative. Joscha muss regelmäßig nachsitzen.

Die Folgen sind voraussehbar. Kaum etwas ist für einen hyperaktiven Jungen unerträglicher, als von der Umwelt abgeschnitten und in seinem lebhaften Agieren eingeschränkt zu sein. Nachsitzen ist ebenso wie Hausarrest eine seelische und körperliche Qual. Während Joscha sich anfangs trotz oder *mit* seiner Wildheit um die Zuneigung der Lehrerin bemühte, werden seine Aktionen jetzt immer aggressiver, verhärteter. Er akzeptiert überhaupt keine Grenzen mehr, weder in der Wahl seiner Worte noch in der Heftigkeit seiner körperlichen Unruhe. Warum sollte er auch?

Zahllose Schulkonflikte nehmen genau diese Entwicklung, eine Struktur wie ein Teufelskreis. In einem Betreuungsprogramm für die Lehrerfortbildung wäre dies ein zentraler Punkt: Hyperaktive Kinder sind weder Ermahnungen noch Strafen zugänglich, alles, was Reflexion erfordert, erreicht sie nicht. Sie folgen in fast allen Situationen nur ihrem verständnisarmen Willen. Sie neigen dazu, ihre jeweilige Befindlichkeit ohne Rücksicht auf die Umstände direkt auszuleben und auszudrücken. Die Realität um sie herum scheint dabei in einen für Erwachsene schwer nachvollziehbaren Bewusstseinsdämmer zu versinken. Sie wird nicht oder unzureichend zur Kenntnis genommen. Die Folge ist paradoxerweise keine Ausblendung von Umweltreizen, sondern im Gegenteil eine permanente Überbeanspruchung ihrer Sinnesverarbeitung durch *zu viele* Umweltreize.

Das Paradox lässt sich vermutlich so auflösen: Was sich meinem Interesse fundamental entzieht, gleichwohl nicht aus der Welt zu schaffen ist, das drängt sich mir *auf eine ungeordnete Weise* wieder auf. Hyperaktive Kinder nehmen alles und jedes gleichzeitig zur Kenntnis –

und begreifen nichts. Sie können ihre Sinneseindrücke nicht durch Verstehen regulieren. Die vorhin erwähnte unvollständige Symbolisierung ihrer Wünsche und Interessen, ihr instabiles Selbstempfinden und ihre verarmte soziale Wahrnehmung spielen hier eine zentrale Rolle. Was wichtig ist und was unwichtig, das wissen sie nicht zu unterscheiden. Alles ist einfach »da«, ungedeutet, und alles zwängt sich in ihren Kopf. So hören und fühlen und sehen sie buchstäblich »alles Mögliche«, zugleich wird ihr Wille zur Verfolgung *und Verteidigung* ihres jeweils präsenten Bedürfnisses immer starrer, aus Sicht der anderen Menschen: rücksichtslos.

Überall müssen sie sich zur Wehr setzen

Sie sind selber sehr laut, aber beschweren sich heftig über den Lärm im Klassenzimmer oder auf dem Pausenhof. Weil alles so unverständlich und ungefiltert auf sie eindringt, haben sie das Gefühl, sie müssten sich gegen eine geräuschvolle Umwelt zur Wehr setzen, *durch*setzen. Sie können eine sinnhaft-integrierte Wahrnehmung offenbar nur so lange aufrecht erhalten, wie sie einen Gegenstand oder ein Thema in Übereinstimmung mit ihrem jeweiligen Wunschinteresse weitgehend zu kontrollieren oder zu regulieren vermögen. Wo dies gelingt, ist ihre Konzentration paradoxerweise höher als die anderer Kinder – wohl auch, weil ihre Umgebung für sie ohnehin fast bedeutungslos ist. Sie sind dann von ihrem Spielzeug oder einem Computer kaum mehr wegzubewegen.

Anders gesagt: Entweder drängt die eigengesetzliche Welt sich ihnen geradezu auf, überschwemmt sie, oder sie wird fast vollständig ausgeblendet. Zwischenstufen, Differenzierungen der Wahrnehmung, also Abwägungen und Bewertungen gibt es für sie kaum. Alles lenkt sie ab und macht sie wütend, während zugleich ihre Wünsche und ihre Intelligenz einem a-sozialen Selbstempfinden verhaftet bleiben. Sie stecken in der Falle. Die Umwelt von Menschen und Dingen wird zur Belästigung. Manche schlagen dann um sich, andere werden fahrig und ziellos, springen im Klassenzimmer sinnlos auf und setzen sich wieder hin, machen Unsinn, um sich aus der buchstäblich »unmöglichen« Situation zu befreien und an den Reaktionen der Mitschüler notdürftig zu orientieren.

Wenn sich in diesem geistigen und seelischen Tohuwabohu endlich eine authentische und erwachsene Stimme mit Autorität meldet, die sowohl die Konfusion wie die egozentrische Bedürftigkeit anerkennt und zugleich die Außenwelt durch die eigene Person – also klar, gegenwärtig, *ein*deutig – zur Geltung bringt, dann wirkt dies wie eine Befreiung. Ich werde darauf noch später zurückkommen. Solch befreiendes Verhalten kann man lernen. Psychologen können es, Lehrer könnten es auch. Das wäre ein Anfang. Er wird Tag für Tag verpasst.

Sie sind so und auch ganz anders

Damit haben es Lehrer täglich in den Schulen zu tun: Kinder mit ADS-Syndrom. Sie sind fast ausnahmslos im Lernen behindert, wirken im sozialen Umgang unberechenbar, sie reagieren auf kleinste Kränkungen und andere Störungen hoch aggressiv. Sie machen Unterricht zeitweise fast unmöglich. Aber wahr ist auch: In persönlichen Beziehungen sind sie oft vertrauensvoll, fast naiv. An einmal eingegangene Bindungen zu erwachsenen Autoritäten halten sie ausdauernd fest. Oft klammern sie sich an eine vertraut gewordene Person, als suchten sie in ihr den Ausgleich zu ihren eigenen Unzulänglichkeiten. Im Umgang mit kleineren Kindern, oft auch mit Tieren, zeigen sie erstaunliche Fähigkeiten. Sie haben zugleich mit ihrer Gewaltbereitschaft eine ursprünglich anmutende Begabung zur Pflege. Nein, nichts ist einfach, nichts ist eindeutig an diesen Kindern. Moralische oder normative Beurteilungen sind nutzlos, auf diese Weise begreift man sie nicht. Aber auch einfühlende und interpretierende Gespräche helfen ihnen nicht und führen bei den erwachsenen Betreuern oft nur zu Enttäuschungen. Es bedarf komplexer entwicklungspsychologischer und neurobiologischer Interpretationen, um dem Verhalten der ADS-Kinder auf die Spur zu kommen. Der Schule und den Schulbehörden fällt dabei eine besondere Verantwortung zu. Sie werden dieser nicht einmal ersatzweise gerecht.

13 KARL ODER: DIE WUT UND DER GEFANGENE IM VOGELBAUER

Manchmal ist der Zorn dieser Kinder so gewaltig, dass sie ihn gar nicht mehr auffangen können. Dann entsteht ein Übermaß an Aggressivität, und die Kinder wissen nicht, wohin damit. Schließlich wenden sie die Wut gegen sich selber. Dabei erwachsen in ihnen verrückte Fantasien, Vernichtungsfantasien, lähmende Fantasien. So war es auch bei Karl.

Beim Vorgespräch hatte er mein Zimmer kaum betreten, da war der Vorhang an der Tür schon herunter gerissen. So schnell konnte man gar nicht schauen! Keine Mutter hätte ihr Kind so rasch zurückzerren können. Die recht beleibte Frau, die mit Karl in die Praxis gekommen war, schon gar nicht.

Ihr schwerfälliger Körper schien den kleinen Jungen manchmal schier zu erdrücken, dann wieder wirkte er wie ein Schutzwall, der sich zwischen Karl und die restliche Welt schob. Aber kontrollieren, wie gesagt, konnte sie das Kind nicht.

Karl machte sich als Nächstes am Spielzeug zu schaffen, das am Fenster steht. Kaum hatte er die Nähe der Fensterbank erreicht, da polterten die ersten Spielsachen schon zu den Boden. Und so ging es immer weiter. Ein hyperaktives Kind, ein schwieriges Kind. Die Jugendbehörde fragte sich, ob die Mutter in der Lage sei, dieses Kind zu erziehen. Die Frau selber fragt es sich auch, deshalb suchte sie Hilfe. Aber wir waren uns sehr schnell einig, dass die Familie im Vergleich zu staatlichen therapeutischen Institutionen mit Abstand die bessere Lösung für Karl sei. Etwas später unternahm das Jugendamt einen weiteren Versuch, Karl von seiner Mutter zu trennen; es legte dazu zwei psychiatrische Gutachten vor, beide wurden zurückgewiesen. Wir hatten Glück.

Was Karl umtrieb, war nicht einfach Unruhe, ruheloses Haben-Wollen, wie bei so vielen anderen Kindern. Vor allem waren es Angst und Wut. Was wohl zuerst da war? Erst seine Angst, dann die Wut? Oder umgekehrt? Auffällig war in jedem Fall, welchen bitteren, destruktiven Charakter beides annehmen konnte. Nachdem er Vertrauen zu mir gefasst hatte, lebte Karl ungehemmt seine Wut aus. Er verlieh ihr Ausdruck, er kannte kaum Grenzen dabei. Ich ließ es zu.

Immerhin benötigen sogar die zerstörerischsten Gefühle ein Objekt, an dem sie sich auslassen können, sie sind in gewisser Weise eine Brücke zur Verständigung. So jedenfalls legte ich es mir zurecht. Vielleicht wollte ich auch nur meinen Vorhang retten ...! Denn Karls Zorn hatte inzwischen ein anderes Objekt gefunden ...

In meiner Praxis steht ein uralter Vogelbauer, ein wunderschönes kleines Kunstwerk aus Holzstangen und raffiniert gearbeiteten Ebenen, er muss Ende des 19. Jahrhundert erbaut worden sein, eine kleine, etwa eineinhalb Meter hohe Welt für sich. Für Karl freilich hieß seine Assoziation nicht »Vogel« oder »Haus«, Karl sah nur die Stangen. Er assoziierte Gefangensein, Gitter, Nicht-weg-Können – und entwickelte eine ungehemmte Fantasie.

Er stellte ein Puppenmännchen in den Vogelkäfig, verschloss sorgfältig die Tür, dann rannte er auf die Toilette. Ich blieb derweil etwas verblüfft und – zugegebenermaßen – ratlos hinter meinem Schreibtisch sitzen. Was hatte der Junge vor?

Er kam mit einer ganzen Papierrolle zurück, dann begann er schweigend und konzentriert (ganz anders, als es sonst seine Art war) den Vogelbauer mit dem breitformatigen Klopapier zu verhüllen. Ein Werk à la Christo entstand da vor meinen verwunderten Augen mitten in meiner Praxis.

Mit äußerster Penibilität achtete Karl darauf, dass keine winzige Ritze am Boden des Käfigs oder in einer der Zwischenetagen frei blieb, der Bauer und das darin steckende Puppenmännchen wurden von oben bis unten zugebunden, eingehüllt, vermummt. Dann betrachtete Karl sein Werk, er schien zufrieden. Tatsächlich geriet er vor Konzentration beinahe außer Atem. So zielgerichtet hatte ich ihn zuvor noch nie erlebt. »Und jetzt?«, fragte ich. »Was passiert denn jetzt?«

Karl hatte einen Plan. Er wusste genau, was passieren sollte.

»Der soll ersaufen«, sagte er zufrieden.

»Wer?«, fragte ich.

»Der da im Gefängnis, der ist böse gewesen. Deshalb ist er im Gefängnis«, erklärte Karl mit einem wütenden Seitenblick. »Das kommt davon, wenn man nicht gehorsam ist. Das passiert einem, wenn man im Gefängnis sitzt. Wenn man nicht raus kann! Dann wird man ertränkt.«

Seine Vernichtungswut war detailreich. Behutsam senkte er den Vogelbauer in ein imaginäres tiefes Wasser, es gluckste in seiner Vorstellung so lebhaft, dass man es beinahe hören konnte. Schließlich imitierte Karl auch noch ein Gurgeln und Seufzen, das war wohl das Puppenmännchen, eine hingebungsvolle Imitation der Auslöschung einer Existenz.

»So«, sagte er befriedigt. »Das hat er nun davon.«

Klischeehafte Erklärungsmuster liegen parat: Ist Karl ein geprügeltes Kind? Ist er eingesperrt worden, in dunkle Räume, hat er Angstträume? Oder ist er von einem überstrengen Vater geschlagen worden, bis ihm von seinen Emotionen nichts als die Wut blieb?

Keine Rede davon.

Die schwerfällige, übergewichtige Mutter war eine weiche Frau, sie hatte die besondere Sensibilität, die oft dicke Menschen haben, sie war von einer leicht sentimentalen lebenspraktischen Hilfsbereitschaft. Gewiss, im ersten Lebensjahr hatte Karl einen alkoholkranken Vater erlebt, aber die Mutter hatte sich von ihm getrennt, als sie befürchten musste, dass die exzessiven Ausbrüche des Mannes (den sie im Übrigen als »gutmütig« schildert) dem Jungen schaden könnten.

Nein, niemand hatte ihn eingesperrt, niemand hatte ihn geschlagen oder sonstwie »fertig gemacht«. Die Mutter hätte es nicht geduldet. Es war einfach so – wie sich im weiteren Verlauf der Betreuung herausstellte –, dass Karl durch und durch besetzt war von Angst.

»Besetzt« ist ein zutreffendes Wort, die Angst war wie eine Besatzung in seiner ansonsten heiteren, vertrauensvollen Seele. Die Angst mauerte ihn ein, die Angst brauchte Bilder, deren Intensität so stark sein sollten, dass sie die im Inneren wütenden Angstangriffe überlagerten, erstickten.

Daher die Maßlosigkeit seiner Fantasie.

In den Fantasiebildern konkretisierte und konzentrierte sich ein Angstphänomen, das er sonst nicht aus seinem Kopf heraus bekam. Jetzt, in der beschwichtigenden Gegenwart eines Erwachsenen (dem er vertraute), durfte es endlich zum Ausdruck gebracht, also gegen-ständlich (entgegen stehend) gemacht, damit greifbar werden. Deshalb die Erleichterung, als Karl sich zufrieden zurück lehnte und sagte: »Das hat er nun davon.«

Das Ich eines Kindes teilt sich in solchem Fantasiehandeln auf eine schwierige Weise auf. Es war sein »Ich«, das da ertränkt wurde und wiederum sein »Ich«, das das Ertränken bewerkstelligte. Es war *ein* Ich, das leidet und das Leiden zufügt.

Auf der anderen Seite schaffte diese Aufgliederung der zusammengeballten Ängste eine Distanz, einen inneren Raum, den Karl vorher nicht zur Verfügung hatte. Und damit sind wir wieder bei der schwergewichtigen Mutter.

Nein, sie traf keine Schuld, kein Versagen, außer dem, dass sie eben war wie sie war. Ein weicher, warmer Schutzwall zwischen Karl und der übrigen Welt, ein gewaltiger mütterlicher Leib, an den er sich kuscheln und Geborgenheit finden konnte. Dann zog er schon einmal, berichtete die Mutter auf meine Fragen, die Beine bis ans Kinn und steckte noch als 5-Jähriger den Daumen in den Mund. So weich, so empfänglich, so überempfindlich und ungeschützt, weil unstruktuiert, blieb seine Psyche über eine viel zu lange Zeit, verletzlich wie die Psyche eines Neugeborenen. Und genauso ausgeliefert.

Aber in der Zwischenzeit entfalteten sich seine Sinne und sein Körper, die Welt drang auf ihn ein, und damit kam Karl nicht zurecht. Der Leib der Mutter war jederzeit für ihn da, er wusste es. Und doch war die Trennung von diesem schützenden Körper unvermeidlich. Die Welt machte ihm riesengroße Angst. Die Angst erlaubte keine Distanz zwischen ihm und der ängstigenden Welt, sie tat genau das Gegenteil: Sie überflutete und füllte seine Seele, bis kaum eine kräftige Energie in ihm übrig blieb, außer den Energien, die die Angst speisten.

Das war der Grund für seine Unruhe, deshalb flog der Vorhang zu Boden und das Spielzeug rumpelte hin und her, sobald er nur in der Nähe war. Deshalb musste der Vogelbauer zugeklebt, eingehüllt werden, bis er ein in sich kompaktes, fertiges, abgeschlossenes und schlüssiges Bild war, ein Angstbild, das versenkt wurde. Und wenn das Angstbild den »alten« Karl versenkte, dann atmete der andere Karl auf, für einen Moment war ein freier Raum in seinem seelischen Erleben möglich geworden, für einen Moment gab es Hoffnung. Als ich dies verstanden hatte, hatte ich auch den Weg gefunden, der Karl die Rückkehr in die Realität und damit zu einem behutsam sich stabilisierenden Ich eröffnete.

Die Geschichte, die ich erzähle, ist kaum mehr als ein Jahr her. Inzwischen besucht Karl regelmäßig die Schule, er hat lesen gelernt und plagt sich mit der Rechtschreibung, er gibt sich auch viel Mühe mit Grammatik und Satzkonstruktionen, die Welt macht ihm immer noch Angst, aber neben der Angst gibt es viele andere Dinge, die ihm helfen, die Angst zu bewältigen. Wir lachen jetzt oft miteinander. Der Vogelbauer steht in der Ecke, Karl braucht ihn nicht mehr.

14 LOKUA ODER: AFRIKA, DER ERFUNDENE KONTINENT

Da sitzen die beiden vor mir und ich denke, ganz unpsychologisch: Mitunter könnten die Dinge auch etwas weniger regelhaft ablaufen. Der Junge ist nett anzusehen, ein junger Harry Belafonte, denke ich, aber er korrigiert mich gleich: Mein Idol ist Will Smith, sagt er.

Immerhin weiß ich, wer Will Smith ist. Dann nennt er noch einen Rapper, dessen Name ich nie gehört habe. Eminem, fällt mir ein. Da winkt er ab. »Der ist doch ein Weißer!«

Er selber ist nicht weiß, jedenfalls nicht ganz. Sein Vater stammt aus Zentralafrika, er ist Moslem, die Mutter eine norddeutsche Protestantin. Islam und norddeutscher Protestantismus, das wäre für sich genommen schon eine brisante Mischung, die ein Kind innerlich zerreißen könnte. Es kann auch sein, dass sein väterliches Erbe ihn gewissermaßen »genetisch« in einen schwer versöhnbaren Gegensatz zu der norddeutschen melancholischen Schwere und Introvertierheit versetzt. Mag alles eine Rolle spielen, aber im Kern sind seine Probleme anderer Art.

Der Vater wohnt auch in Norddeutschland, aber nicht mit Frau und Kind zusammen. Die Vatersuche des 11-jährigen Lokua unterscheidet sich nicht von der anderer hyperaktiver Jungen. Sie ist »typisch«. Sie sind ja alle auf der Suche, genauso ruhelos wie er. Immer bereit, aus dem Ruder zu laufen und zuzuschlagen. Genau wie er. Vatersuche ist kein ethnisches Merkmal, sie ist universal.

Das Verlangen nach einem verlässlichen und prägenden Vater ist aber nicht der Kern, sondern nur eine Fassette seines Problems. Am Beginn seines Lebensschicksals steht die gewissenhafte (eben protestantische) Mutter, immer sorgenvoll, immer aufopferungsbereit. So war sie immer schon, sagt sie. Schon bevor der Junge auf der Welt war. Mit Hilfe eines Psychologen hat sie sich mittlerweile zu einem gewissen »Egoismus« oder sagen wir, zu einer Festigkeit ihres Ich-Standpunktes, durchgerungen. Daran hält sie fest. Im Berufsleben und auch sonst im Alltag gelingt es ihr ganz gut, berichtet sie, nur im Verhältnis zu dem Jungen knickt sie immer wieder ein. Sie sagt: »Ausgerechnet da, wo es am wichtigsten ist, versage ich.«

Sie gebraucht die Formulierung »versagen«, als hätte sie sich das ewige drückende und strafende »Ich-bin-für-alles-verantwortlich Gefühl« nicht gerade erst abgewöhnen wollen. Jedenfalls hat sie sich viele Jahre lang »aufgeopfert«, es ist dem zugleich abschätzigen und liebevollen Blick, den ihr Sohn ihr gelegentlich zukommen lässt, anzumerken. Sie hat ihr ganzes Leben auf ihn ausgerichtet. Es tut ihm nicht gut.

Ich bin anders, lasst mich in Ruhe …

Ein netter Junge, sein Lachen ist offen, sein verschmitzter Augenausdruck ist freundlich. Von der Härte, die auch in ihm versteckt sein muss und die er auf den Pausenhöfen zu erkennen gibt, ist in meinem Praxisraum nichts zu spüren. Da mag die Nähe eines erwachsenen Mannes sein, der eine gewisse autoritative Ausstrahlung hat, eine gewisse Rolle spielen. Jedenfalls verhält Lokua sich abwartend, aber aufmerksam, offen, ein wenig neugierig. Und sehr charmant, in jeder Lebensäußerung. Der Charme ist nicht zufällig. Eine ganze Kindheit lang hat sich die Welt um in gedreht. Mir fällt wieder Harry Belafonte ein, der über seine jungen Jahre in einem Interview sagte: »Ich dachte ja, die Sonne geht morgens nicht auf, wenn ich es nicht will.« Solche Menschen können andere bezaubern. Dieser charmante Knabe erinnerte mich daran. Er lacht gern, man merkt es ihm an. Er zeigt zugleich eine körperliche und geistige Beweglichkeit, die attraktiv wirkt. Aber die Verwöhnung hat eine Kehrseite – die aufopferungsvolle Mutter.

Von der finanziellen Situation der allein erziehenden Mutter bekam

Lokua so gut wie nichts mit. Sie hat, sagt sie, ihre Wünsche zurückgestellt, um ihn die prekäre finanzielle Lage nicht spüren zu lassen. Sie hat, sagt sie, auf Manches und manchmal auf alles verzichtet, damit er Vieles oder Alles hat!

Ich nicke still. Sollte ich jemals ein diagnostisches Lehrbuch über hyperaktive Kinder schreiben (die Gefahr besteht nicht!), würde ich die beiden als Fallbeispiel anführen. In jedem einzelnen dieser Lebensgeschichten gehen meine theoretischen und praktischen Erfahrungen vollständig auf. Verwöhnung bis zur Egozentrik, Kinder, die von der Welt nichts mitbekommen wollen und auch gar nicht sollen, dazu der ferne Vater.

Dieser Junge stand immer im Zentrum. Aber wie leer es um ihn und in ihm war! Die Mutter ständig rührig besorgt um ihn, aber für ein Kind ist das nicht genug. Wer füllt das Zentrum, das Innerste seines Versorgtseins, wenn die Mutter nur damit beschäftigt ist, ihm ein Bild der Realität zu vermitteln, das ihren (und seinen) Wünschen, aber nicht der Realität entspricht? Die Realität wird ausgetrieben, sie ist das Mentekel, das abends und nachts über der Schlaflosigkeit der Mutter hängt. Die Realität ist das ganz Andere, das nicht an den Jungen heran gelassen werden darf, nicht zu nah!

Sie plagte sich und machte sich Vorwürfe, ihre Depression wurde zur Gefährdung für sie beide, doch sie plagte sich nur noch mehr. Und noch mehr Vorwürfe. Sie gibt sich für alles die Schuld, selbst für ihre Schuldgefühle. Als Stifter einer stabilen Daseinsordnung fiel sie jedenfalls aus. *Und der abwesende Vater wuchs dadurch für den verwöhnten Sohn ins Übermenschliche.*

Mein Vater ist immer da, nur jetzt nicht …

Gewiss, dass er ein Schwarzer ist, einer anderen Kultur und Religion entstammt, mag sein ideales Bild zusätzlich stabilisieren, mag die Idolisierung noch vertiefen. Am Fremden hängen unsere Träume am ehesten! Aber der entscheidende Punkt ist die vollständige Abwesenheit des Vaters. Der ist auf *eine totale Art* nicht einholbar. Dabei lebt er gar nicht weit weg, nur zwei Ecken weiter in dieser norddeutschen Großstadt. Aber die Realität holt ihn trotzdem nicht ein. Er war und ist dennoch der Abgesandte des dunklen Afrikas, des islamischen

Gottes, des Gebetes und der Sinnhaftigkeit, der Disziplin und Härte, die dieser Knabe herbeisehnt und fürchtet. Der abwesende Vater, der so abwesend gar nicht war, denn er sah ihn alle 14 Tage, ist fern genug und nah genug, um den idealisierenden Wünschen des Jungen die Erfüllung – wie Buridans Esel die Mohrrübe – vor die Nase zu halten und im entscheidenden Moment wieder zu entziehen.

Mama ist nur Alltag, weit weg

Was Mama für ihn leistete, blieb seltsam leer, abstrakt. Seelisch hatte es nur die Bedeutung, dass die Realität seinen Wunschintensitäten keinen Einhalt gebot. Keine Alltagsnot schob sich zwischen das verträumte und sehnsuchtvolle Wünschen und das tägliche Leben. Vielmehr ging beides, auf Kosten der sorgenvollen Mutter, Hand in Hand. Die Realität war wie ein weites leeres Feld, geeignet zur Projektion. Und der projektive Inhalt war und ist eben der Vater. Afrika! Den Gott des Vaters hätte der Sohn anbeten können, aber er wusste zu wenig von ihm. Der Ordnung und Disziplin seines Glaubens würde er sich fügen. Mit dem Gott der protestantischen Mutter kann er nichts anfangen, die Mutter hat eine andere Funktion in seinem Leben. Diese bestand darin, ihn zu versorgen; dank ihrer steten Versorgung blieb das alltägliche Leben mit ihr in seiner Vorstellungswelt blass, ungenau, fast abstrakt. Wie paradox das war: *Was ihn Tag für Tag am Leben erhielt, war für ihn das Abstrakteste in seinem Leben, was seine Träume füllte, erschien ihm konkret. So ist es heute noch.*

Ja, wiederholt er im Gespräch mit mir und nickt heftig, einer islamischen Gruppe würde er sich gern anschließen. Ihrer Disziplin würde er sich fügen, ihre Hierarchien akzeptieren, ihren Glauben teilen. Aber er kennt keine islamischen Gruppen, aus seinen Worten und mehr noch aus seiner Stimmlage wird spürbar, dass er sie sich als aggressive Gruppe vorstellt.

Auch hier finden wir wieder, was wir schon bei anderen Kindern als Bewunderung der amerikanischen Militärtechnologie gesehen haben: die Gleichzeitigkeit von Wunschanmaßung (und Ablehnung aller Realitätsordnungen) und die Bereitschaft zur Disziplin, ja, Unterwürfigkeit, wenn sie den Allmachtsträumen hilft. Nur dass die Allmacht dieses Jungen ein Stück konkreter ist, als die der meisten Kinder, sie ist eben über eine Person vermittelt, eben über den Vater, eben Afrika.

Wenn er auf seine Haut schaut, seine Arme betrachtet, die Beine, das Innere der Handflächen, dann weiß er, dass er dorthin gehört. Sein Körper-Sein legitimiert das intensive Idealbild, das ihm vorschwebt. So ist er seinen Träumen näher als ein Junge mit nur deutschen Eltern jemals sein könnte. Sein Traum Afrika hat sich in sein Körpersein eingeschrieben. Er ist stolz auf seine Hautfarbe, fürchtet sich aber zugleich vor den Vorurteilen und Angriffen der anderen.

Das gibt seiner latenten Aggressivität, die viele Quellen hat, einen konkreten Sinn, eine Plausibilität und eine Legitimation. Diese Legitimation sichert ihn gegen Gewissenseinsprüche und -ängste ab. Nein, *sein* Himmel ist nicht leer, nichts von dieser kalten endlosen Bläue, die die Bilddarstellung der magersüchtigen Mädchen kennzeichnet. Sein Himmel ist voll und plastisch, es wohnt verborgen ein Gott in ihm. Das macht – bei aller hochfahrenden Aggressivität – die Besonderheit dieses Jungen aus, sie ist spürbar. Es ist, als gebe es eine feinere Differenzierung, eine verborgene Persona, ein Geheimnis hinter seinem auffälligen Verhalten. Etwas, das noch einmal anders ist, als der erste Blick erkennen lasse, eine Besonderheit hinter seinem Verhalten. Auch ich lasse mich davon anrühren. Wenn man nur, denke ich, diesem Geheimnis auf die Spur käme, wenn sich nur eine Beziehung herstellen ließe, die seinem Innerstes zu Ausdruck und Sprache verhelfen würde, dann könnte alles noch gut werden.

Spießer, wohin man schaut …

Lokua ist charmant, attraktiv. Trotzdem hat er bisher keine Hilfe gefunden. Mutter und Sohn haben sich beide heftig darum bemüht. Aber was sie antrafen, war nur eine matte deutsche Spießigkeit, bei den Lehrern ebenso wie den Psychologen. Sie berichten abfällig davon. Die Mutter erzählt von einer »angesehenen« Psychotherapeutin – während der Sohn im Verlauf ihres Berichtes gelangweilt aus dem Fenster blickt, dann lächelt er –, sie hatte ihn offensichtlich von Anfang an in eine Konfliktsituation, ja, eine Konfrontation drängen wollen. Autorität und klare Anweisungen waren zum Abschied ihre Empfehlungen für die Mutter gewesen. Sie hat es wohl gut gemeint.

Aber ihre Konfrontation kam (ebenso wie die engen Kommunikationsbemühungen in so vielen gesprächstherapeutischen Gruppen) einfach zu früh. Viel zu unvorbereitet. Keine Mühe für diesen Knaben, sich ihr zu entziehen. Konflikte müssen ein Kind *zwingen,* zwingen lässt es sich nur von einem Erwachsenen, der ihm Respekt aufnötigt. Davon konnte hier aber keine Rede sein. Sie beeindruckte ihn nicht im Geringsten, schon gar nicht gemessen an dem Überbild des fernen Vaters. Alles stieß ihn ab. Schon die Möbel fand er kitschig, das Klima in der Praxis kalt, ihre Fragen dumm, und die Therapeutin selber war ihm gleichgültig. Warum sollte er sich mit ihr auf eine Konfrontation einlassen?

Ich stimme ihm insgeheim zu. Man muss ein Recht haben, um sich den Kindern mit seinen Vorstellungen aufzunötigen. Man muss ein Recht erwerben, um sie nach ihren innersten Motiven zu fragen. Man muss mit seiner Person erst das schwierige Recht erworben haben, sie zu maßregeln. Solch eine Person hatte er weder unter den Psychologen noch bei den Lehrern oder anderen erwachsenen Autoritäten gefunden, um so heller erstrahlte das Bild des idealisierten Vaters, der sich auf diese Ebene der Zurechtweisung und Maßregelung nie begeben hat. Der bleibt ein ferner Traum. Eine bequeme Position für ihn. Trotzdem, denke oder fühle ich, während ich den beiden zuhöre, war vielleicht gerade dieser Vater für ihn eine Chance.

Mit den Lehrern, erzählt die Mutter inzwischen, sah es nicht besser aus. Sie stürzten sich regelmäßig voll idealistischen Eifer auf diesen »interessanten Jungen«, aber sobald er ihren Angeboten nicht nachkam, ließen sie ihn ziemlich schnell und manchmal bitter enttäuscht fallen. Sie waren viel zu weich und zu unsicher in sich selber, ihre Angebote waren viel zu normgebunden und alltäglich, um einen Gegenpol zu seinen Idealen, seiner Aggressivität, seinen massiven Antrieben zu bilden. Genauer: Um einen Gegenpol zum Idol des väterlichen Afrikas zu bilden. In diesem Punkt haben deutsche Gesamtschullehrer – mittlerweile besucht er eine Gesamtschule in einem sozialen Brennpunkt – wenig Chancen! Sie predigen Vernunft und Ordnung und halten sie selber nicht ein. Sie stellen für die Zukunft – die Zeit nach dem beschwerlichen Lernen! – ein interessantes Berufsleben in Aussicht und wirken in ihrem eigenen Beruf müde und resigniert. Er hört ihnen kaum zu …

Einmal hat Lokua an Videoaufnahmen für einen Hiphop-Clip teilgenommen. Da war er voller Begeisterung. Offenkundig hat er gewisse schauspielerische und tänzerische Begabungen. Das wäre ein Anknüpfungspunkt gewesen. Aber mit diesem Eifer und diesen Talenten wussten seine Lehrer nichts anzufangen. Wie denn auch? Sie waren von der Tanz- und Modewelt, die sich in den Himmel seiner Sehnsüchte einschrieb, genau so weit entfernt wie von seinem Afrika. Sie wussten nichts damit anzufangen, und ihre Forderungen und ihre Lernaufgaben erschienen dem Knaben immer merkwürdiger und fremdartiger. Nein, sie hatten ihm nichts zu bieten, sie hatten ihm buchstäblich »*nichts zu sagen*«. Er machte es auch im Gespräch mit mir ganz deutlich. Einmal hatte er es einem Lehrer direkt ins Gesicht gespuckt: »Sie haben mir gar nichts zu sagen!« Da war der wieder empört und gekränkt.

Ein Gutachten empfiehlt eine Katastrophe ...

Der Junge gilt jetzt als schwer erziehbar, ein psychologisches Gutachten bestätigt dies: Er soll in eine betreute Einrichtung, weg von der Mutter, die – unvermeidliches Klischee allen Psychologen- und Lehrerdenkens! – »nicht los lassen kann.«

Natürlich wäre die Trennung von der Mutter eine Katastrophe für ihn. Wer es nicht versteht, könnte es immerhin fühlen. *Der schwierige, aber zugängliche Junge würde ja mit dem Mütterlichen das durch sie bedingte Gegenbild des Vaters, des schwarzen Mannes Afrikas, verlieren.* Er würde seine tiefsten Empfindungsgewohnheiten aufgeben müssen und gleichzeitig seine innigste Zielorientierung verlieren. Kein Mensch hält so etwas aus, ein Kind schon mal gar nicht. Ich wundere mich immer wieder, wie leichtfertig Behörden und Psychologen ihre Gutachten verfassen und zu weitreichenden Empfehlungen neigen. Nein, sie haben dieses Kind offensichtlich nicht verstanden.

Die Bedeutung von Traum und Illusion, die sich in die Beziehungsdynamik der drei (Mutter, Sohn, abwesender Vater) eingeschrieben hat, auch nicht. Aber er ist doch gefährlich, sagen die Lehrer. Er schlägt zu, sagen die Klassenkameraden (aber nicht alle). Er ist ein toller Sportsmann, sagt sein Judo-Trainer. Er ist verlässlich, sagen seine Freunde. Und was sagt sein Vater? Wenn ich das wüsste, wäre ich ein großes Stück weiter. Aber der Vater, wie es seiner Rolle entspricht, schweigt.

15 JOACHIM ODER: DER STOLZ DES KRIEGERS

Es ist an der Zeit einzugestehen, dass die Beziehung zwischen einem hyperaktiven Jungen und einer allein erziehenden Mutter nur schwer oder gar nicht zu ordnen ist. Alles wird viel einfacher, wenn ein »sichernder Dritter« – ein Stellvertreter des Väterlichen – in solch einer kleinen Familie ist. Ein Psychologe kann solch ein Stellvertreter sein, freilich muss die Betreuung dann über einen sehr langen Zeitraum anhalten, Familienhelfer oder Sozialpädagogen genau so. Unterbrechungen von mehreren Monaten sind dabei zwar möglich, aber in aller Regel darf die »Präsenz« des möglichst männlichen psychologischen Betreuers oder Familienhelfers nicht aus dem Bewusstsein des Kindes (und der Mutter) schwinden. Er muss präsent sein, gar nicht so sehr als Person, sondern vielmehr als »ordnende Instanz«. Ein Großvater und – entgegen den normativen Vorstellungen von geordneten Familien –, sogar wechselnde Lebenspartner der Mutter können bis zu einem gewissen Umfang diese Funktion des »sichernden Dritten« übernehmen. Die Gutwilligkeit der hyperaktiven Jungen macht es möglich. Sie stürzen sich mit Eifer und mit der für sie typischen Spontaneität auf jeden neuen Mann, wenn er nur bei der ersten Begegnung einen »ordentlichen Eindruck« hinterlässt. Sie sind oft schon zufrieden, wenn sich der »Neue« als guter Kumpel erweist, der aber im Zweifelsfall auch mal ein »strenges Wort« über die Lippen bringt oder kräftig auf den Tisch haut.

Nur solche Lebenspartner, die sich übereifrig und schmeichlerisch um die Mutter und das Kind bemühen, fallen schon bei der ersten Prüfung rabiat durch. Sie sind eben nicht in der Lage, die seelische Sicherungsfunktion einzugehen, die der Junge unbewusst von ihnen erwartet. Sie werden möglicherweise sogar gelobt und anerkannt, Freunden gegenüber prahlt der Junge mit dem neuen Vater (»ein ganz toller Typ, gestern habe ich ein Messer mit zwölf Funktionen geschenkt bekommen«), aber in Wahrheit ist solch ein Mann bedeutungslos. Er spielt im seelischen Geschehen keine Rolle. Er erfüllt seine Funktion nicht.

Es ist geradezu fatal und hat durchaus komische Züge, dass die hyperaktiven Jungen alle Modernität in den Ideen von Familie und Erziehung buchstäblich über den Haufen werfen. Man mag es rauf und runter betrachten, wie man will, es ergibt sich immer dasselbe Resultat: Hyperaktive Kinder brauchen keine liberale, sondern eine autoritäre Lenkung, hyperaktive Kinder wollen eine Familie nach dem bürgerlichen Muster »Vater-Mutter-Kind«, wenn ein handwerklich begabter Großvater noch dazu kommt, ist ihr Lebensglück weitgehend gesichert. Hyperaktive Kinder wollen und benötigen nichts von dem, was im Zeittrend liegt. Dabei sind sie selber doch eine so genaue Spiegelung all dessen, was die bewussten und unbewussten Tendenzen unserer modernen Gesellschaft ausmacht.

Überall ist Krieg, sagt er

Joachim liebt seine Mutter, er liebt auch Embleme, Symbole, Kriegszeichen, je martialischer sie sind, desto besser. Joachim ist ein hoch aggressiver Junge, über dessen Aggressivität sich aber eine kräftige Hemmung senkt. Sie wird hergestellt von seiner tiefen Mutterbindung, aus ihr will er nicht herausfallen. Er spürt oder weiß, dass er von seiner Mutter Abschied nehmen müsste, wenn er seinen destruktiven Impulsen ganz nachgäbe. So finde ich, als die beiden sich in meiner Praxis vorstellen, ein merkwürdiges Wechselspiel. Ein 12-jähriger Junge, der alle Anzeichen hoher Aggressivität verrät und zugleich mit seiner stillen, depressiv gestimmten Mutter unübersehbar eine Einheit bildet.

Wir stoßen bei der Betrachtung und Betreuung der Hyperaktivität fortwährend auf Paradoxien. Immer wieder sind es Unvereinbarkeiten, ist es etwas Zerrissenes und Unzugehöriges, Unpassendes, das in eine schwierige, fragile Einheit einer Familie gedrängt ist. Immer wieder denke ich, dass Hyperaktivität in gewisser Weise eine Art unterdrückter Explosion von Dynamiken ist, die über längere Zeit mühsam oder gewaltsam zusammengehalten wurden. Die beiden sitzen also vor mir, sie wisse sich nicht zu helfen, sagt die Mutter deprimiert, alles zerbreche ihr unter den Händen. Der Junge zeigt während dieser Worte einen Gesichtsausdruck, als glaube er ihr nicht. Er sieht diese Katastrophe nicht, alles in allem geht es ihm ganz gut. Nur seine Neurodermitis mag auffällig sein. Er ist oft krank, auch Erkältungen oder Übelkeit plagen ihn. Mit seinen Klassenkameraden hat er auch Schwierigkeiten, alle vier, fünf Tage gibt es eine Prügelei. Dann muss man schon zurückschlagen, erklärt der Junge mit demselben undurchdringlichen Gesichtsausdruck. Wer sich nicht richtig wehrt, kriegt dauernd eins in die Fresse. Ich glaube ihm aufs Wort. Was er berichtet, ist Alltag in den Hauptschulen. Die letzte Verletzung, die er sich zuzog, erhielt er im Mathematikunterricht. Von der Bankreihe hinter ihm schlug ein Junge ihm mit Wucht das schwere Schulbuch gegen den Kopf, es traf unglücklicherweise seine Schläfe, für Momente war er benommen. Und der Lehrer? frage ich. Er hat gesagt, »Hört auf mit dem Scheiß!«, antwortet der Junge.

Was mir auffällt: die merkwürdige Disparatheit in seinem Verhalten. Eine Art männlicher Sorge und Umsicht wird erkennbar, wenn er sich seiner Mutter zuwendet. Sie ist zwar größer als er, wirkt aber zerbrechlich. Tiefe Falten haben sich in ihr Gesicht geschnitten, ihre Körperhaltung ist wie ein Hilferuf. Offensichtlich hat ihn keiner gehört. Die Erschöpfung ist ihr anzusehen. Der Junge weiß das, aber es fällt ihm offenkundig schwer, einen Zusammenhang zu seinen eigenen Verhaltensproblemen und Schwierigkeiten in der Schule und in der Freizeit zu erkennen.

Ich frage mich, während ich diese beiden, sehr unterschiedlichen Menschen, die so aufeinander eingespielt sind, betrachte, ob das Motiv der Liebe zu seiner Mutter stark genug sein könnte, um ihn zu einer Verhaltensregulation zu bewegen. Sein Gesicht hat eine gewisse kalte Glätte, die jetzt aber überdeckt ist von seinem Bemühen, mit mir Kontakt aufzunehmen. Zugleich wird spürbar, dass der Kontakt ausschließlich der Mutter wegen gesucht wird. Er selber, meint er, braucht keine Hilfe. Er wüsste nicht wozu. Er kann sich schon allein zur Wehr setzen. Um wehren oder nicht wehren geht es gar nicht, erkläre ich. Aber das war eine unsinnige Bemerkung. Er versteht nicht, was ich meine. Sein ganzes Leben ist von den Motiven der empfangenen oder zurückgegebenen Aggression geprägt. Es gibt keine Realitätswahrnehmung außerhalb aggressiver Bilder und Gedanken, man sieht es ihm an. Der Bezug zur Mutter steht wie ein Fremdkörper in seiner Biografie, die sich mir Zug um Zug erschließt. Es ist eine Biografie der Ruhelosigkeit.

Gemeinsam mit dem Vater waren sie aus einer ostdeutschen Provinz in die mittelgroße Großstadt im Westen gekommen. Die Bilder von den kalten, grauen Dörfern und dem Bauernleben haben sich dem kleinen Jungen eingeprägt. Mitunter, vermute ich, verhält er sich auf dem Schulhof oder auf den Fußgängerzonen der Großstadt noch genauso, wie er sich auf der Dorfstraße und in den benachbarten Wäldern verhalten konnte. Was damals nur kräftig und angemessen war, erscheint jetzt als Problem, gar als Verhaltensstörung. Eigentlich ist er seelisch eingestellt auf kräftige Motive, eindeutige Anweisungen, herrische Worte und Stimmen und empfängt nur die weichen undeutlichen Anordnungen der westdeutschen Lehrer, die Undurchschaubarkeit des Geschehens auf dem Pausenhof, die irritierende Gleichzeitigkeit von viel Gewalt und Toleranztraining und Ethikunterricht, die zurzeit an Schulen wieder in Mode sind.

Von seiner Mutter hat er ein Weltbild erworben, das offenkundig trostlos ist. Sie, die Verlassene, die Weggestoßene, die sich in hundertundeinen Konflikt (mit Freunden, mit ihrer Familie) stürzt und letztlich keinen Halt in der Welt hat. Außer ihn. Wie sehr dieser 13-Jährige die Weltsicht seiner Mutter spiegelt, wird unmittelbar erkennbar, wenn man ihn anschaut. Er ist körperlich eher schmächtig, schmal im Vergleich zu Kindern seiner Altersgruppe, doch bewegt er sich wie ein Kämpfer und sein Gesicht zeigt die Starrheit eines Kämpfers. Von der Welt ist nichts zu erwarten, man muss sie bezwingen.

Mit den Worten ist er vorsichtiger, er verschweigt viel. Das gehört zu seinem Bild einer fremden und feindseligen Welt. Auch die Kälte und Berechnung, die in seinen zugewendeten, charmanten Gesten und Worten bemerkbar ist, erklärt sich mir jetzt vielschichtiger. Er muss sich die Dinge und Menschen buchstäblich vom Leib halten. Nur dann ist er seiner von aller Welt enttäuschten Mama nahe. Als einer, der allen Dingen trotzt, bleibt er in einer engen, ja, fürsorglichen Beziehung zu ihr. Als ein kriegerisch Gestimmter, aggressiv Geprägter, übernimmt er die Verantwortung für sie. Wer soll sie denn sonst übernehmen? Es ist ja keiner da.

Joachim ist noch zu jung, als dass er sich wirklich verstellen könnte. Deswegen fällt seine Härte sofort ins Auge, deswegen ist seine Aggressivität so auffällig, deswegen wird er als Problemfall eingestuft. Er selber sieht sich nicht so, wie sollte er auch? Für ihn hat ja alles, was er tut und was man ihm vorwirft, seinen Grund. Aber der ist versteckt, der wird vor der Welt verborgen, würde er darüber reden, käme es einem neuerlichen Verrat an Mama gleich. Die ist oft genug verraten worden. Er schützt sich, um sie zu schützen.

Mit Mama in einer kalten Welt

Seine Unruhe ist nicht zu übersehen. Er rutscht auf dem Stuhl hin und her, er ist immer auf den Sprung. Außerdem ist ihm das Gespräch unangenehm. Gleichzeitig – ich merke es wohl! – streift mich ein versöhnlicher Blick. Auch aus solcher tastenden Annäherung entziffere ich seine Einsamkeit. Dieser Junge hat keinen Halt in der Welt außer den von Mama, die er mit einer Schutzzone umgibt. Deshalb kann auch Mama für ihn nicht mehr und nichts anderes sein als eine, die vor der Welt und ihren Finten behütet werden muss. Wie die Welt aussieht, wie sie im Innersten beschaffen ist und welche Feindseligkeiten sie bestimmen, das kann Mama gar nicht wissen. Sie ist ja nur das Opfer.

Wer interpretiert diesem Kind Welt, wer macht ihm die Dinge durchschaubar? Die freundliche Seite bei der Erkundung von Menschen und Dingen ist bei ihm ganz weggefallen. Man könnte sie die männliche Seite, die väterliche, nennen. Sie ist jetzt – angesichts von »Mamas« Schicksal – ganz in einen Kältemantel verhüllt. Eine andere Männlichkeit, mit der er sich hätte identifizieren und über die er die Bindung zu Mama in einer kindlicheren Weise hätte aufbauen können, fiel früh weg.

Über den Vater, der abhaute, als Joachim drei war, mag er nicht reden. Die Mutter auch nicht. Der ist ausgeschieden, weggestoßen aus ihrem Leben. An ihrem gemeinsamen Umgang mit ihm, dem »Verräter« hat er gelernt, wie man mit solchen Leuten verfährt. Ausgrenzen, wegstoßen, ihre Nicht-Existenz ist ein Sieg.

Und so geht er heute mit den Jungen in seiner Klasse und den Kumpeln auf der Straße um. Obwohl er körperlich nicht stark und ihnen vermutlich unterlegen ist, ist seine Aggressivität ungezügelt. Sie ist immer parat. Die anderen Kinder haben Respekt davor. Respekt ist etwas, das er dringend benötigt. Da er diesen keinem Menschen entgegenbringen will, achtet er darauf, dass ihm selber Respekt entgegengebracht wird. Dies ist die einzige Orientierung, die sich in seinem Leben bewährt hat.

Nein, seine Aggressivität würde er nie hergeben. Von allen Seiten zieht und zerrt man an ihm, möchte ihn zu freundlicheren Seiten und versönlicheren Anschauungen überreden. Er muss seine Aggressivität also verteidigen, gerade die wohlmeinenden Leute sind eine Gefahr.

Schmerzen kann keiner leugnen

Aber das viele Alleinsein ist ein Risiko für ihn. Denn irgendwo hin muss er ja mit seiner Aggression, manchmal wendet er sie zögernd gegen Mama, aber Mamas heillose Existenz drängt ihn sofort in Schuldgefühle – vielleicht das Einzige in seinem Leben, das er tatsächlich »verinnerlicht« hat. Mama ist kein Aggressionsobjekt, es gibt überhaupt keine Objekte für geregelte, relative und widerrufbare Auseinandersetzungen.

Und weil die anderen vor ihm zurückzucken und ihn selbst auf dem Pausenhof eine Art Schutzzone umgibt – ganz so, wie die Zone, die er um Mama herum gelegt hat –, wendet sich sein wühlender Zorn nach innen. Gegen den eigenen Körper und am liebsten ganz tief. Er schneidet sich, er brennt Zigaretten in seine Arme. Dabei fällt mir auf, dass er, im Vergleich zu anderen Selbstverletzern, nicht nur oberflächlich und trotz aller Verzweiflung mit einer gewissen Behutsamkeit agiert. Bei ihm habe ich den Eindruck, dass er mit Nadel oder Nagel, mit dem Messer oder gar der Zigarette in sein Fleisch »bohrt«. Er wühlt sich unter die Hautoberfläche, als wolle er diese in Zonen aufgeteilte, die in Kälteschichten gegliederte Welt endlich nach innen hin durchbrechen. Als suche er ein Innerstes, das sich zu erkennen gibt und ihm eine eigene Kenntlichkeit verleiht. Aber er findet sich nicht, nirgends. Bei den Freunden nicht, bei Mama schon gar nicht, bei dem abwesenden Papa-Verräter natürlich auch nicht und nicht in seinen Krankheiten. Und so muss der Körper her, der Körper soll leiden. Der zumindest ist unumgänglich. Denn Schmerzen kann keiner leugnen. Schmerzen sind ein Wahrheitsbeweis, wenn er auch nicht weiß, wofür.

Ist das nun ADS, mit oder ohne »H«?

Natürlich fällt er nach dem Kriterienkatalog des Diagnostischen Manuals für Psychiatrie unter die Kategorie »Hyperaktivität«, vorwiegend des aggressiven Typs. Aber was erklärt das? Das Verteufelte an ADS ist, man weiß nicht, was es tatsächlich ist. Zahllose Bücher sind auf dem Markt, die das Phänomen umkreisen oder statisch-empirisch zu erfassen und zu gliedern versuchen. Es gibt vermutlich »-zig« Therapieprogramme, wie man der Konzentrationsschwäche und Hyperaktivität Herr wird. Diese funktionieren manchmal, oft tun sie es nicht. Deswegen lautet meine These: ADS greift zwar epidemisch in der Welt unserer Kinder um sich, es bleibt aber dennoch ein Phänomen ohne Namen, ohne Verstehen. Wir sind ganz am Anfang.

Und dann war Papa verschwunden.

So sehr sich die Erscheinungsformen von dem Phänomen »ADS« auch unterscheiden mögen, so haben sie doch eines oder gar zweierlei gemeinsam: Immer steht »Mama« im Zentrum, und immer steht die prägende Figur eines abwesenden oder flüchtigen oder schwachen Vaters im Hintergrund. Diese Konstellation scheint für Kinder, besonders für kleine Jungen, fatal zu sein. Sie zwingt sie in Bindungen zu Mama, die einen desorientierenden Charakter haben. Sie zwingen diese Kinder dazu, die Mama-Beziehung auf keinen Fall aufzugeben, weil sie die einzige Bindung ist, die sie überhaupt noch aufrecht erhalten können. Meist sind diese Kinder überdies sehr allein, jemand anderer als Mama ist gar nicht da.

So wird das Verfügen über alles und jedes bei gleichzeitiger Isolation zu ihrem verwirrenden Lebensmodus. Nur, wenn sie sich im Zentrum des Geschehens vermuten, fühlen sie sich wohl und gesichert. Nur dann »funktionieren« sie und bringen ein gewisses Maß an Kontrolle auf. Aber wenn sie nicht »verfügen« können, dann geht ihnen die Einsicht in die reale Welt weitgehend verloren. Dann springen sie hin und her, suchen und suchen und wissen nicht, wonach. Dann können sie ihr Ziel gar nicht verfolgen, weil sie kein Ziel angeben können. Dann sind sie auf seltsame Weise antriebsleer und trotzdem unruhig, immer gelangweilt und zugleich ganz unfähig, eine »interessante« Tätigkeit aufzunehmen. Sie wissen ja nicht (und können sich nicht vorstellen), was »interessant« sein könnte. Sie kennen buchstäblich nur ihr Ego und dies ist weitgehend leer.

Wir haben die Dynamik dieser Selbstbezogenheit nun verstanden. Die Kinder sind zu lange in der Schutzzone des Mütterlichen geblieben, in der sie sich wohl und geborgen fühlten, aus der sie dann aber früher oder später – aus dem einen oder anderen Anlass – verstoßen wurden. Und als sie endlich die Dinge der Welt aufsuchten, da erschien ihnen diese fremd und feindlich. Ihn fehlen die verinnerlichten prägenden Eindrücke der allerfrühesten Kindheit, die notwendig sind, damit die vielen Begegnungen und verwirrenden Details, die in der realen Welt auf ein Kind zukommen, ihren Platz und ihre Ordnung finden können. So wollen sie zurück in den Schutz des Mütterlichen, aber das ist nicht möglich. Vielleicht, weil Mama selber in einer »depressiven« oder überforderten Verfassung ist, vielleicht weil Mama der Meinung ist, dass ein vier- oder fünfjähriges Kind auch eigene Wege gehen müsse und nicht bemerkt, dass jede ihrer Motivierungsversuche von ihrem Kind als Abschieben, als Abweisung aufgefasst wurde ... Es gibt viele Gründe, warum die Rückkehr zur Symbiose mit der Mutter nach einem bestimmten Lebensalter kaum noch möglich ist. Diese Tatsache ist für alle Kinder schwierig, oft erschreckend. Aber für diese Kinder, die nicht genug »Welt« verinnerlicht haben und nichts in ihrem seelischen Geschehen »festhalten« können, ist es eine Katastrophe.

Dies wäre gleichsam der allerletzte Moment, an dem Papa, der »sichernde Dritte«, das »Väterliche«, in ihr Leben eingreifen müsste. Aber auf eine fatale Weise findet sich in den Lebensgeschichten gerade dieser Kinder ein Vater der im dritten und vierten Lebensjahr seines Kindes verschwand. Oft, weil er sich einfach auf die Flucht machte und nie wieder gesehen wurde. Manchmal auch, weil Mama sich von ihm trennte. Die Instabilität, die paradoxerweise zum Bild der modernen Familien genauso gehört wie ihre Konfliktscheu und Harmoniesucht, schlägt in jedem Fall zum Schaden des Kindes aus. Man trennt sich, man macht sich viele Gedanken, aber die katastrophalen Folgen in der Psyche der Kinder werden letztlich nicht verstanden. Sollte dann – und es geschieht häufiger, als wir uns träumen lassen – ein harter »Rosenkrieg« zwischen den beiden ehemaligen Ehepartnern inszeniert werden, weiß das Kind endgültig nicht mehr ein noch aus. Alle Wege sind versperrt und gleichzeitig gibt es keinen Ort, an dem es zur Ruhe kommen kann. So springt es hin und her, immer kurzfristig, immer kurzschlüssig und findet weder Weg noch Ziel.

16 PAUL ODER: WAS VÄTER ALLES LERNEN KÖNNEN

Die Vaterlosigkeit in vielerlei Gestalt ist das Schicksal der hyperaktiven Kinder. Vaterlos kann man auch in einer intakten Familie sein. »Wir brauchen mehr Zeit für unsere Kinder« ist der Slogan, den neben den vielen Berichten in den Medien auch das Familienministerium wählte, um den Vätern ins Gewissen zu reden. Aber es ist nicht der richtige Slogan, jedenfalls nicht, wenn man von den Wünschen der hyperaktiven Kinder ausgeht. Sie brauchen nicht »mehr Zeit« mit ihren Eltern, sie brauchen »qualitative Zeit« mit ihnen, besonders mit den Vätern.

Paul war ein netter Junge, aber er wirkte schon beim Erstgespräch konfus. Seine Unruhe war so aufdringlich, dass man das Gefühl haben konnte, er wolle sie den Erwachsenen aufzwingen, als wolle er mit ihr ein Signal geben. Dabei wirkte er in seiner körperlichen und kognitiven Entwicklung zunächst unauffällig, er wandte sich geschickt den Spielangeboten zu, die ich ihm vorlegte, seine Aufmerksamkeit auf den jeweiligen Gegenstand war konzentriert – bis ihn wieder seine Ruhelosigkeit erfasste. Kein schlechtes Zeichen. Ein Verhalten, das erst nach dem Erwerb der Grundfähigkeiten und des Grundvertrauens der ersten Lebensjahre gelernt worden ist, kann auch wieder verlernt werden. Im ärztlichen Jargon gesprochen: Paul hatte eine gute Prognose.

Solch eine »gelernte« Unruhe hat oft mit Vaterlosigkeit oder Vater-

Mangel zu tun. Die ersten Worte der Mutter bestätigen meine Vermutung: »Sein Vater ist sein Ein und Alles«, erklärt sie. Paul nickt. »Ja, Papa ist toll!« Man sieht es seinen Augen an. Woher also die Unruhe?

Die Frage ist leicht zu beantworten.

»Wir bauen gerade ein gemeinsames Unternehmen auf«, sagt die Mutter und ich frage mich, warum sie das »wir« betont. Sie nimmt sich offensichtlich viel Zeit für ihr Kind, sie wendet ihm viel Aufmerksamkeit zu. Hat sie möglicherweise – obwohl sie etwas höchst Sinnvolles und Wertvolles für ihr Kind und für sich selber tut – eine Art »schlechtes Gewissen«? Fühlt sie sich als »nur«-Mutter unvollständig, gar abgewertet? Sie wirkt klug, sie ist eine attraktive Frau, sie ist selbstbewusst. Und trotzdem spüre ich den Schimmer eines Selbstzweifels an ihr. Der Aufbau eines kleinen Geschäftes gilt in unserer sozialen Kultur wohl tatsächlich mehr als die Erziehung eines Kindes.

Aber zurück zum Vater. »Da hat er wenig Zeit für den Jungen?«, frage ich. Sie nickt, hält inne und überlegt: »Nein, Zeit hat er eigentlich jeden Tag, aber er hat dann die Ruhe nicht«, sagt sie.

Ich verstehe. Die Mühen einer Existenzgründung sind gewaltig, jeden Tag steht eine andere Sorge ins Haus, unerwartete Rechnungen und unerbittliche Behörden, die den kleinen Unternehmungen das Leben schwer machen, die Erschöpfung, die Schlaflosigkeit und danach noch mehr Erschöpfung ... Dies alles, so scheint mir, prägt gegenwärtig auch das Leben von Pauls Vater. Für den Jungen bleibt dann wenig Zeit. Der abwesende Vater, mitten in der Familie!

Ich schaue wieder auf den Jungen und stelle mir seine auffallende Begeisterung für den Vater vor. Es ist dasselbe seelische Spiel, das wir schon bei Lokua beobachtet haben: Gerade wegen seiner Abwesenheit wird der Vater zu einem inneren Ideal für seinen Sohn. So viel Wünsche und kindliche Sehnsuchte richten sich auf ihn, dass er dabei immer größer und vollkommener wird.

Bis zu einem gewissen Grad mag diese Idealisierung des Vaters für einen kleinen Jungen sinnvoll sein, sogar stabilisierend. Ist aber jener schwer angebbare Grat überschritten, an dem der Vater kein ordnendes und vernünftiges Vorbild im Alltag mehr ist, sondern ein Sehnsuchtsbild, das mit unrealistischen Vorstellungen beladen wird, dann fehlt dem Kind an diesem Vater das Entscheidende: die ordnungsstiftende seelische und körperliche Präsenz. So ist es auch mit Paul. Sein Vater fehlt ihm, deswegen findet er ihn so toll! Die Mutter versucht, so weit sie es vermag, den Vaterverlust auszugleichen. Aber ihr sind natürliche Grenzen gesetzt.

Paul spielt mit

Die »gelernte« Unruhe des Kindes hat damit eine ausreichende Erklärung gefunden. Ihm fehlt nicht die körperlich-seelische Integration in einem wachen und reifendem Selbst, ihm fehlen im weiteren Aufbau dieses Kinder-Selbst einige entscheidende Halte- und Orientierungsmerkmale. Sie hätten seine Aufmerksamkeit binden, seine Sinne und seine Intelligenz fokussieren sollen, sie hätten am Vater gelernt werden müssen. Dieses Lernen ist weitgehend oder ganz ausgeblieben. Deshalb die Unruhe jetzt, deshalb hat seine Unruhe auch diesen demonstrativen Charakter, als wolle der kleine Junge Notsignale aussenden. Gebt mir etwas, an das ich mich halten kann, an das ich meine Sinne und Gedanken binden kann, gebt mir Ordnung!

In einem herkömmlichen psychologischen Diagnose-Verfahren hätte auch dieses Kind alle Kriterienpunkte erfüllt, um als »hyperaktiv« bezeichnet zu werden. Doch seine Hyperaktivtät ist von einer anderen Art als die der anderen Kinder, von denen ich vorher berichtete. Es ist sozusagen ein »reiferes« Selbst, das die Hyperaktivität »gelernt« hat. Paul hatte deswegen, wie ich sagte, eine Chance, sie wieder zu verlernen. Das war unsere Aufgabe. Vor allem aber die seines Vaters, Überlastung hin oder her. Einfach würde das nicht, für den Jungen nicht und für den Mann auch nicht. Trotzdem konnte es gelingen.

Mit Paul konnte man auf sinnvolle Weise all die Konzentrationsübungen und die Trainings zur Verzögerung der eigenen Impulse angehen, die bei den hyperaktiven Kindern, bei denen die Unruhe zugleich mit dem Selbst herangewachsen ist, ins Leere zielen. Paul hatte wesentliche Wahrnehmungsordnungen und die Begabung zum regelhaften und praktischen Verhalten in seinen ersten Lebensjahren durchaus erworben. Darauf ließ sich jetzt aufbauen. Lediglich die Fortführung, die Ausreifung oder Formung dieser kindlichen Fähigkeiten sind ihm versagt geblieben. Wir würden es nachholen.

Paul erkannte schnell, dass mit der ruhigeren, dauerhafteren Aufmerksamkeit auch der Spaß an den Dingen wuchs. Es ist eben sehr viel befriedigender, wenn man sein Lego-Raumschiff zu Ende baut und das »Werk« den staunenden Erwachsenen vorführt, als wenn man es nach den ersten Versuchen einfach liegen lässt und sich missmutig anhört, dass Mama schon wieder über die Unordnung meckert. Es ist eben sehr viel befriedigender, mit den Klassenkameraden in einer Fußball- oder Basketballmannschaft zu spielen und ihre Anerkennung zu bekommen, als den eigenen Körper gar nicht in Bewegung zu versetzen oder in einem isolierten Einzeltraining (weil man zur Teamarbeit eben nicht fähig ist) verbissen am eigenen Tennisaufschlag zu üben. Soziales Verhalten macht Spaß, Aufmerksamkeit setzt die Sinne in Bewegung, ein Kind spürt das, wenn es die Voraussetzungen dafür ausgebildet hat, und die kindliche Zufriedenheit teilt sich den Eltern mit. In diesem Fall vor allem dem Vater!

Der Psychologe kriegt einen Wutanfall

Der Vater bemerkte die Veränderung an seinem Sohn und reagierte zwiespältig darauf. Ich konnte ihn gut verstehen. Ihm wurden mit dem »Nachreifen« seines Kindes die eigenen Mängel vor Augen geführt. Das Kind lernte etwas, das er, wie der Vater vielleicht nicht bewusst, aber sehr wohl intuitiv wusste, bei seinem Vater hätte lernen müssen. Dann passierte noch etwas, das den Vater aufrüttelte (es sind überhaupt immer die kleinen Ereignisse, die in der Kindertherapie die größten Fortschritte verursachen). Paul saß vor dem Fernsehapparat, sprang urplötzlich auf – so erzählte mir der Vater später – und rief erschrocken: »Ich muss noch meine Aufgabe für Herrn Bergmann machen, der kriegt einen Wutanfall!« Der Vater, nebenbei bemerkt ein kluger und liebevoller Mann, spürte sehr wohl, dass solche »pädagogischen Wutanfälle« eigentlich Sache eines Vaters und nicht eines Psychologen sind. Die gehorsame und ein bisschen erschrockene Begeisterung seines Sohnes war eine Kränkung für ihn. In ihm regte sich, so stelle ich mir vor, Unmut, ein sehr verständlicher. Er fühlte sich als Vater zur Seite geschoben, ihm wurde vielleicht zum ersten Mal bewusst, was er da im Begriff war zu versäumen.

Er rief mich kurz darauf an und sagte: »Ich krieg auch manchmal

Wutanfälle, aber darauf reagiert Paul nicht.« Nun, zu väterlichen Selbstzweifeln gab es in diesem Punkt nicht den geringsten Anlass. Jeder 7-, 8- oder 11-jährige Junge will – ich betone: will – auf den Zorn oder den Ärger seines Vater ebenso hören und reagieren wie auf sein Lob und seine Zustimmung. Nur, wo das Bild des Väterlichen, aus welchen Gründen auch immer, verblasst, werden Stellvertreter gesucht. Wenn alles gut geht, halten die einem Vater seine Versäumnisse vor Augen.

In der Stimme des Vaters schwang möglicherweise eine unausgesprochene Sorge mit. Sie lautete: »Sind Sie vielleicht aus Gründen, die ich nicht verstehe, die wichtigere Autorität für mein Kind?« Ach was, keine Rede davon. So etwas gibt es gar nicht! Nein, ich war tatsächlich nur der Stellvertreter, der Ersatz, der aus der zweiten Reihe, der sich zu weit vorgetraut hatte, weil in der ersten Reihe eben kein Vater, sondern ein weitgehend leerer Platz war. Der beste Vater für ein Kind ist sein Vater, das ist eine natürliche Regel, es gibt so gut wie keine Ausnahme dafür. So war es auch bei diesen beiden. Aufgescheucht von seinen eigenen Sorgen und dem kleinen Neid, der ihn durchzuckt hatte, wurde der Vater wieder »väterlich«. Dazu benötigte er nicht »mehr Zeit« mit seinem Sohn. Er benötigte einen anderen Fokus seiner Lebensordnung.

Mir ist die Müdigkeit, die Erschöpfung, das Ruhebedürfnis vieler Eltern sehr verständlich. Man ist der Meinung, dass zunächst einmal die geschäftlichen Dinge geordnet und betrieben werden müssen, bevor man sich um die Kinder kümmern kann. Denn was hilft, so mögen Eltern denken, alle Liebe und Fürsorge, wenn wir die Miete nicht bezahlen können. Solche Argumente sind ganz schlecht von der Hand zu weisen. Unsere Familien finden in der gesellschaftlichen Kultur wenig Unterstützung, stürzen sie ab, dann stürzen sie ins Bodenlose.

Aber zugleich kann man die eigene Lebensachse ein ganz klein wenig umkehren, eine Restenergie, eine Spur mehr Aufmerksamkeit, ein bisschen mehr Freude am eigenen Kind reicht schon aus, um die verloren gegangene Bindung wieder zu kräftigen. Kinder sind in diesem Punkt nicht sehr anspruchsvoll. Sie geben sich mit Wenigem zufrieden. Ein Mensch-ärgere-dich-Spiel am Abend statt im Fernsehen

Schwester Stefanie kommt einem kleinen Jungen vor wie das Paradies. Und er lernt bei einem einzigen Spiel mehr als er meist in einigen Stunden therapeutischer Betreuung lernen könnte.

Er lernt den Umgang mit Zahlen, er lernt die Beachtung von Regeln, er lernt seinen Ärger zu verarbeiten und er lernt sogar, dass nur, wer verlieren kann, sich über den Sieg freut. Er lernt das ganze Auf und Ab der menschlichen »Reifung« innerhalb der Dreiviertelstunde, die ein Spiel dauert. Es reicht, selber Freude an solchem Spiel zu finden und Freude daran zu haben, es zu wiederholen. Als Pauls Vater sich zu dieser Einsicht durchgearbeitet hatte, machte Paul, der bereits eine erste innere Ordnung aufzubauen gelernt und dessen Unruhe sich deutlich vermindert hatte, plötzlich sprunghafte Fortschritte. Es dauerte kein halbes Jahr mehr, bis er keine therapeutische Betreuung und die Eltern keine Beratung brauchten. Der Vater war ja wieder da. Es war alles im Lot!

17 WAS ROCKY BRAUCHT, FINDET ER NICHT

Rocky ist der Mann in der Familie, das hatte ihm ein wohlmeinender Onkel einmal auf einem Familientreffen gesagt. Er hatte es gut gemeint. »Du bist jetzt der Mann in eurer Familie, du musst deine Mama beschützen«, sagte er und zwinkerte Rocky zu.

Doch Rocky ist erst elf und als Beschützer seiner Mama zu klein. Dabei braucht Mama Schutz, Rocky weiß das. Beide sind schmale Personen, immer ein bisschen zappelig, immer »durch den Wind«. Wenn sie beieinander sind, dann lachen sie oft. Rocky und seine Mama verstehen sich prächtig. Wenn nur die Schule nicht wäre und der Kinderhort und Mamas Beruf, und überhaupt die ganze Welt …

Seinen Onkel mag er, er bewundert ihn sogar. Sein Onkel ist ein cooler Typ, was er sagt gilt. Dabei hatte Rocky schon selber das Gefühl, dass die Mama so nicht weitermachen könne, sie brauchte eben einen Mann, und Rocky hatte sich eine Zeit lang auch in der Bekanntschaft umgesehen. Dort fand sich aber keiner, das lag teils an den Männern, teils auch an Rocky, denn er war wählerisch. Für seine Mama ist nicht jeder gut genug, bei weitem nicht. Aber auf die Idee, dass er selber der Mann an Mamas Seite sei und sie beschützen könne, wäre er ohne den Onkel nicht gekommen. Er wurde mit einem Schlag um vier Jahre älter, reifer, »männlicher«. Genau das hatte der wohlmeinende Onkel beabsichtigt, freilich hatte er die Folgen nicht richtig eingeschätzt. Denn Rocky war, wie gesagt, mit seiner Aufgabe weit überfordert.

In seinem jungen Kopf wirbelten Männlichkeitsbilder und Anlehnungs- und Umklammerungswünsche wild durcheinander. Die Folge war, dass Rocky an allen Ecken und Enden Anlässe entdeckte, in denen er als »Beschützer« gefragt war. Da war der blöde Nachbar, der mit seiner Mutter im Hausflur meckerte. Da war der unverschämte Bäcker, der vier statt fünf Brötchen in die Tüte gepackt hatte. Überhaupt wollte jeder die schöne Zweisamkeit der beiden stören. Rocky wurde konsequenterweise auch in der Schule immer schwieriger. Eine Fünf durfte er nicht mehr nach Hause bringen, das war ihm jetzt klar. Wenn sie sich aber doch einstellte, dann musste ja jemand schuld sein. Er war es auf gar keinen Fall, das hätte in das »Beschützer«-Bild nicht gepasst. Also war es der Lehrer, der nicht vernünftig erklären konnte, oder auch der Banknachbar, der ihn nicht hatte abschreiben lassen. Wenn einer ihn nur blöd von der Seite anquatschte, konnte Rocky schon aus der Haut fahren. Seinen Spitznamen »Rocky« hatte er von den Mitschülern erhalten, weil er wie »Rocchigiani« einfach zuschlug, anders wusste er sich nicht zu helfen.

Nein, er war nicht geprügelt worden, er war nicht gedemütigt und zurückgesetzt worden, nichts davon: Rocky war nur viel kränkbarer geworden. Damit hatte der wohlmeinende Onkel nicht rechnen können. Aber so ist es eben: Die Konsequenz, die Kinder aus unseren »wohlmeinenden« Anleitungen ziehen, nehmen oft einen verqueren Lauf. Es dauerte nicht lange, da wurde Rockys Mutter zu einem Elterngespräch eingeladen, dann wurde eine Klassenkonferenz angedroht. Rocky sollte von der Schule verwiesen werden. Er und seine Mutter saßen abends zusammen, sie weinten beide. Die Welt war ihr Feind. Und woher sollte jetzt Hilfe kommen?

Rocky sucht einen Vater

Die Frage ließ sich auch so stellen: Wie konnte »Rocky« wieder ein Kind werden? Eines, das sich seiner Anlehnungsbedürfnisse nicht schämt und seine passiven Wünsche nach Versorgtwerden nicht als Gefahr empfindet? Nur, indem es in manchen Phasen ganz kindlich sein darf, reift das männliche Kind zum Jugendlichen und schließlich zum Mann. (Der berühmte Psychoanalytiker Winnicott hatte vor langer Zeit darauf hingewiesen.) Dazu bedarf es freilich einer weiteren Voraussetzung: des männlichen Vorbildes. Auch das hatte Rocky gefehlt. Auch deshalb musste er seine Männlichkeit so wild und ungezielt verteidigen, ihm fehlte der bewahrende Rahmen eines identifikationsstiftenden vorbildhaften Menschen, der ihm einen anderen Weg als den des Schlagens und Geschlagenwerdens wies.

Wie andere hyperaktiven Jungen auch, war Rocky – freilich ohne es sich zugeben zu dürfen – auf der Suche nach einem Vater oder einem Vaterersatz. Vielleicht hätten auch gelegentliche vaterähnliche Vorbilder eine vergleichbare seelische Funktion für diesen Jungen übernehmen können. Man kann sich durchaus vorstellen, dass bei den vielen vaterlosen Kindern auch Lehrer eine Zeit lang solche Bedeutung im Leben ihrer kleinen Schüler einnehmen könnten. Aber diese schönen Überlegungen entsprechen leider so gar nicht der Realität unseres Schulalltags. Nein, der Leistungszwang und der enorme Druck, der auf Kindern und Lehrern liegt, ist viel zu stark. Unter solchen Zwängen kann kaum ein Lehrer zu einem vorbildlichen Mann für Kinder werden, und kein Kind kann so viel Neugier und seelische Freiheit entfalten, dass es sich während des Unterrichts seinen träumerischen Assoziationen und Gefühlen überlässt: auf diesem Grund aber erwächst erst die Bereitschaft, einen Menschen als Vorbild zu akzeptieren und seine Verhaltensweise, seine Gestik, seine Stimme usw. »zu verinnerlichen«.

Hausmeister gesucht ...!

Die moderne Welt ist kalt, flach und leer für unsere Kinder, auch dies macht die Vaterlosigkeit zu einem solch ausweglosen Schicksal. Sogar der Hausmeister in den unwohnlichen Wohnblocks hatte früher eine gewisse, ans Väterliche erinnernde Funktion, indem er auf der Einhaltung von normativen Regeln bestand, gegen die die Kinder sich auflehnen und rebellieren konnten. Sogar der Polizist alter Prägung, der die Fahrräder der Jungen auf ihre Verkehrstauglichkeit überprüfte und alle Mängel und jeden Verstoß gegen die Verkehrsregel streng ahndete, stellte in gewissem Sinn eine Vatererfahrung für Kinder dar.

All diese Figuren gibt es nicht mehr (was nicht nur ein Nachteil ist!). Der moderne Kontaktbeamte, der sich über die Fußgängerzone bewegt, würde ein Kind nicht einmal ermahnen, wenn es verkehrswidrig an ihm vorbei rast. Ein Hausmeister – wenn es ihn noch gäbe – würde niemals die auf dem Rasen spielenden Kinder vertreiben, er wäre sich des Protests aller umliegenden Familien gewiss. Es gibt viel Freiheit und Großzügigkeit in der Kinderwelt, aber einen Ersatz für die Autoritäten, die über Regeln und die Verinnerlichung von Regeln wachten, die den Widerstand und die Moral der Kinder provozierten, gibt es nicht.

In einer flachen, langweiligen Welt ist gewissermaßen das »Identifikationspotenzial« der Kinder wie ausgestorben, nur im engen Raum der Familie kann sich solch eine Wahrnehmungsdichte herstellen, die ein Kind dazu veranlasst, einem Menschen in seiner Psyche Raum zu geben. Dies ist mit vielen Widersprüchen verbunden, als Ausdruck von Widerstand und von Zuneigung gleichzeitig. Solche komplexe Formen der Auseinandersetzung sind in der Öffentlichkeit nicht mehr denkbar, sie werden auch nicht gern gesehen. Auch dies gehört zum Drama des modernen Kindes.

Rocky also war, wie viele Kinder seiner Art, insgeheim auf der Suche nach einem Vater oder dem »Väterlichen«, aber er wollte und durfte es sich nicht eingestehen. Freilich wurde diese Leerstelle seiner Psyche, die ihm ein unkindliches Verhalten aufzwang, relativ schnell evident. Nur eine Antwort wusste ich auch nicht. Solche Leere kann durch keine psychologische Methode ausgeglichen werden. Ich saß der Mutter gegenüber, wir schauten uns an. »Wenn das Kind einen Vater hätte, wäre alles einfacher«, sagte ich. Die Mutter nickte. Sie wusste es. Wir schauten uns wieder an und waren hilflos. Beide.

18 DER HYPERAKTIVE GEHORSAM

Vorbemerkung

Ich habe den Gehorsam oder Übergehorsam der hyperaktiven Kinder bisher nur beiläufig behandelt, ein eigenartiges Phänomen. Er gibt Auskunft über ihre schwierige innere Verfassung. Wie der Hang zur Selbstüberschätzung wird auch er in den psychiatrischen Diagnosen und diagnostischen Manualen nicht erwähnt. Im wichtigsten Handbuch für Kinderpsychiater und Kliniker, dem DSM (Diagnostisch-Statistischen-Manual) sind Symptombilder der Hyperaktivität sorgfältig aufgereiht und in Subgruppen untergliedert, aber wesentliche Verhaltensweisen finden sich auch in der letzten Ausgabe von 1997 (IV.) nicht. So werden sowohl der Hochmut wie der Gehorsam übersehen, beides gehört nicht zu den auffälligen Störungen und steht weder für Eltern noch für Lehrer im Zentrum der Schwierigkeiten.

Dazu kommt ein zweites methodisches Problem. Es fällt schwer, in der Betreuung der hyperaktiven Kinder der Verkettung der Motive in lebensgeschichtlichen Zusammenhängen nachzugehen. Diese Kinder scheinen es ja geradezu darauf anzulegen, »Lebensgeschichte« als sinnhafte, ineinander bezügliche Folge von Motiven und Handlungen zu eliminieren. Dies ist auch der Grund dafür, dass analytisch orientierte Spieltherapien in der Regel scheitern.

Zweimal Sascha – und wer ist der Richtige?

Sascha sitzt vor mir, er schreibt voller Eifer, er versucht alle Rechtschreibregel zu beachten, es fällt ihm nicht leicht. In meiner Praxis ist das Rechtschreibtraining ein wesentlicher Teil der psychologischen Betreuung. Ich schaue dem eifrigen Sascha zu und vergesse beinahe, was in der prall gefüllten Akte, die neben mir auf dem Schreibtisch liegt, zu lesen ist.

Dort werden Saschas Missetaten aufgeführt, sie haben immerhin zu zwei Verweisen von den jeweiligen Schulen geführt, sie sind in der Summe beeindruckend oder erschreckend, ganz wie man will. Sascha ist ein Schläger, auf dem Pausenhof genügt ein Rempler, damit er wild zurückprügelt, Sascha – so steht dort – ist unfähig oder nicht willens, auch nur den geringsten Anforderungen und Anweisungen von Lehrern oder anderen erwachsenen Autoritäten nachzukommen. Sascha zeigt, kurz gesagt, alle Merkmale eines dissozialen Charakters.

Es fällt nicht leicht, den mit hochrotem Kopf über sein Heft gebeugten Jungen, der sich alle erdenkliche Mühe gibt, mit dem »Akten-Sascha« in Verbindung zu bringen. Vielleicht gibt es ja zwei Saschas oder mehr? Seine Impulsivität sucht sich natürlich trotzdem Wege. Jetzt gerade in Form von Rechtschreibfehlern, die Sascha unbesorgt in sein Heft kritzelt.

»Sascha«, sage ich mahnend, »wenn ich noch einen einzigen Flüchtigkeitsfehler bei dir entdecke, schreibst du zehn Mal: Ich muss mich konzentrieren.« Das sollte ein Witz sein.

Aber Sascha ist gewohnt, meine Worte buchstäblich und sehr ernst zu nehmen. Er schaut besorgt auf sein Schreibheft, findet natürlich mehr als nur einen Flüchtigkeitsfehler – nämlich zwanzig! –, kramt einen Zettel hervor und beginnt zu meiner Verblüffung brav zu schreiben: Ich muss mich konzentrieren, ich muss mich konzentrieren …

Viermal, fünfmal … Na ja, denke ich, jetzt gibt er gleich auf. Doch Sascha lässt sich nicht entmutigen. Er, der Schrift ungefähr so hasst wie ich als Kind Rosenkohl, schreibt gehorsam und eifrig weiter: Ich muss mich konzentrieren, ich muss … usw. Acht Mal, neun Mal, zehn Mal, dann schaute er befriedigt von seiner Arbeit auf und sieht mich an.

Sascha will auch eine Zukunft haben …

Das geschah vor etwa vier oder fünf Monaten, und noch heute frage ich mich gelegentlich: Was war da in seinem Blick? Was erwartete er von mir? Was zwang ihn zu einer Handlung, die zu seinem sonstigen Verhalten in so krassem Gegensatz steht?

Ich schüttelte langsam den Kopf. »Sascha, Alter!« sagte ich, »was soll bloß aus uns beiden werden?« Aber Sascha ist, was seine Zukunft betrifft, voller Zuversicht, und ich bin es mittlerweile auch.

Saschas Geschichte ist durchaus typisch, aber wofür? Ich kann aus dem Stehgreif fünf oder sechs weitere »Sascha-Geschichten« erzählen, Geschichten vom Gehorsam und Übergehorsam der so genannten »dissozialen Kinder«, Geschichten von verbissenem Eifer, mit dem sie bereitwillig und mit offenkundiger Erleichterung einer erwachsenen Autorität folgen, obwohl sie sonst die einfachsten und selbstverständlichsten Anforderungen verweigern. Sie geben uns eben immer Rätsel auf – wenn sie ausführen, was wir von ihnen verlangen, und ebenso, wenn sie konsequent das Gegenteil tun. Warum ist das so?

Meine Antwort: Diese Kinder wissen, dass sie verloren sind. Sie haben keine Erwartungen. Von der an Normen gebundenen Alltagswelt erhoffen sie nichts. Dies führt regelmäßig dazu, dass alle Versuche, mit einsichtigen Vernunftgründen auf sie einzuwirken, kläglich scheitern. Vernunft und realistische (normgebundene) Begründungen für dies oder jenes berühren sie an ihrem wundesten Punkt. Sie schreien buchstäblich auf, als wären sie geschlagen worden, manche lassen sich – nur, weil ihnen eine einfache Anweisung gegeben wurde – unvermittelt auf den Boden fallen und strampeln wie Kleinkinder im Trotzalter, andere schlagen buchstäblich um sich, die meisten ziehen sich in ein mißmutiges Schweigen zurück. Auch die wohlmeinendsten Menschen fahren bei solcher Heftigkeit erschrocken und resigniert zurück und erklären diese Kinder für unberechenbar.

Warren Barkley, ein einsichtiger amerikanischer Kinderpsychiater, formulierte es so: »Die Zukunft liegt vor diesen Kindern wie ein großes leeres Nichts.« Wer keine Zukunft hat, hat kein sinnhaftes Zeitempfinden. Damit werden auch kleinere Aufgaben zu einem Berg an Zumutung und Anstrengung, der wie endlos in der unstruktierten Zeit liegt und einen erdrücken kann. Jede Aufgabe wird zu einer gewaltigen Anhäufung, die nicht überschaubar ist. Diese Kinder resignieren buchstäblich vor ihrer Zukunftsleere, jedesmal, wenn sie, wie uns scheint, so unberechtigt und unverhältnismäßig abwehrend reagieren. Wie Kleinkinder eben, die auch verzweifelt in Tränen und Gebrüll ausbrechen, wenn sie einen Fluppy nicht bekommen oder wenn ihnen ein Eis versagt wird. Wie in alle Ewigkeit sollen sie von ihren Wünschen ausgesperrt bleiben! Wie in alle Ewigkeit, so muss es auch den ADS-Kinder mit ihrer verarmten Zeitempfinden erscheinen, werde ich Aufgabe um Aufgabe erfüllen und das nimmt kein Ende …

Aus diesem Grund versuche ich im allerersten Schritt der Betreuung, ihnen zuerst einmal Hoffnung zu machen. Erwartungen zu stiften, die die Zeit als Zukunft und Gegenwart strukturieren. Damit das

Selbstgefühl der Kinder überhaupt über sich selbst hinausgreift, damit Zukunft eine erwartete und nicht leere Zeit ist, die Erfüllung birgt und nicht nur ein großes Nichts – dafür ist jede Hoffnung, jede kleine Erwartung gut. Es kann ruhig eine Hoffnung wider alle prognostische Vernunft sein. Wer mit hyperaktiven Kindern in ihrer grauen resignativ gestimmten Zukunftslosigkeit nur bestehende Normen einzuüben versucht, wie es in vielen Erziehungsberatungsstellen lernpsychologischer und verhaltenstherapeutischer Programmen geschieht, hat zu wenig von ihnen verstanden.

Die Hoffnung ist freilich ganz und gar mit der Person des jeweiligen Betreuers »verwachsen«, einen anderen An-»halts«-punkt gibt es in ihrer Realität nicht. Wie könnte sie für diese desorientierten, ratlosen und dabei so trickreichen Kinder auch anders glaubwürdig sein, als dadurch, dass der Hoffnung gebende Erwachsene *in der Welt und gegen die Welt* steht, sozusagen wie ein Fels in der Brandung. Gelingt es ihm nicht, diesen Eindruck hervorzurufen, dann wird er dem überaktiven Kind nicht helfen können. Er muss durch seine Person belegen, dass es eine Chance gibt.

Die Realität belegt das ja nicht, die Zensuren in der Schule und die Reaktionen von Eltern und Lehrern und den Spielkameraden belegen es auch nicht, sondern lassen bei realistischer Betrachtung genau das Gegenteil erwarten. Wir verstehen also, Anpassung und Anerkennung aller realitätsgebundenen Maßstäbe nützen diesem Kind nicht. Es verweigert sie mit gutem Grund. Nein, *dieser* Erwachsene, diese Vertrauen stiftende Person muss *stabiler und wirkungsvoller erscheinen* als die ganze Realität mit ihren vielen Regeln und Vorschriften, Bewertungen und Gutachten, langweiligen Normen und regelhaften Ansprüchen. Der da, mein Betreuer, der steht gegen oder neben dem allen, deswegen machen mir seine Vorschriften, Aufgabenstellungen, Benotungen viel weniger Angst als andere!

Damit fängt alles an, mit einer unvernünftigen Hoffnung.

Wenn hyperaktive Kinder im unübersichtlichen Gleiten der Zeit, im Wirbel ihrer Gefühle und Impulse endlich einen Bezugspunkt gefunden haben, der ihnen konkret und unüberschreitbar erscheint, dann sind in ihrer diffusen Welt alle Voraussetzungen für Gehorsam und Aufmerksamkeit hergestellt. Es handelt sich bei ihnen also um einen ganz anderen Gehorsam als den »normaler« Kinder. Diese folgen, wenn sie den Anweisungen der Erwachsenen nachkommen, bestimmten, ihnen kognitiv zugänglichen Realitätsaspekten und -bedingungen. Für ADS-Kinder hingegen gibt es keinen Zusammenhang zwischen Realitätseinsicht und Gehorsam. Bei ihnen existiert alles unverknüpft nebeneinander und deshalb ist alles immer total, der Trotz oder das Gehorchen. Die Zustimmung zur erwachsenen Autorität oder die Ablehnung. Ein »Dazwischen« gibt es nicht.

Umso eifriger und intensiver hören sie – wenn sie sich tatsächlich dazu entschlossen haben – auf diese *eine* Stimme, zu der sie Vertrauen gefasst haben. Umso hartnäckiger und penibler versuchen sie, diesen besonderen Anweisungen Folge zu leisten, sozusagen ohne Rücksicht auf sich selber und andere (so wie Sascha in meiner kleinen Geschichte). Fatalerweise kann es deshalb passieren, dass sie eben *wegen* ihres Gehorsams, eben weil sie einer erwachsener Anordnungen so übereifrig folgen, über eine wiederum andere Norm stolpern, die sie vor lauter Konzentration und Bemühen prompt übersehen haben. Und schon sind sie buchstäblich wieder »die Dummen«.

Dann stellen sie sich schon wieder dumm an ...

Aus der Perspektive der Eltern und manchmal auch unkundiger Psychologen erscheint es dann so, als würden die Kinder auf eine verwirrende Weise einerseits eine gewissen Realitätsanpassung zeigen, sie aber gleichzeitig wieder über den Haufen werfen. Als hätten sie sich gerade eben noch angepasst und vernunftorientiert gezeigt, verhalten sie sich aber zwei Minuten später schon wieder unaufmerksam und gleichgültig. Diese Betrachtungsweise verfehlt die Realität der Kinder vollständig: Sie hatten sich soviel Mühe gegeben. Und ernten wieder nur ein Kopfschütteln oder Geschimpfe.

In Wahrheit ist es einfach so, dass sie vollständig um Gehorsam bemüht waren, dabei aber, wie es ihre Art ist, die Realität zu wenig zur Kenntnis genommen hatten, »überfokussiert« auf die eine Anweisung achteten und alles andere vergaßen. So erscheinen sie einerseits übereifrig, andererseits tollpatschig, einerseits übermäßig bemüht, andererseits vergesslich und gleichgültig oder nachlässig. Wieder einmal laufen ihre besten Anstrengungen ins Leere und enden in einem Desaster.

So kann es also paradoxerweise geschehen, dass diese unglücklichen Kinder oder Jugendlichen gerade mit ihrem eifrigen Gehorsam den Lehrherrn oder anderen Bezugspersonen gehörig auf die Nerven gehen. »Irgendwie ist dieser Junge ein Arschkriecher« sagte mir ein sehr freundlicher, sehr väterlicher Lehrherr über einen 16-Jährigen, der zuvor zwei Jahre zu mir gekommen war. Der Junge war zuletzt in der Lage, in einem guten, ja erstklassigen Betrieb eine Lehre zu absolvieren. Wir hatten gemeinsam viel gelernt, Befolgung von Normen und relative Geschicklichkeit, gegliederter Ablauf von Handlungen und ein gewisses Selbstvertrauen (self-awareness), und wir hatten uns beide sehr gefreut, dass er diese Lehrstelle erhalten hatte. Aber trotz aller Fortschritte war ein klarer Bezug auf eine – und nur diese einzige – erwachsene Autorität für ihn vonnöten. Damit war, wie sich nun zeigte, der väterliche und gutwillige Lehrherr überfordert.

Dieser Eifer und die übermäßige Bereitschaft des Jungen, ständig um ihn herum zu springen und gebannt auf seine Anweisungen zu warten, gingen ihm auf die Nerven. Ihm erschien das alles übertrieben! Das war nicht die Art von Disziplin, die er von seinen Lehrlingen erwartete. Er verstand und sah an dem Jungen nicht seine Orientierungsnot, sondern nur seine Beflissenheit, aber beflissene Menschen mochte er nicht und wollte sie auch nicht um sich haben.

Freilich sind die Zusammenhänge nicht so kompliziert, dass man sie einem gutwilligen Menschen nicht erklären könnte (auch Lehrer würden sie verstehen, wenn sie endlich lernten zuzuhören). In einem längeren, ruhigen Gespräch war es mir möglich, dem älteren und – nebenbei bemerkt – überaus sympathischen Mann einen Einblick in die seelische Realität dieses halberwachsenen Kindes zu geben. Danach verstand er die innere Notwendigkeit, die den Jungen (den er im Übrigen sehr mochte) dazu trieb, ihm anders, intensiver, gleichzeitig unruhiger zuzuhören und seinen Anweisungen anders zu folgen, als es die übrigen Lehrjungen taten. Als er es verstanden hatte, konnte er es auch akzeptieren. Er begriff, dass dessen Übereifer nichts mit »Arschkriecherei« zu tun hatte.

Einer muss sie vor sich selber schützen!

Ein zweiter Aspekt spielt bei dem Versuch, die bereitwillige Autoritätsbindung der sonst so oppositionellen Kinder zu erklären, eine bedeutsame Rolle: Diese Kinder leben in einer diffusen, unerklärlichen und unübersichtlichen Welt. Nicht nur unüberschaubar ist sie, sondern auch bedrohlich. Bedrohlichkeit liegt sozusagen wie ein Schatten über allem und jedem. Jederzeit kann eine schwierige Situation, eine unbewältigbare Lage eintreten und die Kinder überfordern. Sie sind permanent in einer aggressiven Spannung gehalten, fortwährend auf dem Sprung. Allem, was sie tun und empfinden, ist ein Gefühl von Misstrauen und Abwehr beigemischt.

So drohen ihnen Gefahren von innen und außen. Von innen droht Gefahr, weil sie ihre Abwehr nicht in Zaum halten können und weil ihre Impulsivität kräftiger ist als ihr ungefestigter Verstand und einfach durchbricht – schon schlagen sie wieder um sich oder schreien wild herum und sind nicht zur Ruhe zu bringen.

Gefahr droht außerdem, weil von der äußeren Welt permanent Kränkungen zu erwarten sind. Da genügt schon ein Anrempeln auf dem Schulhof oder die letzte »Meckerei« von Mama am Frühstückstisch (»Nun sei nicht so langsam, pack endlich deine Tasche, hast du an den Hausschlüssel gedacht – natürlich nicht!«), dazu die Angst vor schlechten Noten und abfälligen Kommentaren der Lehrer, und wieder »explodieren« sie. Solche Explosionen sind zum einen Ausbrüche unerträglich angestauter Gefühle, zugleich – und das ist mindestens gleichwertig – geben sie dem diffusen Chaos in ihrem Kopf und in ihrer Welt wenigstens für einige Augenblicke eine klare Struktur, Anfang und Ende, Sieg und Niederlage, Eindeutigkeiten eben. Auch deshalb schlagen sie zu. Manchmal schlagen sie eben auch mit den Fäusten an den eigenen Kopf oder rennen den Kopf voraus gegen eine Wand oder einen Türpfosten. Damit endlich ein eindeutiges Gefühl und endlich eine eindeutige Handlung da ist und alles übertönt, was sonst so wirr in ihrem Kopf und ihren Gefühlen tobt.

Mit anderen Worten, sie leben in einer aggressionsgestimmten, willkürlichen Welt, innen und außen. Wenn nun also eine Autorität – wenigstens eine! – in ihr Leben eingreift, die die Kraft hat, ihnen Ordnung vorzugeben, an die sie sich in ihrer Not halten können, die zugleich genügend Macht ausstrahlt, um ihre Impulse zu bannen – dann ist das wie eine Erlösung. Sie muss allerdings äußerst präsent sein, »stark« – was immer ein 10- oder 16-Jähriger darunter verstehen mag – und vor allem *unüberschreitbar*. Sie muss sich in ihren rastlosen Gehirnen so stabil festsetzen, dass keiner – auch der Junge selber nicht – sie zur Seite stoßen kann. Die Autorität bannt mit den aggressiven Impulsen zugleich den Charakter der Bedrohlichkeit, den die Außenwelt fortwährend annimmt. Sie wird dringlich benötigt. Was wundern wir uns also, dass sich die kleinen und sogar die älteren Hyperaktiven an sie klammern und auf den Verlust einer endlich gefundenen persönlichen Autorität mit umso verzweifelterer Dissozialität reagieren.

Teil 4

GEWALTPHÄNOMENE UND ÖFFENTLICHE UNORDNUNG

Wir haben uns die Verfassung moderner Familien angesehen und festgestellt, dass vieles in der modernen Familien-Kultur bei den Kindern Dispositionen zu Ungeduld und Rücksichtslosigkeit, Überimpulsivität und Perfektionswunsch hervorruft. Wir haben auch gesehen, wie ein Mangel an stillem »Versorgt-Sein« in der frühen Kindheit diese Verhaltensweisen ebenso vorbereitet. Eine nicht weniger wichtige Ursache für die seelische Not unserer Kinder ist die Tatsache, dass sie auch auf der Straße, auf dem Pausenhof der Schule, auf dem Spielplatz und im Kindergarten latenter und immer wieder offen aufbrechender Gewalt ausgesetzt sind. »Gewalt unter Kindern« ist fast schon, wie die so genannte »Hyperaktivität«, ein Modethema. Ebenso bedeutsam und folgenreich ist aber die Tatsache, dass unterhalb einer liberal und kinderfreundlichen Oberfläche die deutsche Gesellschaft – in ihren Falten, Rissen, Zwischenräumen – kinderfeindlich ist. Familien bekommen es auf oft subtile Weise Tag für Tag zu spüren.

19 FAST SCHON EIN NACHWORT: WARUM DIE DEUTSCHEN IHRE KINDER NICHT LIEBEN

Von Sascha und seinem Gehorsam habe ich berichtet, Sascha, ein dissoziales Kind, das zu Hause und in der Schule schwierigste Probleme bereitet. Der Junge ist in der Diktion der Kinderpsychiatrie ohne Zweifel ein »hyperaktives Kind mit opositionellem Problemverhalten«. Ich habe erzählt, wie sehr sich sein Verhalten verändert, wenn er an meinem Schreibtisch sitzt, mit seinen aufmerksamen Augen auf meine Anordnungen wartet und sie penibel ausführt. Seine Mutter berichtete, dass außer in den Therapiestunden nur bei einer einzigen weiteren Gelegenheit dieselben Verhaltensänderungen sichtbar werden. Nämlich dann, wenn Sascha seinen Freund Algie besucht.

Auch Algie ist nicht eben ein stiller Junge, auch er ist impulsiv, mitunter gibt es Ärger in der Schule oder auf dem Pausenhof, aber alles in allem ist Algie – anders als Sascha – »integriert«. Das heißt, er hat sich jederzeit in der Hand, er kann seine Impulse zurücknehmen, wenn er will. Er kann sich selber regulieren und seine Handlungen durch den Willen steuern. Sascha kann dies alles nicht, oder eben nur in Anwesenheit von Autoritäten, die er respektiert. Und davon gibt es nicht viele.

Aber Algies Vater ist für Sascha eine Autorität. Die Mutter berichtet: Im Rahmen dieser Familie – es gibt noch drei weitere Kinder – verhält sich Sascha geordnet, freundlich, geradezu zuvorkommend. Sascha sieht, wenn Algies Papa kein Bier in seinem Glas hat und springt auf. Algie selber tut das nicht, aber wenn sein Papa sagt: »Hol mir die Joghurt aus dem Kühlschrank«, dann zögert Algie nicht, er käme gar nicht auf die Idee. Er stellt die Legitimität dieser Anordnung nicht eine Sekunde in Frage. Er befolgt sie. In diesem Klima fühlt Sascha sich wohl, er ist wie ausgewechselt. Niemand würde in ihm den kleinen Schläger vermuten, den die Lehrer beklagen.

Mit anderen Worten, Sascha ist chaotisch nur dort, wo Chaos herrscht. Er ist dissozial nur dort, wo Dissozialität spürbar ist. Er ist gewalttätig nur dann, wenn er sich zur Wehr setzen muss. Er ist keineswegs – was eine rein testpsychologische Diagnostik nahe legt – gewalttätig aus sich selber heraus, er ist nicht überaktiv aufgrund einer genetischen Veranlagung, er ist nicht auffällig, weil er eben auffällig ist. Sascha hat für sein Verhalten *Gründe*. Gibt es in seinem Leben in dem Maß Ordnung, dass diese Gründe entfallen, dann verschwindet auch seine Dissozialität.

Es gibt es einen weiteren Aspekt, der mir sehr wichtig ist. Algies Mutter erwähnte ihn, als ich – auf Saschas und Algies Einladung hin – diese Familie besuchte und ein sehr angenehmes Abendessen mit ihnen hatte. Wir sprachen einen ganzen Abend lang über Familien und ihre Traditionen, die Einbettung der Kinder in solch familiären Bindungen, Erziehung ganz allgemein. Zum Abschied an der Tür sagte Algies Mutter: »Die Deutschen lieben ihre Kinder nicht, das ist das ganze Problem!«

Ich habe ihr natürlich widersprochen. Ich sagte: »Das stimmt nicht, die Deutschen lieben ihre Kinder durchaus. Nur ist es leider …« Dieses »Nur« ist entscheidend. Dieses »nur« ist das ganze Unglück der hyperaktiven und perfektionssüchtigen, der unruhigen und essgestörten, bewegungsarmen, psychomotorisch ungelenken, lernschwachen Kinder. Das »Nur« ist an allem schuld. Nur! Die Deutschen lieben ihre Kinder durchaus, nur ist es eine eingeschüchterte Liebe, eine, die keinen Blick für die Zukunft hat, sondern auf die Befolgung der Normen der Gegenwart starrt, eine, die in sich selber ohne Gelassenheit und Großzügigkeit ist und insofern ohne Vertrauen in das eigene Elternsein. Es ist eine Liebe, die ständig auf der Suche nach Bestätigung ist. Und woher soll die schon kommen? Da es keine festen Normen und keine verlässlichen Bewertungen mehr geben kann, sucht man diese Verlässlichkeiten eben im Vergleich mit anderen Familien und anderen Kindern, in der Rivalität, in der eifrigen Selbstdarstellung. Diese Verhaltensweisen korrespondieren unmittelbar mit einem sehr eingeschüchterten, eingeengten Verständnis von familiärem Leben, von Miteinander der Eltern und Kinder. Auch hier ist eine ständige Unruhe spürbar, die sich im Harmonieverlangen äußert. Jeder Konflikt scheint das Risiko der Erschütterung in sich zu bergen, die alles zerstören könnte. Soviel Konfliktscheu und so viel sentimentale Sehnsucht nach Harmonie! An nichts sonst lässt sich die tief empfundene Unsicherheit, das Ungeborgene im Rahmen deutscher Familien besser ablesen.

Die Eltern wollen ständig, dass ihre Kinder ihnen beweisen, dass sie gute Eltern sind. Aus sich selbst heraus glauben sie es nicht. Und die Kinder geraten damit in einen Bewährungszwang, dem sie nicht standhalten. Sie hauen dann ab, sie fliehen. Aber sie fliehen gar nicht immer auf die Straßen oder in die Sucht oder in kriminelles Verhalten. Die meisten flüchten einfach nur vor den Fernsehapparat, wissen mit sich selber nichts anzufangen. Oder sie fliehen in die virtuellen Welten des Computers, wo sie auf dem Monitor aufregenden Spiegelbildern – artifizielle Bilder eines übersteigerten Selbst – begegnen und eintauchen in eine Welt, die sie von der Mutlosigkeit und Risikoarmut, kurz der Langeweile des familiären Alltags befreit. Sie fliehen vor jedem Anspruch, der in der Schule oder im Verein an sie gerichtet wird. So wird ihnen die Schrift zur Qual – statt zum Versprechen ungezählter Leseabenteuer. So wird ihnen die Zahl zum Zwang – statt zur Einführung in die Künste der Abstraktion. So wird für sie alles, was nicht sofort erfüllbar ist und auf der Stelle zufrieden stellt, alles, was sie nicht »in Ruhe« (also bewegungsarm, denkarm, gefühlsarm) lässt, unerträglich.

Wenn sich dieser Mangel an Interesse und Bindung schließlich zum »schwierigen«, hyperaktiven oder essgestörten oder sonstwie selbstschädigenden Verhalten hin entwickelt, wird die Konfliktscheu und Harmoniesucht der Familien vollends zur Katastrophe. Eltern trauen sich nicht, ihren Kindern den Fernsehapparat vor der Nase auszumachen, sie trauen sich auch nicht, sie in Vereinen anzumelden und darauf zu achten, dass sie auch hingehen. Sie trauen sich überhaupt nicht, irgendetwas zu fordern. Ihre Forderungen und ihre Strenge würde auch nicht viel nützen, denn sie haben ja selber keine Ziele, die sie den Kindern vorgeben könnten. Unter der Harmonie – spätestens jetzt wird es spürbar! – schwelt eine entsetzliche Leere. Es ist die Leere des Narzissmus, der sich auf die Enge des Familienkreises – und in ihm auf das jeweilige Befinden des Egos – zurückzieht und dort nichts findet außer einer ungestillten Sehnsucht, die in permanente Unruhe umschlägt.

Sie haben ihren Kindern nichts zu sagen, nicht genug. Und das gilt in der doppelten Bedeutung des Wortes. Erziehung setzt eine tiefe Authentizität des Verhaltens und des Selbstgefühls voraus. Dass diese fehlt, ist das ganze Drama des modernen Kindes.

Wir sind diesem Drama über viele Verästelungen nachgegangen, ich habe es entlang von zwei Hauptmotiven – Hyperaktivität und Essstörung – nachgezeichnet, in denen es sich in der Welt der modernen Kinder vorwiegend bemerkbar macht. Beide Problembilder spitzen sich außerdem in manchen Fällen auf eine Weise zu, die uns erschreckt, nämlich in Selbstverletzungen. All diese Signale unserer Kinder erhellen sich wechselseitig, sie haben gleiche Ursachen, sie entstammen demselben sozialen, familiären, kulturellen Gefüge. Sie spiegeln sich ineinander.

Hyperaktive Jungen neigen dazu, mit dem Kopf buchstäblich gegen die Wand zu rennen oder sich die Faust selber ins Gesicht zu schlagen, essgestörte Mädchen verletzten sich, wenn ihnen der Ausweg in die orale Sucht versperrt wird und neigen andererseits, wenn ihnen die Zufügung von Schmerzen unmöglich gemacht wird, sofort wieder dazu, sich vollzustopfen und zu erbrechen oder ihren Körper auszuhungern. Ich habe dieses Ineinander-Kreisen der Symptome im Laufe dieses Buches darzustellen versucht.

Aber im Zentrum meiner Betrachtungen stehen die Eltern. Ihr Mangel an Authentizität ist eine Katastrophe für jedes Kind, mögen sich die Folgen auch auf unterschiedliche Weise zeigen. Die Familien spiegeln wiederum nur die offenen und verborgenen Tendenzen der sie umgebenden und bestimmenden Kultur. Es ist eine Kultur der Endzeit. Nur Eltern und sonst niemand kann den Kindern in solchen Phasen des Wandels Sicherheit und Schutz geben und ihnen die Ausstattung für ein lebendiges, den Menschen und Dingen zugewendetes Verhalten und Fühlen vermitteln. Aus dieser Feststellung müssten sich eigentlich eindeutige sozial- und schul- und allgemein kulturpolitische Konsequenzen ergeben. Das ist aber nicht der Fall. Die deutsche Gesellschaft ist bis in die Verästelungen der sozialen Gesetzgebung, der Steuerregulierung, der Ausstattung kommunaler Einrichtungen, der Wertigkeit von Kindern im beruflichen Ansehen von Vätern und Müttern, bis in die Schulen mit ihren erstarrten antimodernen Tendenzen und vielem anderen sehr kinderfeindlich. So fein und so verzweigt ist dieser Modus der Abwehr alles Kindlichen in die Ritzen und Falten des Alltags eingesenkt, dass es keine Hoffnung auf eine Wende gibt. Freilich ist auch richtig: Eine Gesellschaft, die ihre Familien und die Kinder im Stich lässt, zeigt sich gegenüber der eigenen Zukunft, ja, gegenüber dem eigenen Fortbestehen, dem Überleben als Gemeinschaft gleichgültig. Eine solche Gesellschaft ist dem Gedanken des eigenen Todes zugewendet … Dazu erzähle ich eine Geschichte, eine kleine unspektakuläre Geschichte, aus der uns die kollektive Kultur des Todes mitten im Alltag entgegenblickt.

Alles so schön bunt hier ...!

Wir wohnen in Hannover, einer gemütlich protestantisch gestimmten kleineren Großstadt im Norden Deutschlands. Aufregend geht es hier nicht zu, eher ein bisschen gemächlich, ein bisschen spießig, nicht so hektisch und kalt wie Berlin, wo wir vorher zu Hause waren. Eine Stadt, sollte man meinen, die für Kinder nicht die schlechteste ist. In Hannover leben wir in einer schönen Altbauwohnung, überhaupt einem sehr angenehmen Viertel, durch das eine fast zwei Kilometer lange Fußgängerzone hindurchführt. Zwei Spielplätze sind ganz in der Nähe; wenn wir aus der Haustür treten, schauen wir auf einen großen, grünen Obst- und Gemüsestand mit breit ausladendem Angebot, der von freundlichen Russen betrieben wird, sie stecken unserer sechsjährigen Tochter jeden zweiten Tag eine Banane oder einen Apfel zu. Im Sommer sind gleich drei Eisdielen geöffnet, die kinderfreundlichen Italiener rufen unsere Kleine manchmal zu sich und drücken ihr ein »Banilleeis« in die Hand, im Übrigen gibt es viele kleine Geschäfte links und rechts mit manchmal mürrischen, manchmal freundlichen Verkäufern und Kunden, die es immer ganz ungeheuer eilig haben. Kurzum, für die Verhältnisse einer deutschen Stadt handelt es sich um ein kleines Paradies für Kinder und Familien. Sollte man meinen. Aber so ist es nicht.

Manchmal schreien die Mütter erschrocken auf ...

An sonnigen Tagen ist diese Fußgängerzone überfüllt, von einem Kindermangel in Deutschland merkt man hier nichts, zahllose kleine Wesen – oft mit ungelenken ersten Gehversuchen – hampeln und zappeln über das Trottoir, ältere Leute aus einem nahe gelegenen größeren Seniorenheim mischen sich darunter. Ein friedliches Bild. Selbstverständlich ist tagsüber das Radfahren auf dieser Fußgängerzone untersagt. Es ist einfach zu risikoreich. Radfahrer könnten jederzeit ein tollpatschiges Kleinkind, das unvermittelt zur Seite hüpft, überfahren oder einen alten Menschen anrempeln und zu Boden reißen. In jeder Zivilisation, die den Namen verdient, gelten Kinder und Alte als schutzbedürftig und schützenswert. Das liegt ja alles auf der Hand. Sollte man meinen. Aber so ist es nicht.

Diese Fußgängerzone ist kein Paradies für Kinder, für die Mütter auch nicht, sie ist ein ständiges Risiko. Nahezu ununterbrochen fahren, nein rasen Radfahrer (und keineswegs nur junge) in verwegenen sportlichen Schwungbewegungen und oft – gerade die Älteren – in lächerlicher Radrennkleidung, um die Kleinsten herum, weichen den Alten kaum aus, hasten haarscharf an Kinderwagen vorbei, vor allem in den Sommertagen hört man immer wieder die erschrockenen Ausrufe der Mütter, die ihre Kinder, die herumlaufen möchten, zurückrufen … »Pass auf!« Väter sind zu sehen, die erschrocken die Schulter hochziehen und sich nicht trauen, den Mund aufzumachen. Keiner hält die Raser auf, keine Ermahnung, keine Bitte um Rücksicht, nichts. Die Bürger Hannovers – wie die anderer Städte – blicken stumm und stur auf das drohende Unheil, und sagen kein Wort. Im letzten Sommer sah ich, wie eine alte Frau zu Boden geschleudert wurde, sie war, wie sie hinterher erzählte, 82 Jahre alt. In diesem Alter machen sich komplizierte Brüche oft erst Tage später bemerkbar. Während wir der Frau aufhalfen, hetzten Radfahrer unbeeindruckt und ungehindert an uns vorbei. Glauben wir wirklich, unsere Kinder sähen das nicht und zögen nicht ihre Konsequenzen daraus?

Das Kind hatte einen Schutzengel …

An so einem Sommertag wurde meine damals 5-jährige Tochter von solch einem Radfahrer in hoher Geschwindigkeit buchstäblich »über den Haufen gefahren«. Sie lief nicht etwa in das Rad hinein, sie machte keine ungeschickten Bewegungen, sie *stand*. Der Radfahrer in wild sportlichem Schwung raste einfach über sie hinweg, sie schlug mit dem Kopf auf. Sie hätte schwer verletzt sein können, sie hätte tot sein können. Sie wurde in einem Rettungswagen, begleitet von zwei – wie man sich vorstellen kann – in panische Angst versetzten Eltern in eine Kinderklinik gefahren, dort musste sie über drei Stunden warten, bis sich der erste Arzt näherte. Sie blutete, der Kopf schwoll an, die Schwere der Verletzung war nicht abzumessen. Drei Stunden davor gab es eine umständliche Aufnahme von Personalien. In der Zwischenzeit traumatisierende Geschehnisse im Krankenhaus rund herum. Eine Schwester stürzte durch die Tür und rannte in ein Nebenzimmer, sie rief: »Um Gottes willen, das Kind stirbt.« Man hörte die Schreie einer Mutter.

Dies alles hat sich dem 5-jährigen Mädchen eingeprägt. Solche Dinge vergisst man nicht.

Ich will den Vorgang nicht unnötig dramatisieren, es stellte sich heraus, dass kein Schädelbruch, wie befürchtet, vorlag. Die Verletzungen waren äußerlich. Zum Abschied sagte eine freundliche Kinderschwester: »Ihr Kind hat einen Schutzengel gehabt.« Ein Verdacht auf Kieferbruch allerdings ließ sich erst im Verlauf von weiteren 12 Tagen, nämlich nach Abschwellung der blutunterlaufenen Hämatome auf der linken Gesichtshälfte, ausschließen.

Das Risiko, das von den Radfahrern für die Kinder ausgeht, hatte ich vorher schon beobachtet. Es ist gar nicht zu übersehen. Ich hatte in einem Brief an die lokale Zeitung darauf hingewiesen, er wurde nie gedruckt. Ich hatte mehrmals versucht, die Polizei in der zuständigen Wache für das Thema zu interessieren. Die Reaktionen waren höflich und abweisend. Wir haben kein Personal, tut uns Leid!

Nach dem Unfall, der kein Unfall war, sondern ein Vergehen an Kinderrechten, nämlich am Recht auf Schutz durch die soziale Gemeinschaft, schrieb ich in einem Offenen Brief an den Oberbürgermeister der Stadt Hannover: »Eine Gemeinschaft, die ihre Kinder nicht schützt, wird auf Dauer nicht überleben. Und sie ist das Überleben auch nicht wert.« Ich schrieb weiter: »Eine Gemeinschaft, die ihre Kinder nicht schützt, wird von diesen Kindern nicht respektiert werden. Die Folgen dafür tragen wir alle.« Der Oberbürgermeister der Stadt Hannover antwortete, er weise alle Vorwürfe zurück. Er hatte meine Worte nicht verstanden. Nein, dachte ich, als ich seinen Antwortbrief las, die Deutschen lieben ihre Kinder wirklich nicht. Algies Mutter hatte Recht.

Ein Kind weint, Papa lächelt verlegen …

Nach dem Unfall gab es mindestens im Stadtviertel, in dem unsere Fußgängerzone liegt, eine erkennbare Betroffenheit. Wir haben Warnschilder ausgehängt und alle Geschäfte entlang der Fußgängerzone räumten uns dafür einen gut sichtbaren Platz ein. Auch das gehört zur Wahrheit meines Bildes. Es gab eine Stimmung der Empörung, inzwischen ist sie abgeflaut. Es gab im Rahmen einer Bezirksversammlung einen einstimmigen Beschluss, von allen Parteien getragen (nach längerem Zögern sogar von den »Grünen«), dass das Fahrverbot besser kontrolliert und ausgeweitet und den Radfahrern gleichzeitig alternative Fahrwege auf den Straßen rings um die Fußgängerzone angeboten werden. Dieser Vorschlag ging an den Rat der Stadt Hannover, dort versandete er.

Nicht, dass dort oder anderswo jemand etwas gegen Kinder hätte. Es ist einfach so, dass die Beschäftigung mit Kinderthemen der Karriere nicht auf die Beine hilft, in der Politik nicht, in der Wirtschaft schon gar nicht, auch sonstwo nirgends. Sie bringt kein Profil, kein Ansehen, wertet die eigene Bedeutung nicht auf. Kinder sind einfach kein Thema. Eben dies macht die alltägliche Todeskultur aus. Sie ist nicht grausam, sie ist banal.

In der Zwischenzeit sah ich, wie ein etwa 7-jähriges Mädchen, ein schmächtiges Kind, wieder unmittelbar vor unserer Haustür, in einen vorbei jagenden Radfahrer hinein lief und stürzte. Offensichtlich war nichts Schlimmeres geschehen. Das Kind lief laut weinend zu dem abseits stehenden Vater. Ich schaute in sein Gesicht. Er nahm das Mädchen zwar in den Arm, lächelte aber gleichzeitig den Radfahrer entschuldigend an. Für sein Kind hatte er keinen Blick. Der Radfahrer lächelte zurück, dann lachten beide. Es war ja nichts passiert! Nur ein riesengroßer Kinderschreck, also eine Peinlichkeit. Was, überlegte ich, veranlasste den Vater zu seiner devoten Geste? Nun, das lag auf der Hand. Der Radfahrer fuhr mit einem dieser neuen hochtechnisierten Räder, die eine besonders hohe Geschwindigkeit erreichen, er trug eine teure Radfahrer-»Uniform«, der Helm hing sportlich-verwegen am Rücksitz, kurzum, dieser Botschaft vom feschen modernen Leben, von Geschwindigkeit und Fitness, hatte der Vater nichts entgegen zu setzen. Solchen Signalen gegenüber war er auf Anpassung konditioniert. Sein Lächeln deutete seine Unterwürfigkeit an. Das Mitgefühl für sein Kind erstickte darin. Ich schaute dann auf die Kleine, ich kann mir ein Kind nicht verlassener vorstellen!

Nein, die Deutschen lieben ihre Kinder wirklich nicht. Ihre Liebe ist zu devot, zu mutlos, zu sehr auf Zufuhr und Bestätigung von außen angewiesen, zu sehr an Normen orientiert, zu wenig couragiert, um wirklich väterlich oder mütterlich sein. Gilt das für alle Deutschen? Natürlich nicht. Aber es gilt für ein öffentliches Klima, das unsere

Familien und unsere Kinder einhüllt, ihre natürliche Lebensfreude mindert und ihren Mut lähmt.

Es gilt ebenso für eine allseits akzeptierte Dissozialität, der unsere Kinder begegnen, wenn sie morgens vor die Haustür treten, wenn sie eine Verkehrskreuzung überqueren, wenn sie in die U-Bahn-Station laufen, wenn sie angerempelt, weggestoßen, geschubst werden. Es gilt auch dann, wenn die Lehrer die notwendigen Halteverbotsschilder am Zebrastreifen zuparken und in der Schule für »Kinder brauchen Grenzen« plädieren. Es gilt ebenso, wenn in unseren Schulen allen ernstes bei 7- oder 8-jährigen Kindern »Qualitätssicherungskontrolltests« durchgeführt werden und kaum ein Lehrer allein über das monströsbürokratische Wortungetüm laut lacht.

Es gilt, wenn die Eltern aus lauter Sorge um die schulische Zukunft ihrer Kinder, sich nicht trauen, auf Elternsprechtagen den Mund aufzumachen. Es gilt dann, wenn die Lehrer sich nicht trauen, angesichts der Gewalt unter Kindern einzuschreiten.

Und noch ein letztes Beispiel: Ich nahm vor kurzem teil an einer Fernsehsendung, die in Berlin aufgezeichnet wurde. Fünf Kinder wurden vorgestellt, fünf Schicksale vorgetragen, in allen Fällen hatten die Mütter versucht, sich mit den Lehrern zu verständigen und ihre Unterstützung zu erlangen, sei es, um ihr Kind vor Schlägern zu schützen, sei es, weil das eigene Kind drohte, sich einer Schlägergruppe anzuschließen. In allen Fällen berichteten sie, dass ihnen höflich zugehört und sie dann abgewiesen wurden. In keinem Fall gab es Hilfe, in keinem Fall Aufsicht, in keinem Fall einfachste Pflichterfüllung. Das Gesamtbild setzt sich aus hundert und mehr solcher Fassetten zusammen, es läuft immer auf dasselbe hinaus: Eine resignative Unterwürfigkeit gegenüber einer Norm, die aber selber kaum klar bestimmbar ist, »irgendwie« will man sich richtig verhalten, »irgendwie« gibt es eine Anpassungssehnsucht, aber keine verbindlichen Regeln und Bilder. Alles fließt und gleitet in einen stupiden Endzustand.

»Endspiel«, wie in Becketts berühmtem Drama. Es spielt im zeit- und raumlosen Nirgendwo, nach einer Katastrophe, die in der Erinnerung ausgelöscht ist. Ende. Aus. Finitum. Nichts geht mehr. »Ah, die Ideale, die alten Fragen, die alten Antworten, da geht nichts drüber«, sagt Hamm pathetisch, er ist einer von vier Überlebenden nach einer anonymen Katastrophe und starrt ins Leere.

In der Endspiel-Kultur wird aus der Anpassungsbereitschaft eine Art Ruhelosigkeit, die nicht einmal mehr das Maß findet, an dem sie sich selber messen kann, eine Unruhe von Eltern (von Lehrern, Psychologen und anderen) in alle Richtungen, eine diffuse Ängstlichkeit, versetzt mit permanenter Leistungswut. Dies alles erzeugt ego-zentrierte Angst. Vielfältig ist sie in die »Falten« des Alltags eingebettet, täglich durchfließt sie das Leben unserer Kinder und erzeugt, was ich in diesem Buch geschildert habe: Sinnarmut, Orientierungslosigkeit, Dissozialität. Und die symptomatischen Störbilder dazu: die Überaktivität, den Hunger, die Essstörung, die Verletzung des Selbst.

Papa rennt, Mama auch …

Die Eltern lieben ihre Kinder wohl, aber auf eine solch desorientierte und ruhelose Weise, dass die Kleinen dabei selber ruhelos geworden sind. So zum Beispiel der Vater, der morgens vor das Schulgebäude heranprescht und sein Auto nur auf dem Halteverbotsplatz zum Stehen bringt, der kaum Zeit findet, sich von seinem Kind zu verabschieden und davonrast, irgendeinem Termin entgegen. Dasselbe gilt für die 40- oder gar 50-Jährigen, die ich auf der Fußgängerzone oder am Rand eines in Hannover bekannten Sees mit modischer Sportkleidung und schicker Designerbrille auf Skateboards oder Inlinern vorbeirutschen sehe, immer ein bisschen schwerfällig, immer ein bisschen überbemüht, auf der schwitzenden Suche nach etwas, das sie vielleicht nie hatten: Jugendlichkeit. Als Väter kann ich mir diese Männer nicht vorstellen. Auch die Lehrer, die morgens keine Zeit finden, sich in Ruhe einen Platz für ihr Auto zu suchen und lieber, wenn sie im Halteverbot vor dem Zebrastreifen parken, ein Risiko für ihre Schüler in Kauf nehmen, dann müde in die Stunde trotten, in der ihnen ja doch nur, wie sie genau wissen, wieder Lärm, Desinteresse und (bestenfalls) gelangweilter Gehorsam entgegen schlägt. Wie sollen unsere Kinder an ihnen Ruhe und Halt finden? Die Erwachsenen nachmittags im Kaufhaus oder im Eiscafé, die noch den wildesten Lärm und die rücksichtslosesten Rempeleien von Kindern mit einem verzerrten Lächeln beantworten, das seine Aggressivität kaum verbirgt und sich nicht trauen, klar und entschieden zu sagen: »Stopp, jetzt ist es genug.« Was haben Kinder von denen zu erwarten?

Manchmal hat man das Gefühl, die Kinder warten auf eindeutige Zeichen. Aber sie bekommen sie eben nicht, weder von den Eltern noch von jemand anderem. Auch dazu zwei kurze Erlebnisse: Nach dem Unfall unserer Tochter haben wir viel in Bewegung zu setzen versucht, die *Bild-Zeitung* berichtete – aber typischerweise die lokale Zeitung nicht (wenige Wochen später war ihr die Sperrung von Parkplätzen in demselben Stadtteil eine Serie von großen Artikeln wert), ein großer TV-Privatsender berichtete, aber das öffentlich-rechtliche Fernsehen nicht, ich habe außerdem auf der Fußgängerzone und in den Passagen, die zu ihr hinführen, Radfahrer angehalten und gebeten, abzusteigen. Ich habe versucht, sie auf die Gefahr aufmerksam zu machen, die vom Fahren zwischen Kindern und alten Leuten ausgeht.

Ich habe dabei folgende Erfahrung gemacht: vor allem die Älteren, erwachsene Männer um 40 oder 50, reagierten sofort gekränkt. Sie fühlten sich bevormundet, sie meinten sich verteidigen zu müssen. Ich sprach einen etwa 35-jährigen Mann an, der sein etwa 3-jähriges Kind auf dem Rücksitz hatte, ich erklärte ihm mit Blick auf sein eigenes Kind, dass meine kleine Tochter von einem Radfahrer verletzt worden sei und dass er bitte absteigen möge. Er schaute mich an, sah mir direkt in die Augen und sagte: »Na und?«, dann schwang er sich auf sein Rad und fuhr ungerührt weiter, die verbotene Fußgängerzone hinunter, immer haarscharf an den Kindern vorbei.

Eine Zeit lang gab es sehr viele Berichte, Gespräche und dergleichen mehr, währenddessen sah ich jeden Tag Mütter und Väter, die Kleinsten eingezwängt auf dem Rücksitz, rücksichtslos an anderen Kindern vorbeirasen. Über die Kreuzungen preschen sie, mitsamt ihrem Kind, bei roten Ampeln, unternehmen halsbrecherische Risiken, um an bereits anfahrenden Autos noch rasch vorbei zu gleiten, die Kinder auf dem Rücksitz erleben das, was sie im Kinderwagen auch schon erlebt haben: die Welt ist ein wildes, gefährliches, schweißtreibendes Durcheinander, man hört ja, wie Mama oder Papa vorn auf dem Rad keuchen und schimpfen, die ganze Zeit sind sie in höchster Anspannung – ein Kind spürt das, nimmt jedes Detail auf, atmet es ein. Das Kind spürt auch, dass alle Regeln, die sich dieser Hast in den Weg stellen, nicht beachtet werden. Es sieht und versteht den Charakter der elterlichen Bereitschaft, Regeln außer Acht zu lassen, wenn sie ihrem getriebenen Egoismus in die Quere kommen. Es ist sinnlos, mit diesen Vätern und Müttern und anderen Erwachsenen zu reden, dabei möchte ich ihnen gern sagen, dass sie etwas verlieren, das sie nie wieder zurückholen werden: den Respekt ihrer Kinder. Den tief liegenden, Ruhe und Halt suchenden Respekt, den nur Menschen empfangen, die selber ein authentisches Verständnis von Sozialität entwickelt haben – diese Väter und diese Mütter werden ihn in ihren Kindern nicht wach rufen. Und so stehen sie dann fünf oder sechs Jahre später, wenn das Kind neun, elf, zwölf Jahre alt ist, hilflos vor einem Kinderpsychologen oder Kinderpsychiater und sagen: »Unser Sohn, unsere Tochter folgt keiner Anweisung, unser Sohn, unsere Tochter ist starrsinnig und unverschämt, dabei haben wir immer alles richtig gemacht. Wir haben keine Erklärung.« Sie liegt auf der Hand.

20 NOCH EINMAL: AUF DEM SPIELPLATZ FÄNGT ES AN ...

Es war ganz alltäglich und doch ein Schock: Gestern ging ich mit meiner fünfjährigen Tochter auf einen Kinderspielplatz. Ein ganz normaler öffentlicher Spielplatz, am späten Nachmittag gut besucht, aber kein Gedränge. Kinder zwischen zwei und zehn Jahren, die herumtollen, auf Gerüste klettern, dabei eine halsbrecherische Geschicklichkeit an den Tag legen, die einem ängstlichen Vater wie mir immer wieder den Atem stocken lässt. Zwei Schaukeln, nebeneinander befestigt, auf denen Mädchen hoch hinauf fliegen und vor Vergnügen kreischen.

Wir betraten den Spielplatz, und meine Tochter wollte soeben an die frei gewordene Schaukel klettern, da lief ihr ein etwa dreieinhalbjähriger Junge entgegen, stieß sie zur Seite und griff nach der Schaukel. »Das ist meine«, sagte meine Tochter, »ich war zuerst da.« Der Junge schaute sie verständnislos an. Buchstäblich scheint er nicht zu begreifen, dass irgendjemand ihm irgendetwas wegnehmen könnte. Er schüttelte den Kopf, drehte sich weg und wollte auf die Schaukel steigen. Als meine Tochter nach dem Halteseil der Schaukel griff, sagte er ganz ruhig: »Ich schlag' dir eins in die Fresse.« Seinem lässigen, gänzlich unkindlichen Gehabe nach war er eindeutig dazu auch bereit. Dies war kein normaler Streit unter Kindern. Ich mischte mich ein, obwohl ich mich in Streitereien von Kindern sonst niemals einmische. Hier ging es darum, ein Kind vor einer offensichtlich ungehemmten Aggressivität zu schützen. Ich ging also auf die beiden Kinder zu, der Junge schaute mich mit demselben gleichgültigen Ausdruck an und wiederholte ungerührt: »Ich schlag' dir eins in die Fresse.«

Ich schaute hilfesuchend nach der Mutter oder dem Vater. Die Mutter saß tatsächlich wenige Meter entfernt, einen Kinderwagen vor sich. Sie hatte eine Zigarette in der Hand und redete auf ihre Nachbarin ein. Frauen waren sehr jung. Sie schienen sich hervorragend zu unterhalten. Der Sohn wurde überhaupt nicht beachtet, die aggressive Szene an der Schaukel war der Mutter völlig entgangen. Sie war ganz und gar mit sich beschäftigt.

Mir kann keiner was!

Inzwischen habe ich meine Tochter von der Schaukel abgelenkt, zur Rutschbahn geführt, wo sie nun begann, die Treppe hinaufzuklettern. In diesem Moment jagte ein etwa 10-jähriger Junge mit seinem Fahrrad quer über den Spielplatz, bewegte sich gefährlich nahe an zwei- und dreijährigen Kindern vorbei und bremste plötzlich unmittelbar vor mir ab. Mit einem so großen Hindernis hat er nicht gerechnet. Er stoppt also in letzter Sekunde – ich schaue ihn an. Er feixt. Schon will ich zurückgrinsen, Verrücktheiten gehören nun mal zu einem 10-Jährigen, da bemerke ich erst die Unverschämtheit in seinem Feixen. »Du kannst mir gar nichts«, bedeutet er mir.

Er weiß immerhin, dass sein Verhalten gefährlich war, hat begriffen, dass er mich beinahe angefahren hätte. Aber zu einem schlechten Gewissen, einem entschuldigenden Lächeln oder einer anderen Geste dieser Art reicht es nicht. Es reicht nur zu einer pseudo-selbstbewussten Abwehr. »Du kannst mir nichts, keiner kann mir was«, und er schwingt sich wieder auf sein Rad, steigt in die Pedale und rutscht einige Meter über den Sand, bevor er wieder an Fahrt gewinnt und auf der Straße verschwindet. Eltern oder Betreuer sehe ich nicht. Ein einsames Kind, um das sich keiner kümmert.

Die geliebte Schaukel war inzwischen wieder frei. Meine Tochter bemerkte es sofort. Sie raste auf die Schaukel zu. Vielleicht verhielt sie sich ungeschickt dabei, das war durchaus möglich. Jedenfalls erwischten die beiden Kinder, die auf der Schaukel nebenan gemeinsam auf- und abschwangen, das Kind an der Brust und die Kleine fiel zu Boden. Sie schrie. »So etwas kann vorkommen«, sagte ich mir, eilte zu ihr hin und erlebte die nächste Irritation an diesem Nachmittag. Die beiden Kinder, die immerhin ein kleines Mädchen mit einiger Wucht zu Boden gestoßen hatten, schaukeln ungerührt weiter. Sie hatten in ihren Bewegungen nicht eine Sekunde, nicht eine winzige, angehalten. In ihrem Bewegungsablauf gab es kein Zögern, das irgendeine Art des Mitgefühls oder auch nur der Aufmerksamkeit zum Ausdruck gebracht hätte. Gar nichts. Ich schaue in die Gesichter der beiden Kinder. Sie sind leer. Sie starren an uns beiden vorbei, es scheint, als würden sie das weinende Kind weder sehen noch hören.

Ich will nicht falsch verstanden werden. Ich will nicht sagen, dass diese beiden Kinder an irgendetwas schuld wären. Darum ging es hier nicht. Es ging darum, dass die Frage, ob sie vielleicht ein wenig Schuld an dem glimpflich abgelaufenen kleinen Unglück trugen, diesen Kindern völlig gleichgültig war. Es interessierte sie einfach nicht. Schuld interessierte erst dann, wenn irgendeine Strafe zu erwarten gewesen wäre. Sie war aber nicht zu erwarten. Ich sah den Kindern an, dass sie auch davor keine Angst hatten. Sie zeigten einfach überhaupt keine Gefühle. Keine Schuldgefühle, keine Angstgefühle, sie zeigten auch nicht Freude und Überschwang, sie zeigen buchstäblich – nichts.

Wieder ging mein Blick über den Spielplatz, über das Gewimmel und Durcheinander von Kindern verschiedenen Alters, und das eingangs freundliche Bild hatte sich für mich jäh verändert. Es hatte plötzlich dunkle, ja bedrohliche Züge angenommen – eine unterschwellige Wut und aggressive Zügellosigkeit in dem vielen Kreischen, Laufen, Stoßen und Rempeln. Irgend etwas Fundamentales scheint schon in den kleinen Begegnungsstätten wie Sandkasten, Kindergarten, Spiel- und Abenteuerplatz abhanden gekommen zu sein. Ich suchte die

Begleitperson der beiden Kinder. Es war ein Vater. Er saß wenige Meter vor mir, sein Blick war wie der der Kinder: Er ging ins Leere. Ihm war egal, was passierte. Deutlicher als er kann ein Mensch Gleichgültigkeit gar nicht ausdrücken. Erst als die Kinder zu ihm hinliefen und sie gemeinsam den Spielplatz verließen, blickt er zornig zu mir zurück. Dadurch merkte ich immerhin, dass er die Situation überhaupt wahrgenommen hatte. Offensichtlich war jeder Konflikt – selbst einer, den man vernünftig beilegen konnte – für ihn eine Zumutung, die ihn in Angst oder Wut versetzte. Die Kinder rannten rechts und links an ihm vorbei, schoben und stießen sich, eins fiel hin. Wieder spürte ich die dunkle Irritation: Das sieht aus wie ein Spiel, aber ist es wirklich eines?

Vor mir hebt ein anderer Vater – viele Väter heute, immerhin das ist erfreulich, aber eine Ausnahme – seinen höchstens zweijährigen Sohn auf eines der aus verknoteten Seilen geformten Klettergerüste, es führt hinauf zum oberen Ende der Rutsche. Der Kleine bewegt sich unsicher, er ist jetzt einen Meter über dem Erdboden, wenn er stürzt, stürzt er – gemessen an seinem kleinen Körper – sehr tief. Der Vater dreht sich zur Seite, während mir – bin ich etwa zu ängstlich? – der Atem stockt. Er wäre jetzt nicht in der Lage, seinem Kind, wenn es strauchelte oder stürzte, rechtzeitig zu Hilfe zu eilen. Er lächelt, er ist zufrieden. Toll machst du das, sagt er und der Kleine schaut ihn an, dann klettert und krabbelt er weiter. Oben, auf der Kante der Plattform, an der die Rutsche beginnt, verharrt er und richtet sich auf. Wieder kann ich meinen Blick nicht abwenden, wenn er rückwärts fallen würde, schlüge er mit dem Kopf auf. Dann krabbelt er nach vorn und gleitet schließlich die Rutsche hinunter. Super, sagt der Vater.

Auch dies – ich habe es zu Beginn dieses Buches angedeutet – beobachte ich täglich. Angetriebene, auf sinnlos riskante Weise zum Äußersten ihres Bewegungsvermögens angehaltene Kleinkinder, dazu eine Selbstverständlichkeit beim Eingehen von Risiken, die mir den Atem stocken lässt, und schließlich, wie in einem Ritual, die immergleichen Bekräftigungen: Super, toll! Ich kann mir ungeschütztere Kinder kaum vorstellen.

Kindheit hat sich verändert – in Richtung Gewalt. Die eben geschilderten Eindrücke werden von vielen Eltern geteilt. Viele spüren diese Hilflosigkeit und fragen sich, wie sie wenigstens ihre Kinder vor einem allgemeinen aggressiven Trend in der Gesellschaft und in der Kinderwelt schützen könnten. Diese Frage bleibt völlig offen. Ein Kind soll und will ja auf den Spielplatz gehen, soll unter anderen Kindern sein, soll Freude empfinden, soll sich glücklich fühlen. Glücklich unter Kindern. Menschen sind soziale Wesen, sie können ohne Gemeinschaft gar nicht existieren. Aber wenn diese Gemeinschaft nun zerbricht, wenn die einfachsten Regeln, die sie zum Überleben braucht, nicht mehr gelten? Was dann? Wie soll man seinem Kind Anpassung an ein gemeinschaftliches Leben vermitteln, wenn diese Gemeinschaft von Aggressivität durchdrungen ist? Wenn, mit anderen Worten, Anpassung nichts anderes bedeutet als das Lernen von Gewalttätigkeit?

Denn eines ist in der kleinen düsteren Nachmittagsszenerie deutlich geworden: Auch das eigene Kind muss sich in dieser Umgebung durchzusetzen lernen. Die Eltern sind nicht immer in der Nähe, werden nicht immer ausgleichen, die Situation wieder ins Lot bringen können. Früher oder später wird das Kind auf eigenen Beinen stehen, wird sich selber behaupten müssen, und die Art und Weise, in der es sich behauptet, lernt es jetzt. Was jedoch soll man einem Kind vermitteln? Soll es sich durchsetzen, zurückbeißen, soll es einem Dreijährigen mit seinen maßlos-unflätigen Worten auf dieselbe Art antworten? Es scheint keinen Ausweg zu geben. Entweder Anpassung an die unterschwellige Gewalt der modernen Kindheit oder Ausgrenzung, draußen bleiben, Außenseiter bleiben. Aber wer will seinem Kind solch ein Schicksal zumuten?

21 STADTHAGEN UND DAS DILEMMA EINER GUTMÜTIGEN PÄDAGOGIK

In einem kleinen beschaulichen Städtchen in Niedersachsen fliegt ein Skandal auf. Über viele Jahre hatte es an einem städtischen Gymnasium massive Gewalt unter Schülern gegeben, unbemerkt. Die Experten sollen nun die Gewalt erklären. Aber es gelingt ihnen nicht.

Ein dieser Geschichte gewidmetes Sonder-Dossier der ZEIT beginnt mit diesen Worten: »Der Schein einer heilen Welt in der Schloßpark-Schule trügt. Über ein Jahr, vielleicht sogar über mehrere Jahre … bestimmten hier Prügel und Gewalt den Schulalltag.« Der Zufall wollte es, dass ich, kurz bevor die Schlägereien an dieser Schule bekannt wurden, dreimal zu Diskussionen und Vorträgen in der betreffenden Stadt, Stadthagen, war, sogar an jenem Gymnasium. Ich erinnere mich an ein großes Transparent, das am Schuleingang flatterte. »Eine Schule für den Frieden« stand darauf. Es war wohl ernst gemeint.

Die Tatsache, dass die Gewalttaten in Stadthagen so lange unbemerkt geblieben waren, sind ein Ausdruck davon, wie wenig Lehrer und Eltern, Schulbehörden und Jugendpolitik von der Realität der Schüler wissen. Man nimmt sich wechselseitig nicht zur Kenntnis. Daran wird sich auch in Zukunft wenig ändern.

Der – wenn ich mich recht erinnere – äußerst sympathische Direktor der Schloßpark-Schule gab mit wohlwollender Naivität dem ZEIT-Reporter zu Protokoll: Er wisse nicht, welche Schüler im Einzelnen betroffen und welche die Täter seien. Das herauszufinden sei Sache der Justiz. Er wolle es auch gar nicht wissen, sagt er – und nun im O-Ton: »Die Schüler sollen ja wieder integriert werden.« Ist das nun freundlich engagiert? Oder einfach weltfremd und realitätsverleugnend?

Zur Erinnerung: Geschehen war nicht gelegentliches Prügeln, geschehen war auch nicht plötzlich ausbrechende Gewalt, geschehen waren vielmehr rituelle Schlägereien, Prügel von Mehreren an jeweils Einem. Einem Hilflosen, dem keiner zur Hilfe kam. Das war zur Gewohnheit geworden.

»Geburtstags-Prügel« hieß das bei den Kloppern. Wer beispielsweise 15 Jahre alt wurde, bekam von Jedem – wohl gemerkt Jedem! –, der ihn schlagen wollte, 15 Hiebe, dann von dem Nächsten wieder, und dem Übernächsten noch einmal usw. Solche, die gern zuschlagen, fanden sich immer. Angst breitete sich aus, Angst ist wie ein Gerücht, sie findet kein Ende, sie findet kein Maß …

Die Angst veranlasste viele Kinder dazu, an ihrem Geburtstag sich lieber zu Hause zu verkriechen, die Schule zu meiden, Angst überlagerte ihren Feiertag. Alle Schüler wussten es, aber von den Erwachsenen hatte keiner etwas gemerkt. Sie wollten es wohl auch nicht merken. Und heute, nachdem alles aufflog, mag man sich der Realität immer noch nicht stellen. Dass Gewalt das Gewöhnliche geworden ist, ist ein Menetekel für jede Gemeinschaft. Aber es wird in Stadthagen und anderswo immer noch nicht gesehen. Stattdessen berichtet die ZEIT davon, dass mittlerweile eine Art Türkenbeschuldigung im Schwange sei. Die mit ihren männlichen Ritualen, die mit ihrer frauenfeindlichen Erziehung und ihrer groben Vater-Autorität, hätten, so das Gerücht, die Schlägereien angestiftet.

Diese Leugnung von Wirklichkeit ist ein Skandal. Ein viel schlimmerer Skandal aber, meine ich, war die Tatsache, dass sich Angst wie ein Gerücht ausbreitete, dass Kinder verängstigt zu Hause blieben und den Kopf in die Kissen steckten, dass ihnen Vorfreude und Freude verdorben wurden und keiner darauf achtete. Kein Lehrer, kein Hausmeister, nicht einmal die Eltern. Manche haben es wahrscheinlich doch bemerkt, aber sie trauten sich nicht, den Mund aufzumachen.

Einer schlägt, die anderen lachen – und was tun die Lehrer?

Die Polizei und später das Jugendschöffengericht gaben zu Protokoll, die Haupträdelsführer seien bei den Vernehmungen »sehr einsichtig und kooperativ« gewesen. Sie hätten, heißt es, »unbeschönigte Geständnisse« abgelegt. Der Haupträdelsführer Y wurde verurteilt, zur Bewährung versteht sich, jetzt nimmt er an einem sozialen Training teil. Ich werde aus diesem Buch kein Plädoyer gegen die Verkümmerung moderner Pädagogik machen, aber ich bin mehr als skeptisch, was die Wirkung dieser Trainings betrifft.

Erwiesen ist: Auf dem Pausenhof trat Y einem Mitschüler so heftig gegen die Beine, dass der stürzte, als er schließlich am Boden lag, wurde auch noch gegen seinen Hinterkopf getreten. Ein anderes Mal rammte Y sein Knie in den Bauch eines Mitschülers. Mehr konnte ihm bisher nicht nachgewiesen werden. Und diejenigen Erwachsenen, die alles wussten, aber wegsahen, und die Schüler, die zusahen und dann – teils aus Angst, teils aus Lust – selber mitmachten, traten, lachten, sich duckten – bis die Angst und die Schläge sie selber ereilten –, schweigen immer noch. Es ist immer dasselbe Lied.

Wir müssen nur den Blick von Stadthagen abwenden, und auf die Schulen im eigenen Wohnviertel, die Schulen unserer Kinder, richten, dann treffen wir im Prinzip auf die gleichen Verhältnisse. Vielleicht keinen Haupträdelsführer und kein rituelles Schlagen, aber dieselbe Angst und dasselbe Mitmachen. Auf jedem Pausenhof einer Hauptschule, erst recht an der Sonderschule und an immer mehr weiterführenden Schulen findet es statt. Auch hier ducken sich die Kinder. Die pubertierenden Jungen ducken sich auf ihre Art: breitbeinig wie Sheriffs latschen sie über den Pausenhof, »mir kann keiner«, bis die Angst sie erwischt und sie ganz klein werden, und nicht einmal bei den Eltern ein Wort laut werden lassen. Von den Eltern erhoffen sie nichts, von den Lehrern erst recht nicht.

Resignation, Furcht und viele öffentliche Lügen

Seit meine 6-jährige Tochter in die Grundschule geht, gehe ich gelegentlich am Pausenhof der in der Nähe gelegenen Schule vorbei. Es herrscht dort in den Pausen ein einziges Tohuwabohu von aufbrechenden Emotionen, abrupten Prügeleien, Weglaufen, Schreien – nur manchmal ist ein Lachen zwischendurch zu beobachten.

Die Prügeleien, an mindestens drei Ecken des Pausenhofes gleichzeitig, unterscheiden sich eindeutig von dem Gerangel früherer Schülergenerationen. Der Unterschied liegt darin, dass Schlägereien sich nicht mehr vorher ankündigen, offenkundig gibt es keine absehbare, vorbereitende Kampfstimmung mehr, keine aufgeheizte Atmosphäre zwischen »Feinden«, sondern nur einzelne Situationen, die aus dem Ruder laufen. Sofort wird zugeschlagen, hart und unbeherrscht.

Maßlosigkeit ist das Wort, das mir dazu einfällt. Maßlos ist die Ungeduld, ohne Maß ist das Zeitgefühl – die An- oder Abwesenheit von Lehrern oder anderen Autoritäten spielt ohnehin kaum eine Rolle –, maßlos ist die Wucht des Schlagens. So entsteht ein diffuses Gewaltklima, ich habe es am Beispiel der Spielplätze schon erwähnt.

Und die Lehrer, die die Ordnung und Präsenz des Schulischen auf den Pausenhöfen zu verkörpern hätten? Auch das ist längst kein Klischee mehr: Sie schauen zur Seite. Teils aus Resignation, teils aus

Furcht. Und ganz gewiss aus Gleichgültigkeit und Überdruss. Sie kennen das alles schon und kennen es schon viel zu lange und es wird nicht zum öffentlichen Thema. Die Gewaltszenarien werden überall, wie in Stadthagen, versteckt, sie bleiben verborgen sogar vor den eigenen Augen und Ohren. Nur nicht hinsehen.

Dazu will ich folgende kleine Begebenheit erzählen.

Auf dem Pausenhof der Schule meiner Tochter sah ich vor kurzem zwei etwa 10-jährige Jungen, die massiv aufeinander einschlugen. Sie brüllten und prügelten los, mit hochroten Köpfen. Anders als bei Schulhofprügeleien früher bildete sich keine anfeuernde oder sonstwie begeisterte – in jedem Fall aber *auch* kontrollierende – Menge von Mitschülern um sie, nein, zu erkennen war vielmehr die restlose Gleichgültigkeit der anderen Kinder. Sie wendeten kaum den Kopf, während die Schläge, direkt vor ihren und meinen Augen, ein immer bedrohlicheres Ausmaß annahmen.

Ich lief durch das Schulhoftor, zerrte die beiden Jungen auseinander, während sie – der eine an meinem linken, der andere am rechten Arm – weiter zappelten und wütend aufeinander einschrieen. Dann aber, wie es so oft bei diesen Kindern ist, wurden sie angesichts der Erwachsenenautorität ganz ruhig. Die Wut fiel von ihnen ab, als sei sie nie da gewesen. Das Umschlagen von Stimmungen, von Aggression in Friedfertigkeit und umgekehrt, gehört zum modernen Gewaltbild.

Und was auch dazu gehört: Zwei Lehrer, etwa 20 Meter von uns entfernt, im ernsten Gespräch. Auch sie, wie die Mitschüler, hoben nicht den Kopf. Sie wussten nicht, wer ich war, sie wussten nicht, was ich hier tat, es scherte sie so wenig wie die Prügelei zuvor. Wenigstens einer der beiden Jungen schielte einmal kurz zu ihnen herüber, der andere nahm überhaupt keine Notiz von ihrer Anwesenheit. Wie, fragte ich mich insgeheim, wollen diese Lehrer anschließend im Unterricht Kompetenz und Autorität verkörpern?

Die beiden Jungen gaben sich die Hand, nicht ohne Stolz. Sie hatten ihre Aggression bezwungen, wenn auch nicht ganz freiwillig, sie waren mit sich und der Ordnung versöhnt. Ich nehme aber an, dass schon beim Hereinstürzen in den Klassenraum – keiner der beiden wird in der Lage sein, ruhig ein Klassenzimmer zu betreten – das nächste Rempeln, Brüllen, Prügeln beginnen wird. Dann endlich wird sich auch ein Lehrer damit konfrontieren müssen. Freilich, soweit ich es übersehe, brechen oft nicht nur an einer, sondern zugleich an einer zweiten und dritten Ecke eines Klassenzimmers Unruhe aus, Anrempeln, brüllender ungehemmter Protest und so weiter ... Was soll ein Lehrer, eingezwängt in seine Hilflosigkeit und möglicherweise resigniert, da schon ausrichten?

Nein, ein Einzelner vermag nichts gegen den Zusammenbruch von inneren und äußeren Ordnungen. Es ist das System Schule, das System der Theorie von Bildung und Didaktik, das System des psychologischen und pädagogischen Verstehens, das hier zusammenbricht. Wie es scheint, ziehen immer mehr Lehrer ihre Konsequenzen daraus.

Sie stehen dann eben auf den Pausenhöfen herum, und wenn zwei Kinder aufeinander losgehen und sich die Köpfe einschlagen, na, dann sollen sie doch. Und wenn einer den anderen zu Boden schmeißt, was soll man schon dagegen tun? Diese – nicht unverständliche, aber unzulässige – Haltung der Resignation ist schnell bei der Hand. Aber warum wird sie nie öffentlich geäußert, nicht einmal auf Fachkonferenzen?

Offen geredet wird auch dort nur abends, am Rande der Tagung, in kleiner Runde und beim dritten Glas Wein – dann zieht eine Spur von Realität in die Lehrertagungen der Kultusbehörde oder Universitäten ein. Öffentlich wird weiter von sozialen Trainingsprogrammen, von Sensibilitätsübungen und von der »Schule des Friedens« geschwärmt.

Wer zuschlägt, wurde zu Hause geschlagen. Oder verwöhnt

Zurück nach Stadthagen. Prompt erschienen die Sozialforscher auf dem Plan, in diesem Fall war es das Kriminalsoziologische Institut aus Hannover, nicht zu Unrecht hoch renommiert, sehr engagiert und um folgenreiche Einsichten bemüht. Man kam in diesem wie in anderen Fällen zu den Schlussfolgerungen, zu denen man immer kommt – und die sind zutreffend, aber nur für einen Teil, nur für eine Fassette des Problems. Andere Anteile bleiben ausgeblendet, wohl, weil uns allen dazu noch die sozialtheoretischen und soziopsychologischen Grundlagen fehlen. Die allermeisten der 36 beteiligten Jungen, so fanden die Forscher heraus, seien zu Hause geprügelt worden. Also, folgerten sie, prügelten die Kinder auch selber. So ist es jedoch nicht oder nur zum

Teil. Es handelt sich um ein gut gemeintes Klischee, das öffentlich als Warnung vor Körperstrafen bei Kindern seine gute Wirkung tun mag. Aber es erklärt weniger, als es im Zusammenhang mit der Gesamtheit der Gewaltphänomene von Jugendlichen zu erklären beabsichtigt.

Aus den Vereinigten Staaten erreichen uns seit einiger Zeit Untersuchungen, die zeigen, dass es eben nicht die geprügelten, nicht die geduckten, nicht die vernachlässigten Kinder sind, die zuschlagen. Es sind mindestens ebenso und in wachsender Zahl die verwöhnten Kinder, die schon mit drei Jahren ihr Recht mit Fäusten durchsetzten und die Ordnung der Welt auf andere Weise nicht kennenlernten. Es sind die »narzisstischen Kinder«, die kein anderes Recht kennen als das ihres Willens. Und ihr Wille springt unaufhörlich in unterschiedliche Richtungen, einmal ist die Friedensbotschaft angesagt, dann die Männerehre, oder eben die pure Selbstsucht. Das durchgehende verbindende Motiv ist das der Unbeständigkeit. Alles ist für diese Kinder fungibel, alles ist austauschbar, wie es im Computerspiel auch der Fall ist. Auf nichts kommt es wirklich an – die Gründe habe ich zu schildern versucht: Diese Kinder haben nirgends die Fähigkeit entwickeln können, ihr Selbst in der Ordnung der Welt zu spiegeln und von ihr zu empfangen. Sie sind deshalb nicht empfänglich für andere, und in ihren Köpfen prägt Willkür ihre unmittelbarsten Wahrnehmungen. *Das* ist ihr Dilemma.

Prügel und Unterdrückung zu Hause können in der Tat jene seelische Verfassung erzwingen, die Erich Fromm und Theodor W. Adorno und andere in den Jahren des deutschen Faschismus und danach beobachtet und unter dem Stichwort »autoritärer Charakter« analysiert haben. Aber es ist, zumindest soweit es deutsche Familien betrifft, heute ein Randphänomen. Im Zentrum moderner Kindheit entfaltet sich ein anderer Gewalttypus, unberechenbarer und in seiner Maßlosigkeit nicht weniger gefährlich.

Um die alten Überzeugungen und Konzepte aufrecht zu erhalten, wird von Seiten der Pädagogik statt Analyse nur eine leicht penetrante Gewissensprüfung und Selbstanklage in Szene gesetzt. Der erwähnte Rektor der Schloßpark-Schule in Stadthagen lässt sich in der ZEIT zitieren, man habe eben »nicht genug geduldig, nicht genug überzeugend, nicht genug kräftig« auf die Kinder eingewirkt.

Solche Lehrerbekenntnisse, die so schmerzlich mit der Kälte des Schulalltags kontrastieren, gehen von unrealistischen Voraussetzungen aus. Sie beschwören das Bild von Kindern, die in die Ordnung der Welt, in die Ordnung des Sozialen hinein drängten und durch eine ungünstige Umwelt und durch prügelnde Väter von ihrem Integrationswillen, ihrer Sensibilität, ihrer sozialen Moral abgehalten wurden und aus lauter Frustration, sozusagen in Notwehr, zurückschlugen.

Aber so ist es eben in den allermeisten Fällen nicht. Was die Gewissensprüfung der engagierten Pädagogen nicht zu denken wagt, ist, dass diese Kinder nie ins soziale Leben hinein *wollten*. Dass sie die Ordnung ihrer Mitmenschen nie akzeptiert haben, ganz gleich, in welcher Verfassung sie mit ihr konfrontiert wurden. Was bei den Überlegungen vor lauter bereitwilliger Selbstquälerei nicht zur Kenntnis genommen wird, ist die Tatsache, dass die seelische Verfassung dieser Kinder von Grund auf nicht-sozial ist. Ja, dass es sich um eine seelische Verfassung handelt, die nie ein Ich ausgeprägt hat, das die Wahl zwischen sozialem oder asozialem Verhalten haben könnte. Vielmehr ist es das Nicht-Ich, dem sie verhaftet sind. *Das* ist die Irritation, die in Gesprächen mit solchen Kindern verstört: dass sie im Tiefsten nicht wissen, warum man nicht losschlagen, warum man nicht sein Recht maßlos verteidigen sollte, warum es Ordnung geben kann und warum man selber Teil von ihr sein könnte. Sie wissen es nicht, ihnen stehen die elementaren Voraussetzungen für ein Denken in moralischen und sozialen Kategorien nicht zur Verfügung. Das selbstreflexive Muster sozialer Empfindungen und Gedanken ist diesen Kinder unzugänglich.

Das schlechte Gewissen der Lehrer langweilt die Kinder

Die Verfassung dieser gewaltbereiten Kinder auf dem Pausenhof ist so, wie vor dreißig Jahren die seelische Realität von wenigen dissozialen Außenseitern war. Ihr Gewissen ist unscharf ausgebildet, oft finden sich in Gesprächen mit ihnen sozusagen verschwommen Rudimente von Gewissensregungen (»Schlagen darf man wirklich nicht?«, fragen sie und ihre Verwunderung ist nicht gespielt). Ein Randphänomen, Dissozialität, hat sich ins Zentrum der Kinder- und Jugendkultur geschoben. Diese Kinder-Mentalität wird auf breiter sozialer »Basis« gefördert, entspricht dem »Main-Stream«, im gesellschaftlichen Alltag nur massive Egozentrik zu kennen, die Auflösung aller Regeln gilt bereits an der Verkehrskreuzung für selbstverständlich und das Recht des Stärkeren als Alltagsnorm.

Worüber wundern wir uns eigentlich?

Nein, kein unzureichend ausgebildetes, kein unzureichend betreutes und zu wenig geliebtes Kinder-Ich scheitert an der Welt und verzehrt sich insgeheim, wenn auch mit falschen Mitteln, nach sozialer Zugehörigkeit – so ist es eben nicht oder nicht nur. Es ist vielmehr (auch!) so, dass ein in sich starrer, unfertiger und kindischer Wille auf die Welt prallt und letztlich nichts anderes will als Entlastung von der Kränkung, die es dabei erlitten hat. Solche Entlastungen werden an allen Ecken und Enden angeboten, im Kino, in dem verrückte Superboys im Grundschulalter ihre ersten Heldentaten begehen und die Welt auf den Kopf stellen, im Computerspiel, wo Heroen, die keine entfernte Ähnlichkeit mit wirklichen Menschen haben, alles und jedes vernichten. Und schließlich bestätigt auch die Rücksichtslosigkeit der Welt, die sie vor ihrer Haustür antreffen, die Kinder in ihren tief verinnerlichten Gewaltbildern. Was liegt also näher, als Schmerz zuzufügen, als die pure Willkür auszuagieren, als sich an der Angst der anderen zu erfreuen? Das ist das seelische Chaos in der Psyche dieser Kinder, die nicht einmal egoistische Ziele verfolgen, weil sie sich Ziele gar nicht vorstellen können, sondern einfach nur »sind«. Pure Willkür, pure Schmerzlust, pure Gewalt und kein Ende.

Nein, unser freundlicher Rektor der Schloßpark-Schule in Stadthagen will davon so wenig wissen, wie er die Namen der Gewalttäter kennen will. Würde er der Realität, die sich vor dem Fenster seines Büros ereignet, ins Auge sehen, dann würden alle pädagogischen Gewißheiten zusammenbrechen, die theoretischen wie die institutionellen. Also kramen er und viele anderen Kollegen noch einmal die alten Überzeugungen aus dem rhetorischen Arsenal vergangener Jahrzehnte und halten stur daran fest. »Wir waren nicht genug geduldig!« Aber ihre Geduld und ihre Rhetorik kommen bei den kleinen Schlägern und den vielen, die sie bewundern, nur wie müdes Spießertum an. Immerhin haben diese Kinder auch die Erfahrung gemacht, dass dieselben milden Lehrer beispielsweise einen Legastheniker unerbittlich auf verwaltungsrechtlich korrektem Wege auf eine Sonderschule überweisen, da kann der sich sträuben, wie er will. Auf einmal ist man konsequent bis zur Erbarmungslosigkeit.

Man sieht diesen engagierten, aber immer etwas realitätsfremden Pädagogen an, dass sie gescheitert sind. Ihre Tragik besteht darin, dass sie es selber auch wissen, ihre theoretischen Modelle haben ausgedient und ihre persönliche Gutwilligkeit hat sich erschöpft.

Manche wurden mißhandelt und schlagen zurück

Hat nun dieser Junge mit Namen Y zugeschlagen, weil er zu Hause geschlagen wurde? Ich weiß es nicht, doch ich bezweifle es. Jedenfalls zeigen uns empirische Forschungen – vor allem aber der wache und aufrichtige Blick auf die Kinder – Folgendes: Je dissozialer und radikaler das Ausmaß an Brutalität ist, desto eindeutiger verweist es in aller Regel eben nicht auf gedemütigte und gekränkte, sondern auf narzisstische Kinder, auf diejenigen, die früh in ein Chaos stürzten und nie wieder einen Weg herausfanden. Es wurde ihnen auch keiner gezeigt. Einige Ursachen des Chaos habe ich eben genannt. Das sind die apathisch vor dem Fernsehgerät resignierenden Eltern, das sind die zur Seite schauenden Lehrer, das sind die wohlmeinenden schwachen Erwachsenen in der Familie, im Kindergarten, im Hort und anderswo, kurzum, die vielen, die diese Kinder umgeben und doch keine Umgebung sind. Sie geben ihnen nichts, weil sie selber keinen Halt und keine Ordnung haben, sie sind auf eine so flüchtige, so zu vernachlässigende Art und Weise für diese Heranwachsenden vorhanden, dass sie im Bedingungsgefüge des Lebens und erst recht bei der Explosion des kindlichen Willens nicht die geringste Rolle spielen.

Ja, gewiss, es gibt auch diese anderen Kinder, von denen der Kriminalsoziologe und ehemalige Justizminister des Landes Niedersachsen Christian Pfeiffer so engagiert und sympathisch spricht: Die gekränkten Kinder, die erniedrigten, an denen wir etwas »gut zu machen« haben. Er hat selbstverständlich Recht. Die dürfen wir nicht ins Gefängnis stecken und ihnen den Lebensweg vollends zusperren. Bei ihnen ist tatsächlich, wie er sagt, »Wiedergutmachung« vonnöten, und das ist ein schönes und ermutigendes Wort angesichts der delinquenten Kinder und Jugendlichen. Aber dies ist nur eine Teilwahrheit, denn das Gros der Prügeleien und Rücksichtslosigkeiten auf dem

Pausenhof, dem Schulweg und nachmittags in den Kaufhäusern wird von jenen Kindern ausgeübt, die von Anfang an alles hatten, denen sorgenvolle Mamas jeden Wunsch von den Augen abgelesen haben, denen jede Willensäußerung als Ausdruck einer starken Persönlichkeit abgenommen wurde, die die schulische und alle anderen Ordnungen von vornherein als feindlich ablehnten und darin von den Eltern (offen oder insgeheim) bestätigt wurden.

Was machen wir mit den Kindern und Jugendlichen, die gelernt haben, dass es eine innere Lust ist, wenn andere Kinder weinen oder sich vor Angst vor ihnen verkriechen? Diese Lust lauert in uns allen, aber bei ihnen tritt sie ungehemmt ans Licht. Wie reden wir mit denen und was tun wir, wenn reden nicht reicht? Wir haben keine Antwort, jedenfalls keine vollständige, keine befriedigende.

Es ist alles so, wie es immer war…

Am Ende des ZEIT-Dossiers steht ein Interview mit Deutschlands bekanntestem Gewaltforscher, Wilhelm Heitmeyer, Professor an der Bielefelder Universität. Heitmeyer sagt in diesem Gespräch, was er schon seit 20 Jahren sagt: Diese Jugendlichen hatten keine Chance, sich selber auf anständige Weise zur Geltung zu bringen, also tun sie es mit Gewalt. Die Zukunft war ihnen versperrt, also brechen sie alle Schranken nieder. Integration würde helfen, Zukunftschancen eröffnen, Bildung ermöglichen – all das würde helfen. Wer möchte ihm widersprechen? Aber bei genauer Betrachtung erscheint dieses in weißen und schwarzen Farbtönen gehaltene Gemälde eher wie eine Karikatur. Als ich das Interview mit Heitmeyer las, fiel mir ein Podiumsgespräch ein, das ich vor nunmehr 14 Jahren in Berlin gemeinsam mit ihm führte. Damals vertrat er, bis in die einzelnen Formulierungen hinein, exakt dieselben Thesen. Hat sich die Welt seither nicht mehr gedreht?

Damals fragte ich gegen Ende der Diskussion, ob denn, was in jener Zeit in universitären Diskussionen die »Ästhetisierung der Lebenswelt von Kindern und Jugendlichen« genannt wurde, in der Gewaltforschung überhaupt keine Rolle spiele? Die Ästhetisierung der Gewalt, die mit Filmen wie *Terminator* und dem Genre der Computerspiele gerade erst richtig in Gang kam, bestimmte schon zu diesem Zeitpunkt weitgehend die Prägung von Einstellungen, Gewissensbildungen und Normorientierung der Kinder und Jugendlichen. Heitmeyer stimmte mir zu, ich vermute, er würde es auch heute tun. Er antwortete redlicherweise: Man befinde sich hier in einer »Blackbox«. Die von der Ästhetisierung des sozialen Lebens hervorgerufenen Phänomene könne man nicht oder nicht ausreichend erklären. Er, so versicherte Heitmeyer, werde diesen Weg aber konsequent weiter verfolgen. Das ist, wie gesagt, 14 Jahre her …

Auch im erwähnten ZEIT-Dossier kein Wort von der Wirkung der Medien, kein Wort von der narzisstischen Bedeutung des Medienumfeldes, das auf die Kinder Stunde um Stunde einwirkt, keine Erwähnung von ihren Konsequenzen, auch bei der Bewertung der Ereignisse von Stadthagen nicht (oder hilflos und banal angesichts des Amoklaufs von Erfurt). Dies ist die schwerste Schlappe, die die Sozialforschung, soweit es Kinder und Jugendliche betrifft, in den letzten zwei Jahrzehnten erlitten hat. Sie versteht das Entscheidende nicht.

22 DER TOPOS GEWALT IST IN DER KINDHEIT ALLGEGENWÄRTIG

Die Schriftstellerin Gela Lustiger, sie ist 40 Jahre alt, mag Martin Scorseses neuen Film überhaupt nicht. Er zeigt das Leben der *Gangs of New York*. Bei einer Kampfszene in den Straßenschluchten, so war in der WELT zu lesen, verließ sie fluchtartig das Kino. Hinterher erklärte sie dem Redakteur, weshalb sie Scorseses Film, der Dämonie mit Großstadtkriminalität verbindet, nicht ertragen konnte. Ihre Beobachtungen will ich – gekürzt – wiedergeben, sie treffen den Kern der Mediengewalt ebenso wie den der großstädtischen Gewalterfahrungen: »Früher machte er (Scorsese, d. R.) Meisterwerke, aber in *Gangs of New York* gib es keine Kausalität. Man sieht weder das Davor noch das Danach, man erlebt einfach nur die Gewalt. Im *Taxi-Driver* sah man, wie die Gewalt Menschen prägt und verändert. Jetzt gibt es keine Entwicklung. Die Protagonisten wachsen nicht über sich hinaus. Sie verändern sich nicht. Ich empfand den Film als totalitär.«

So ist es. Diese Gewalt hat keinen Sinn und keinen Verstand, kein Anfang und kein Ende, sie ist einfach nur »da«. Wir werden später sehen, dass sie in dieser Hinsicht den kleineren Gewalttaten auf unseren Schulhöfen ähnlich ist. Was *Gangs of New York* zeigt, ist eine Tatsache, die für das moderne Großstadtleben insgesamt charakteristisch ist: *dass die Gewalt umfassend ist.* Totalitär ist sie in dem Sinn, dass sie den Menschen bannt. Gewalt normiert das tägliche Leben so sehr, dass die von ihr betroffenen oder sie ausübenden Menschen nichts anderes sind als ihre Protagonisten, Exekutoren oder Empfänger. Gewalt ist mächtig, das macht sie attraktiv. *Der Gewalttätige ist im Moment des Zuschlagens sogar all-mächtig, er ist ins Zentrum des Geschehens gerückt, keiner kann sich ihm entziehen. Er hat den beobachtenden Blick der anderen ausgelöscht. Er ist durch den Charakter seiner Tat gerechtfertigt.* Deswegen ist Gewalt für die kränkbaren kleinen und größeren Narzissten so verführerisch. Im Moment des Zuschlagens ist ihr elementares Problem gelöst, mindestens aufgeschoben. Gewalt duldet und fordert deshalb auch keine Veränderung, keine Entwicklung, keine Alternativen. Was Gela Lustiger dem Film vorwirft, macht seine Wahrhaftigkeit aus.

Das Grauen ist immer totalitär – also verführerisch

Aus demselben Grund gibt es keine Ästhetik der Gewalt, die aufklärerisch sein könnte. Wer sie in ihrer Mächtigkeit zeigt, liefert sich ihr aus. Das zeigte Coppolas *Apocalypse Now* ebenso wie die vielen Kriegsromane über zwei Weltkriege, die verherrlichten, was sie anklagen wollten. Auch in Conrads grandioser Erzählung *Herz der Finsternis* zieht der Gewalttätige alles Geschehen auf sich und schlägt den Erzähler in seinen Bann, wenn er angesichts seiner eigenen Taten stöhnt: »Das Grauen, das Grauen«. Ästhetik unterstreicht das Uneingrenzbare, das der Gewalt innewohnt.

Mir scheint, an der gleichzeitigen Banalität und Ausweglosigkeit von Scorseses Gewaltszenen, die sich in Form von skurillem Gemetzel, sterbenden Männern ohne Gesicht und ohne Vergangenheit, suggestiven Kamerafahrten ins »Herz der Vernichtung« darstellt, spiegelt sich nicht nur die Kriminalitätsgeschichte New Yorks und das Leben der Gangs. In ihnen verdichtet sich zugleich – wie in *Natural Born Killers*, dem mediensatirischen Meisterwerk Oliver Stones – ein allgegenwärtiges Prinzip von Medienerfahrungen, das unsere Kinder permanent umgibt, und das selber wiederum eine Übersteigerung von Grundtendenzen ihres Alltags darstellt.

Gewalt beginnt vor der Haustür, jeden Tag

In den Gewaltästhetiken – ob reflektiert wie bei Oliver Stone oder Martin Scorsese oder kulinarisch-naiv wie bei *Terminator* oder den Computerspielen – sind die Alltagserfahrungen unserer Kinder mit ihren Medienerlebnissen zusammengeflossen, auch für sie gibt es keinen oder kaum einen Ort der Reflexion, kein oder kaum ein gesichertes Traditionswissen, von dem aus Gewalt relativiert, in moralischen und wirkungsmächtigen Maßstäben geordnet, verworfen oder akzeptiert werden könnte. Für die allermeisten unserer Kinder gibt es zur Gewalterfahrung nur begrenzt wirksame Alternativen und meist keine Rückzugsgebiete.

Gewalt überwältigt sie nicht nur im Kino, im Fernsehen oder im Computer, sondern an jeder Straßenkreuzung. Was die Kinder meiner Praxis von ihren Erfahrungen auf dem Schulweg und im Schulbus erzählen, was sie von den Deals und der »Schlägereien« auf dem Pausenhof berichten, spottet jeder pädagogischen Vorstellungskraft. Sie *sind* im Zentrum der Gewalt, sie sind Gewalt-Protagonisten, auf die eine oder andere Weise. Dass wir so konsequent die Augen verschließen, liefert sie dieser »Totalität« (gegen die wir aber möglicherweise, auch wenn wir hinschauten, wenig auszurichten wüssten) zusätzlich aus.

Sobald wir ihre tägliche Lebenswirklichkeit zur Kenntnis nehmen, werden viele Verhaltensmerkmale, die ich skizziert habe, unmittelbar verständlich. So sinnvoll und notwendig die psychologischen Erläuterungen entlang der je individuellen Lebensgeschichten auch sind, vieles ist einfach »factum brutum«, vorgegebene Tatsache und erzwingt Reaktionen, die sich zu Eigenschaften verfestigen. Dazu zählt auch die Maßlosigkeit der Kinder, ihr starrer, von Hochmut gekennzeichneter Wille. Ja, viel zu viele ihrer Eigenarten werden – wenn wir unsere

Betrachtung von persönlichen Defiziten weg und hin zu den sozialen Lebenssituationen lenken – erkennbar als psychische Korrelate zu den Gewaltmerkmalen, die sie überall umgeben.

Das Rap-Klischee »Ich bin der Größte« ist ein Ausdruck von Ohnmacht

Jene Medien, die sie lieben und die ein zentraler Bestandteil ihres Lebens sind, spiegeln und potenzieren, was ihnen Tag für Tag zustößt. Auf MTV oder Viva 2 wird ihnen mit hastig hervorgestoßenen Sprechgesängen und suggestiver Rhythmik ihre seelischen Verfassung und ihre Gewaltbefangenheit noch einmal vorgespielt. Ob Eminem oder Will Smith und die vielen anderen, alle rappen und zappeln denselben Reim: »Ich bin der Größte«, das ist das Eine. »Die Welt ist böse und feindlich und voller Gewalt«, das ist das Andere.

Was die »Raps« nicht verraten, aber auch Psychologen so schwer verständlich zu machen ist, ist die Tatsache, dass beides zusammengehört. Das aufgeblähte Ich, das die Welt zur Seite schiebt, und die Gewalt, die sich als totalitäres Prinzip in ihrem Leben festsetzt – zwei Seiten derselben Medaille. Unsere Kinder werfen diese Medaille hin und her – und suchen vergeblich nach einer dritten Seite.

Teil 5

CYBERSPACE, LICHTRAUM, TRAUMGELÄNDE DER KINDER

23 ERFURT, AMOK UND DIE FOLGEN DES *TERMINATORS*

Nach den Ereignissen von Erfurt erfasste viele Eltern eine tiefe Sorge; in der Intimität der kinderpsychologischen Beratung und Therapie wurde ich mitunter gefragt: »Ist mein Sohn etwa auch so einer wie dieser Robert S.?«; »Sehen Sie Ähnlichkeiten?« Solche Sorgen sind keineswegs unberechtigt. Ja, es gibt eine gerade Linie von der »Logik« des Amoklaufes bis hin zu den hyperaktiven Aggressivitäten und Rücksichtslosigkeiten. Es gibt zwischen beiden auch meist eine weitere Verbindung, die nach den Erfurter Ereignissen viel besprochen wurde: die Liebe der hyperaktiven Kinder, zumal der Jungen, für gewalttätige Computerspiele. Beides, die soziale Aggressivität und die destruktiven Impulse, die man aus dem Spiel empfängt, können sich auf fatale Weise potenzieren.

Ja, es ist so, dass für viele dieser Kinder das Soziale eine einzige Zumutung ist, und wenn die Zumutung zur Kränkung wird, weil man dieses und jenes nicht schafft, was alle anderen schaffen, weil man immer wieder ausgegrenzt wird und immer wieder scheitert bei seinen Integrationsbemühungen, dann verlieren viele Kinder jedes Maß, sie schlagen um sich, sie sind unberechenbar sich selber und anderen gegenüber. Und manchmal stürzt einer so tief, dass er buchstäblich »alles« auslöschen will, wie es sonst nur in den Computerspielen der Fall ist. Dann schießt einer sich den Weg frei, um an Ende zu erkennen, dass er dabei alles verloren hat.

Ja, zwischen dem unglücklichen Robert S. und vielen hyperaktiven Jungen gibt es Parallelen, je genauer man hinsieht, desto auffälliger werden sie. Der Verlust des Erlebens von männlicher Autorität gehört auch dazu. Ich habe der Geschichte jenes Lehrers – der bezeichnenderweise in den Medien später kritisiert wurde – sofort für authentisch gehalten. Dieser Mann, Heise, berichtete, dass er den amoklaufenden Jungen auf dem Flur angetroffen habe, er habe ihn angesprochen: »Robert, bist du das?« Und dann zerbrach die omnipotente, aggressive und tödliche Gebärde und machte einer kläglichen Infantilität Platz. Robert S., so Lehrer Heise, fiel in sich zusammen und wimmerte: »Ich will nicht mehr, ich will nicht mehr.« Wie ein Kleinkind eben, das unter seiner Großmannssucht immer verborgen gewesen und nicht rechtzeitig entdeckt worden war.

Da war sie wieder, die Erfahrung, die wir mit hyperaktiven Jungen so oft machen: endlich wurde Robert bei Namen gerufen, endlich traf er auf eine erwachsene (männliche) Stimme, die ihn in die Ordnung der Welt zurückrief, aber es war ja schon alles zu spät. Sie hätte viel früher kommen müssen …

Ja, die psychische Entwicklung, die dieser Junge nahm – sein schulisches Scheitern und seine Unfähigkeit, mit diesem Scheitern fertig zu werden, seine Einsamkeit und die Unmöglichkeit, sie zu durchbrechen, sein Rückzug in die perfekt-blendenden Licht-Szenarien mit überlebensgroßen Potenzbildern im Computer – dies alles ist keineswegs nur ein individuelles Schicksal, es trägt zeittypische Züge. Mehrmals wurde Robert vom Unterricht ausgeschlossen. An die Eltern erging eine formale Erklärung seitens der Schulbehörde, die der Junge ihnen ohne Mühe vorenthalten konnte. Nachfragen gab es nicht, keiner kümmerte sich weiter um diesen Heranwachsenden, der in vielen Anteilen seiner Psyche noch ein Kind war.

Und als er wieder versagte, wurde er eben von der Schule verwiesen. Der formalen bürokratischen Ordnung war Genüge getan. Alles andere interessierte nicht! Dies ist der Schulleitung und dem Kollegium dieser Erfurter Schule nicht vorzuwerfen – jedenfalls nicht mehr, als es Hunderten von anderen Schulen in unserem Land auch vorzuwerfen wäre. So ist eben die Routine in einem von bürokratischen Abläufen geregelten Schulalltag. Wenn die Kinder stürzen, dann fühlt sich die Schule nicht verantwortlich, nicht einmal zuständig. Mag er stürzen, er ist auf einem formal korrekten Weg an eine andere Institution, eine andere Zuständigkeit weitergeleitet worden. Warum sollte man sich um ihn kümmern?

Ich erlebe diese Art der korrekten Routine gegenüber hilflosen Kindern und Eltern in der kinderpsychologischen Praxis viel zu oft. Es fällt schwer, dem Schulbetrieb dabei in den Arm zu fallen. (Immer muss dieser Kritik sogleich hinzugefügt werden, dass ich mitunter auch hoch engagierte Lehrer, kompetente und engagierte Pädagogen antreffe, mit denen sich hervorragend – und oft erfolgreich – kooperieren lässt, aber das sind Ausnahmen.)

Wie soll ein 17- oder 18-jähriger Junge – vermutlich mit kindlicher Seele – solchen übermächtigen Mechanismen stand halten? Was hat er ihnen entgegen zu setzen? Nicht mehr als seine kleine kläglich gescheiterte Existenz. Irgendwann glaubt so einer, überrumpelt von der Abweisung an allen Ecken und Enden, dass er nichts mehr wert ist. Aber dies ist ein Gedanke, den keiner wirklich erträgt, ein junger Mann von 17 oder 18 Jahren schon gar nicht. Also plustert er sich auf und wenn das nicht genügt, dann greift er zu einem Potenzbeleg, einem Gewehr, wenn denn eines in der Nähe ist, und wenn man es erst einmal in der Hand hat, dann ist es ja nur konsequent, davon auch Gebrauch zu machen. So schießt man sich den Weg frei und schießt damit buchstäblich ins eigene Herz.

Am Schicksal des Robert S. sind mir, als ich von den Details seiner Entwicklung und seines schulischen Schicksals erfuhr, vor allem die überindividuellen, die allgemeinen Verläufe und Motivstränge aufgefallen, die für so viele Jugendliche ganz ähnlich gelten. Roberts Individualität schien dagegen vollständig zu verblassen. Die sofort aufbrechende Diskussion, ob Computerspiele ihn zum Amoklauf verführten, hat etwas von der Banalität des Verschweigens. Noch immer nicht trauen sich Politik und Schulbehörde, Lehrer und Pädagogen an den Kern des Desasters heran. Lieber schieben sie Ersatzfragen und banale Antworten vor die tiefer reichende Fragestellung, die nach individueller Verantwortung und überindividuellen Ursachen gleichzeitig fragt, Analyse und persönliche Verantwortlichkeit zusammenführend. Nichts davon. Stattdessen werden in zahllosen Medien zahllose Experten aufgeboten, die in zahllosen Sätzen in aller Regel Unüberlegtes von sich geben. Was sollten sie auch schon sagen?

Kinder ohne innere und äußere Ordnung sind unberechenbar

Ich habe die Eltern gut verstanden, die mir vor mir saßen, die Sorge ins Gesicht geschrieben. Sie hatten ein Gefühl für die Bedrohung, die von der Vergleichbarkeit des Schicksals jenes unseligen Robert S. und ihres eigenen Sohnes ausging. Gewiss, solche Sorgen müssen zuerst wieder in ein richtiges Maß gebracht werden. Nein, es war nicht wahrscheinlich, dass ihr Sohn zu ähnlichen Aktionen greifen würde, wie sie in Erfurt geschehen sind. Nein, es war höchst unwahrscheinlich, dass Hyperaktivität und Computerbegeisterung gleichsam in unmittelbarer Folge solch massive Destruktivität zur Folge haben würde. Aber dennoch gibt es eine große Linie, die von den vernachlässigten, überaktiven Kindern hin zur Logik des Amoklaufs führt. Ja, Wachsamkeit ist geboten, Aufmerksamkeit, Achtsamkeit. Kurzum, all das, was diese Kinder in der Schule und in der Familie viel zu wenig erhalten.

Ja, wir haben eine Chance, auch Ihr Kind zu beeinflussen und zu prägen, wollte ich den fragenden Eltern sagen, wenn es uns gelingt, stellvertretend für dieses Kind Ziele, Absichten, Zukunftsentwürfe zu formulieren, zu planen und auch durchzusetzen. Auch Ihr Kind würde einem Erwachsenen mit der Fähigkeit zu großzügiger und authentischer Autorität gegenüber wie befreit wirken. Auch Ihr Kind würde dann (manchmal überraschend schnell) Vertrauen fassen und endlich die andere, die hilflos verlorene Seite seiner Übersensibilität und Überaktivität zeigen. Auch Ihr Kind möchte die Tür zur Wirklichkeit aufstoßen …

Auch für Ihr Kind gilt, dass ihm der Lernstoff – wie alle Ordnungen – aufgezwungen wird. Auch Ihr Kind setzt sich reflexhaft zur Wehr. Die symbolischen Ordnungen aus Schrift und Zahl, die gegliederten und regelhaften Strukturen wirken wie Zumutungen. Das ist Weltordnung in ihrer abstraktesten Form, Ihr Sohn versteht sie einfach nicht. Er findet sich in diesen geordneten Reihen der Schrift, in ihrer Gleichförmigkeit und feinsten Differenzierung nicht zurecht, dies alles verschwimmt vor seinen Augen zu einem lästigen Einerlei. Die Welt der Symbole ist ihm so fremd wie die Welt des sozialen Miteinanders – und trotzdem gilt, was ich eben sagte: Auch diese Kinder drängen zu einem Miteinander, zur Gemeinschaft, sie haben oft sogar eine intuitive Begabung für spontane Kommunikation und hilfreiche

Gesten, die andere Kinder nicht in dieser Weise haben, sondern erst lernen müssen …

Für jedes dieser Kinder und ihrer Eltern hätte ich dieselben oder beinahe dieselben Worte wählen können. Für alle trifft Vergleichbares in fast regelhafter Weise zu. Und für all diese Kinder gilt, dass sie im Cyberspace viel mehr zu Hause sind als in ihrer eigenen Familie. Auch dafür gibt es Gründe.

Realität? Ach was … schieß doch!

Ich habe auf den faszinierenden Charakter der Lichttechnologie im Cyberspace hingewiesen, auf die enorme Geschwindigkeit, mit der alle Aktionen sich in einer unmittelbaren Weise aktualisieren, aufgerufen und wieder gelöscht werden. Die Geschwindigkeit dieses Mediums entspricht der Ungeduld dieser Kinder. Endlich treffen sie auf ein symbolisches System, in dem sich die Funktionsweisen ihres Gehirns und die Bilder und Aktionen zu einer Einheit fügen, in der sie erfolgreich agieren können.

Noch ein Motiv tritt hinzu, das den Faszinationssog in unvergleichlicher Weise vermehrt: in den Ego-Shootern, auch in vielen Aufbau- und Strategiespielen, sind Bildsequenzen von Omnipotenz der vernichtenden Art vorherrschend. Die Botschaft dieser Spiele ist einfach. Sie lautet: Es gibt gar keine Realität, es gibt keine Wahrheit, ein guter Spieler schießt und reagiert schon, bevor er etwas »wahr«-nimmt. Für einen guten Spieler ist das technologisch-elektronische Spielgelände nichts anderes als ein unaufhörliches Auftauchen und Versinken von Anlässen, die ihn zur Reaktion, zum Losknallen, zur Bewegung des Laserschwertes, zum Abwurf der Granaten veranlassen. Wer nachdenkt, ist schon verloren. Wer sich einen Plan macht, braucht gar nicht erst anzufangen. Zwischen Schein und Sein gibt es im Cyberspace nicht die geringste Differenz. Es gibt eigentlich nur die fortwährende Vernichtung des anderen im Dienst der Selbsterhaltung. Eben dies ist auch die Logik des Amoklaufs.

Ich habe diese Logik in einem längeren Aufsatz und in mehreren Vorträgen am Beispiel des *Terminator* dargestellt. Ich will meine Überlegungen noch einmal zusammenfassen: Der *Terminator* ist längst in die vorderste Reihe der Kult-Figuren des digitalen Zeitalters gerückt.

Der *Terminator* war in seiner ersten Fassung (*Terminator I*) noch ein Maschinenwesen. Das kam, nebenbei bemerkt, dem schauspielerischen Vermögen Arnold Schwarzeneggers sehr entgegen. Wer hätte ihn in seiner muskelerstarrten Erscheinung schon von einem Cyborg unterscheiden können? Schwarzenegger war die perfekte Verkörperung eines Medientraums, der nur aus »körperlicher Erscheinung« besteht und nicht die geringste Spur von Individualität erkennen lässt. Er, der muskulöse »Cool-Man« mit Waschbrettbauch passte auf jedes Titelbild eines Lifestyle-Magazins ebenso gut wie in die Rolle einer Maschine, einer tödlichen.

Immerhin war der Cyborg in *Terminator I* noch ein materielles Wesen, ein Objekt, das sich unter anderen Objekten bewegte, wenngleich zerstörerisch und wütend. Der narzisstische Traum, wie ich im Verlauf dieses Buches darlegte, geht aber weiter, er will nicht mehr Körper neben anderen sein, sondern reine Energie, reiner Wille wie bei Geza und Maya und den anderen. Dieser Traum wurde im *Terminator II* Kinorealität.

Mit dem Fortschreiten der bildtechnologischen Möglichkeiten überwand er seine »Objekthaftigkeit«. Dazu war das »Computer-Morphing« entwickelt worden. Es handelt sich um eine Bildtechnik, in der alle Gesichter, alle Körper, alle Merkmale fließend von einer Erscheinung in eine andere übergehen. Was hier ins Bild gesetzt wird, ist nicht weniger als die Auflösung von Alter – ein faltiges Gesicht verwandelt sich gleitend in ein junges, makelloses –, von Geschlecht – Männer mutieren zu Frauen und Mädchen zu Greisen –, von Emotionen – Wut verändert sich zu einem Lachen, ein freundlicher Blick geht über in eine Todesmaske –, kurz: alles was Merkmal des Individuellen ist, wird im Morphing aufgelöst in ein gleitendes, wechselndes, fließendes Nicht-Geschlecht, Nicht-Alter, Nicht-Körper, Nicht-Gesicht usw. Was hier mittels der fortgeschittenen Technik in Erscheinung tritt, ist ohne Form und Kontur, sondern reine beweglich flüssige Masse, aus der diese und jene Gestalt in idealer Weise hervortreten kann. Es ist das absolute Nicht-Ich.

Terminator wurde Kult, er wurde Folie und Vor-bild für zahllose Computer-Heroen, die ihm folgten. Wenn also ein kleiner Spieler am Monitor im Cyberbild interagiert, wenn er buchstäblich in die Funktion des Spiel-Ichs, das im Cyberraum agiert, hineinkriecht, dann leistet er eine Identifikation mit einem Geisterwesen, das keine Begrenzung in Zeit und Raum kennt und akzeptiert. In den Spielen, die den *Terminator* weiterführen, vollendete sich das Omnipotenz-Versprechen der Technologie.

Im *Terminator II* ist dies zu erstenmal sichtbar geworden. Wenn der Terminator verwundet wird, zuckt er nur kurz zusammen, man sieht, wie die Kugel durch seinen Leib, der kein Leib ist, sondern eine reine Energie, hindurch saust, sie reißt eine Öffnung in seinem fiktiven Leib, bis die energetischen Ströme wieder zusammenfließen: *Heil!* Das reale Ich ist ein Objekt unter Objekten, Körper neben Körpern, es ist verletzlich. Das digitale Ich ist es nicht. Es ist nicht mehr das Ich, das den Blicken anderer ausgesetzt ist und sich an ihnen bewähren muss, es ist frei!

Dies reicht weit über die Maschinenträume hinaus, die die kleinen Jungen früherer Generation träumten. Ihre massiven Kriegsmaschinen waren immer noch der Mechanik und Logik verhaftet, wer sich als Soldat ins Innere der Maschine träumte, musste sich bis zu einem gewissen Grad mit der Objektbeschaffenheit des eigenen Kriegsgerätes und des eigenen Körpers und mit den Maschinen und Körpern der Feinde auseinandersetzen. In diese digitalen Energiekonstruktionen hingegen taucht das tagträumenden Kinder-Ich widerstandsfrei ein und vermischt sich mit ihnen, das Real-Ich geht dabei glückhaft verloren. Das ist das Ende der Ordnungen, ist mit einem ungeheuren narzisstischen Versprechen behaftet.

Auch die Väter benötigen diese Kinder nicht mehr, die ihnen in früheren Generationen den Gebrauch der großartigen Maschinen, die Funktionsweise der imponierenden Industrieanlagen vorführten. Um zu der in diesen Bildflüssen vorgestellten Freiheit vorzustoßen, brauchten die Kinder nur gebannt im Kinosessel zu sitzen oder entrückt vor dem Monitor im Computerspiel. Computerspiel von der Art des *Terminator*, ebenso die Kinobilder, die derselben Technologie folgen und ihr ihre erzählerische Struktur und Motive entnehmen, sind die Zeichen an der Wand. Das Menetekel, das über der modernen Kindheit hängt. Sie bieten den Identitätsnöten unserer modernen Kinder Auswege an, die vom Ich wegführen, weit weg, über jede Grenze hinaus …

24 DAS INTERNET UND DIE KINDERWÜNSCHE ODER: WIEDER HINTER DEN SPIEGELN

Die modernen Medien ähneln den Tagträumen. Dies ist eine ins Auge springende Beobachtung, die seltsamerweise in den medienpädagogischen und -psychologischen Untersuchungen keine Rolle spielt. Allenfalls werden seit neuestem Begriffe wie »Magie« oder »Mystik« den vielen Zahlen und Prozenten der empirischen Studien hinzugefügt. Dies mag damit zusammenhängen, dass die Kraft des »Tagtraumes« weder in der Psycho-Historie noch in der Soziologie eine Rolle spielt.

In der Lebenswirklichkeit verhält es sich anders. Menschen träumen sich durch den Tag, jede kleine Enttäuschung wird durch eine Fantasie, die das Ich dem Idealzustand wieder nahe rückt, ausgeglichen. Es gäbe vermutlich in unserem Alltag keine Versöhnung, wenn es die Tagträume nicht gäbe. Kurzum, den Psychologen und Pädagogen, die mit dem Fantastischen so häufig auf Kriegsfuß stehen, entgeht ein wesentlicher Bestandteil der Realität.

Von eben dieser Realität lebt das Internet, leben die Bilder im Cyberspace, lebt überhaupt der ganze verwegene technologisch-ästhetische Aufbruch, zu dem die abendländische Zivilisation sich auf den Weg gemacht hat. Der Tagtraum verleiht ihr diese Dynamik, die, wie wir unlängst sahen, Börsen und Finanzmärkte erfasste, sie in einen Taumel versetzen und zusammenbrechen ließ.

Gewiss, Kinder waren schon immer Fantasten. Das ist nicht neu. Wegen ihrer Begabung zum Träumen mit offenen Augen waren (und sind?) sie so großartige Leser. In meiner Kindheit versanken wir ja buchstäblich in die Landschaften am Mississippi, wenn wir mit Huckleberry Finn und Indianer Joe die Wälder durchstreiften, den Mississippi hinauf paddelten oder mit verrückten betrügerischen Clowns vor den Sheriffs ausrückten. Wir gingen mit Winnetou in den Kampf gegen alles Böse oder durchlitten mit ihm den Tod seines Pferdes. Wir jagten mit dem »Wildtöter« Wasserschluchten hinab oder retteten gemeinsam mit dem letzten Überlebenden eines stolzen Indianerstammes französische Divisionsdamen vor dem Marterpfahl. Kinder sind große Leser, weil das Lesen dem Fantastischen nahe ist. Diese verdichtete Nähe zur Fantasie wiederum hat ihre Ursache darin, dass mit dem Aufschlagen des Buches ein in sich geschlossener Symbolraum betreten wird. Symbole benennen zwar das Reale, widerrufen es aber auch, umspielen es, zerfließen mit ihm und lösen sich dann wieder von der Realitätsgebundenheit. Symbole sind kleine verwegene Spieler zwischen Irrealität und vernünftiger Wahrnehmungsordnung.

Heute besetzt eine neue Kindergeneration lieber den Cyberspace, ebenfalls ein kontingenter Symbolraum. In ihm wird das Reale noch restloser widerrufen, das Fantastische – in dem verborgen das frühkindliche Fantasma in Erscheinung tritt – dominiert. Mit der Immanenz der aufschimmernden Symbole auf dem Monitor werden die grundlegenden Wahrnehmungskategorien Zeit, Raum und Kausalität aufgeweicht. Freud schrieb: »Wo das Reale schwindet, haben die Wünsche ihren Auftrieb ...«, er meinte den Traum. Im Internet ist es nicht anders.

Die Technologie zaubert Bilder auf den Monitor, die flüchtig sind und trotzdem auf unsere täuschbaren Sinne so wirken, als seien sie für die Ewigkeit gemacht. Es ist ein Möglichkeitsraum, ein Raum des »Alles-Möglichen«, der sich vor dem Benutzer des Internet oder dem Spieler am Computer auftut. Niemals war die Alltagsrealität dem Tagtraum mit seinen Sensationen so nahe gerückt wie hier. Fantastische Bilder und Klänge werden vor den Kindern eröffnet, in die sie sich handelnd hineinbewegen. Ihre verspielten Sinne vermengen sich mit den Symbolen auf dem Bildschirm und erschaffen einen eigenartigen eindrucksmächtigen Raum.

Hohe Auflösung

Die elektronisch-digitalen Bilder bedürfen der Realität nicht, weder als Modell noch als Vorlage. Sie können sich auf vielfältige Art von jedem Realitätsanspruch lösen. Technisch gesehen können die kommunizierenden Daten in ganz verschiedenartiger Weise herunter geladen werden, als Klang ebenso wie als Schrift, als Farbe ebenso wie als Fotografie. Die Daten sind unendlich fungibel. Es ist nicht mehr als eine technische Übereinkunft, die dafür sorgt, dass ein Bild beim Herunterladen Bild bleibt, ein Klang Klang bleibt, Schrift bleibt Schrift usw. Aber noch während wir das Bild als Bild und die Schrift als Schrift zur Kenntnis nehmen, bleibt uns gegenwärtig, dass das Bild (oder der

Klang oder die Schrift) inmitten eines Stromes egalitärer Zeichen transportiert wird. Diese Zeichen haben weder stabile Form noch fixierten Inhalt, diese Tatsache haftet an ihnen wie eine rational kaum entschlüsselbare Potenz. Noch das realistische Foto verschwimmt beim Transport durch den elektronischen Übertragungsraum auf eigenartige Weise in der Gesamtheit der Datenmenge. Mit unserer Ratio und dem Selbstbewusstsein ist es, wenn wir im Internet kommunizieren, lernen, spielen oder kaufen, nicht anders: Alles hat eine Tendenz zur Selbstaufhebung …

Lesen ist Tradition, Surfen ist pure Gegenwart

Was unterscheidet die Aktionen und Interaktionen im Netz vom Lesen eines Buches? Vor allem dies: Durch die zeitliche Folge und die Reihe der beständigen Zeichen wird beim Lesen die Vorstellungskraft fortlaufend an eine große Tradition des Erzählens zurückgebunden. Sie ist uns, lesend, immer präsent. Was die geordnete schriftsymbolische Reihe in den Köpfen der kleinen Leser abruft, sind durchaus ebenso Idole, numinöse Abenteuer, Selbstidealisierungen. Dennoch bleibt das Lesen eines Buches ein reflexiver und selbstreflexiver Vorgang, in den die erzählende Tradition ebenso wie die ordentlich-festgeschriebenen Schriftzeichen stabile Realitätsbezüge einzieht. In der digitalen Welt hingegen herrscht Unmittelbarkeit und radikale Präsenz, die das Zeitgefühl auflöst – wie jeder nächtliche Nutzer des Internet ebenso weiß wie der begeisterte Strategie-Spieler eines Computerspiels –, die engen Pforten der Realitätsgebundenheit und ihrer zensierenden Funktionen werden immer wieder aufgerissen und lassen den Vernunftcharakter, den mühsam erworbenen, hinter sich zurück. Die Liebe der Kinder zum Computer ist gleichbedeutend mit ihrer Liebe zum Fantastischen, zum puren gegenwärtigen Spiel, zur Auflösung aller Ordnungen.

Die alten Maschinen sind müde geworden …

Die alten mechanischen Maschinen verbrauchten sich, indem sie benutzt wurden. Sie verschlissen, das Material ermüdete, sie wurden »alt«. In den digitalen Medien verhält es sich anders. Der Cyberspace ist ein sich selber erzeugendes Datengelände. Indem wir den Datenraum betreten, ergänzen und vervollständigen wir die Summe der im

Netz vorhandenen Informationen. Das Netz ist unaufhörlich in Ausdehnung begriffen, jedes Informationswissen, jede Fantasie, jeder Kontakt erweitert seine Vielfalt. So dehnt es sich aus, einem – wenn es dies dann gäbe – Zustand der Vollkommenheit entgegen. Es altert nicht, es verbraucht sich nicht, es kennt keine Zeit. Im Netz ist alles aus sich selber schöpfende Gegenwart. Alle Kommunikationen sind »jetzt« und danach wie ausgelöscht. Alle Informationen sind »jetzt«, morgen lauten sie anders. So entsteht der Eindruck des Unerschöpflichen im Netz. Kein Anfang, kein Ende, ich kann meine Anwesenheit im Netz auch niemals abschließen, wie ich beispielsweise ein Buch zuschlage, ich kann meine Anwesenheit nur »unterbrechen«.

Alles ist da, wird verbraucht und ist wieder da …

Das Unerschöpfliche ist ein Kinderwunsch. Darauf habe ich zu Beginn dieses Buches bereits hingewiesen. Dass das Verfügen über Dinge nie ganz ausgeschöpft wird, dass es Vieles gibt und dann immer noch mehr – das ist der Traum von Kindern. Wir kennen das Bild des kleinen Kindes, das hilflos seine Hände ausbreitet, in denen eben noch die leckere Schokolade lag, die dann leider im Mund verschwunden ist: Dass die Dinge der realen Welt, indem man sie genießt (im oralen Modus »verbraucht), anschließend nicht mehr existent sind, ist eine der allerersten Kränkungen, die ein Kind auf dem Weg in seine beginnende Autonomie durchlebt. Auch diese Kränkungen und ihre seelische Folgen – der immer wache Hunger, der Neid, das Besitzen-wollen, das Festhalten und -klammern – begleiten uns als Erwachsene ein Leben lang. Das Internet bedeutet nun: Es gibt immer noch mehr, immer wieder. Das Netz sagt: Es gibt kein Aufhören der konsumierbaren Welt, der Bilder, der Töne, der Kontakte. Das Netz sagt damit auch: Auf das einzelne konkrete Ding kommt es nicht an, sondern auf die Fülle. Die Überfülle, das Übermaß der Dinge. Dazu ein letztes Beispiel.

Kathrins Spiel: der ideale Körper und das freigesetzte Ich

Wenn Karin sich in den Cyberspace begibt, dann hängt sie ihrem Tagtraum nach, hier gewinnt er beinahe Züge von Vollkommenheit. Im digitalen Raum kann sie schamlos, in restloser Verkleidung – die wiederum nur eine Verkleidung verhüllt, eine Maske über der Maske –

kommunizieren. Sie ist Ich und doch vor Kränkungen und Beschädigungen weitgehend geschützt. Das Internet ist auch nur Ersatz, aber einer mit enormer Gegenwärtigkeit.

Wenn Karin die »Chat-Groups« des Internet aufsucht, dann tut sie es in wechselnder Gestalt, Karin ist – wie der *Terminator* – das pure Nicht-Ich, da ist sie eine 27-jährige erfahrene und erotisch besessene Frau, dann ein vorlautes Mädchen, ein Girlie, dann ist sie sogar eine Mutter mit drei Kindern, etwa 40 Jahre alt – ein Alter, das Karin sich gar nicht recht vorstellen kann. Sie agiert in dieser Ich-Form, sie antwortet, ist erschrocken oder erfreut, sie betört ihr Gegenüber – von dessen Identität sie so wenig weiß wie es von ihrer –, sie ist laut und aufdringlich, dann wieder still und zurückhaltend und verschämt, aber immer ist ihre Erscheinung perfekt in dem Sinn, dass sie genau das sein kann, was sie in diesem Moment sein will. Sie kann – wie ich im ersten Teil dieses Buches schrieb – an sozialen Kontakten »teilhaben«, ohne ihre Tagträume aufzugeben. Im Netz dehnt sich ihr Ich aus in einen weiten, unbeschreiblichen Raum und auch das Ich selber, das sich in dieser Raumlosigkeit spiegelt, ist unendlich vielfältig. Wenn es hier Grenzen gibt, dann sind es lediglich die ihrer Vorstellungskraft.

Das Internet ist trotz aller Bildhaftigkeit immer noch wesentlich textgebunden. Auch Karin schreibt und schreibt, wenn sie chattet, sich verabredet und Verabredungen kommentarlos fallen lässt. Der in unserer Kultur verbürgte Bedeutungscharakter der Schrift – das geschriebene Wort ist das »wahre« Wort – verleiht diesen fiktiv-realen Kontakten eine besondere Gültigkeit. Dort steht es ja (»es steht geschrieben«), das ich Karin und Nicht-Karin bin, beides zugleich, jetzt und wieder jetzt … und was ich morgen sein werde, das weiß ich nicht, in jedem Fall wieder etwas ganz anderes …

Im Netz erlebt sie, was Marya sich erträumte: ein Sein hinter dem Spiegel. Sie muss sich nicht selber anschauen, sie kann ihr gespiegeltes Bild fantasieren und was ihr dann aus dem fantastischen Spiegel entgegen leuchtet, das ist das endlich vervollständigte Ich. Im Netz ist Karin nicht hungrig, nicht einsam.

Sie ist nicht auf der Suche nach Freunden, bei der geringsten Irritation klinkt sie sich sofort aus und hat die Kränkung in wenigen Minuten vergessen – im realen Leben, dem »RL, real life«, trägt sie an der winzigsten Kränkung tagelang –, weil sofort ein anderer Kontakt an die Stelle tritt und ihre Seele füllt. Das realitätsferne Spiel lässt sie sogar ihren Körper vergessen. Manchmal hockt sie stundenlang abends und nachts vor dem Monitor, gekrümmt, hingehockt, allein. Nur ihre Vorstellungswelt ist aktuell und kommunikativ, während ihr Körper fast vergessen wird. Lediglich die Fingerspitzen berühren die Tastatur und verbinden ihn mit der Medienmaschine und der in ihr erschaffenen Wahrnehmungsrealität.

Manchmal – aber warum nur? – überlässt Karin sich sogar den destruktiven Impulsen, die aus irgendwelchen Gründen in ihr aufsteigen. Dann bricht sie ein Gespräch abrupt und böse ab, tippt noch einige kränkende Bemerkungen ein und ist verschwunden. Im Netz kann und darf sie auch böse sein, die Gefahr der Bestrafung ist gering. Bevor der andere antwortet, ist sie schon verschwunden und wenn er sie dennoch erwischt, ist seine Revanche billig: Karin ist ja gar nicht Karin.

Nur wenn sie aus dem Netz zurückkommt, ist sie oft müde und leer. Sie fühlt sich dann wie ausgelaugt, auch die Körperbedürfnisse melden sich wieder in aufdringlicher Art und Weise. Sie hat bemerkt, dass sie nach Verlassen des Netzes regelmäßig zum Kühlschrank geht und sich vollstopft mit Käse und Wurst oder sogar mit Süßigkeiten. Karin schwört sich dann, nie wieder ins Netz zu gehen. Aber das Netz ist eine Sucht, genauso wie das Vollstopfen hinterher. Sie kann nichts daran ändern.

Nachwort

Verwöhnt, einsam, desorientiert – oder: welche Eltern braucht das moderne Kind?

In diesem Buch habe ich die Identitätsnöte unserer Kinder darzustellen versucht und dabei insbesondere Hyperaktivität und Essstörungen in den Mittelpunkt gestellt. Sie sind jedoch nur Zuspitzungen einer allgemein problematischen Entwicklung moderner Kinder. Die Gründe für diese Nöte sind vielfältig, sie beginnen in der frühesten Kindheit. In ihren ersten Lebensmonaten und -jahren benötigen die Kinder nichts dringender als Schutz, Geborgenheit, »Stillung« im körperlichen und seelischen Sinn. Sie bekommen sie viel zu selten. In ihrem Lebensstil und Lebensrhythmus haben sich viele Familien einer gesellschaftlichen Kultur angepasst, die in Freizeit und Beruf von neuen Medientechnologien geprägt ist. Ich habe im ersten Teil dieses Buches dargestellt, wie schon die Kleinsten verwirrenden und ungeordneten Eindrücken überlassen werden und wie insgesamt das Getriebensein des modernen Alltags das Klima der Familien durchdringt. Diese Entwicklung wird kaum zu stoppen sein, für die Kinder ist sie nicht gut.

Ich habe weiter zu skizzieren versucht, welch ein verwegenes Unterfangen die Erkundung und »Eroberung« der Außenwelt für jedes Kleinkind darstellt. Die ersten eigenen Bewegungen durch die elterliche Wohnung, das erste Erkennen und Wiedererkennen von Gegenständen, die erste sprachliche Benennung von Dingen, Menschen und Vorgängen – das sind die Anfänge des kindlichen Verstehens von Welt, sie werden von aufwühlenden, ängstlichen und stolzen Empfindungen begleitet. Zum ersten Mal auf eigenen Beinen zu stehen, zum ersten Mal Distanzen aus eigener Körperkraft überwinden und dabei ein Gefühl für Entfernung zu entwickeln, zum ersten Mal staunend festzustellen, dass der eigene Körper nur ein Körper neben vielen anderen ist, zum ersten Mal den befremdlichen und verlockenden Charakter der Realität jenseits des mütterlichen Armes zu empfinden – was für unvergleichliche geistige und seelische Abenteuer das sind. Ein Kind braucht Beständigkeit und Stille, um sie zu bestehen.

Vater oder globaler Player, Mama oder coole Karrierefrau?

Aber solche ruhige Verlässlichkeit finden die Kinder in den Familien heute selten. Ich nenne einige Gründe dafür:

1. Viele Eltern haben die intuitiven Sicherheiten und Selbstverständlichkeit verloren, die noch für die Großeltern-Generation typisch war. Die Einbindung in familiäre Traditionen hatte noch vor zwei Generationen eine zentrale identitätsstützende und wirtschaftliche Bedeutung.
2. Heute müssen Eltern ausschließlich aus eigener Kraft das Überleben ihrer Familie gewährleisten. Es wird ihnen nicht leicht gemacht! Familie und Kind sind im modernen Wirtschaftsleben geradezu ein Karrierehindernis. Die moderne globale Wirtschaft geht von hochflexiblen, nicht-sesshaften Mitarbeitern aus, die zu jeder Zeit und an allen Orten verfügbar sind. Dies gilt bereits für Führungsfunktionen auf einer mittleren Leitungsebene. Die Anforderungen des modernen Wirtschaftslebens und die Bindung an die Familie widersprechen einander. Für Frauen bedeuten Schwangerschaft und kleine Kinder in besonderem Maße Behinderungen ihres beruflichen Fortkommens, das ist bekannt und muss hier nicht vertieft werden.
3. Die Karrierebilder – die Traumbilder –, die jeder junge Mann und jede junge Frau in sich tragen, sind mit der notwendigen Bindung und Beständigkeit eines Familienlebens kaum vereinbar. Wie bringt ein ehrgeiziger 30-Jähriger das Idealbild des Managers im weltweiten Verbund digitaler Medientechnologien zusammen mit dem Bild des sorgenden Familienvaters? Wie verknüpft eine junge Frau ihren beruflichen Ehrgeiz, etwa in einer Werbeagentur leitende Funktionen einzunehmen oder im Verkauf von Lifestyle-Produkten internationale Erfahrungen zu sammeln, mit ihrer Rolle als geduldige, liebevoll zugewendete Mutter, die beim Stillen mit ihrem Kind in eine selbstgenügsame Passivität versinkt? Unsere Kultur jagt einem atemlosen Ideal von zeit- und raumübergreifenden Kommunikationen nach, neben dem die Langsamkeit des familiären Lebens für

ehrgeizige junge Leute wenig attraktiv wirkt. Schärfer formuliert: Unsere moderne Gesellschaftskultur kann mit Kindern eigentlich nichts anfangen. Sie stören an allen Ecken und Kanten, deshalb entwickeln sie Störungen.

Was ist eine Familie wert?

Noch vor einem halben Jahrhundert war der Bestand der Familie – »der Name der Familie« – über die individuellen Wünsche und Bedürfnisse von Mann und Frau hinaus von zentraler Bedeutung. Eine Trennung wurde von beiden Ehepartnern als ein tief greifendes, das weitere Leben behinderndes Unglück empfunden und von der Umwelt missbilligt. Solche bewussten und unbewussten, normorientierten Bindungen an die Institutionen Ehe und Familie waren in Krisen ein durchaus wichtiger Stabilisierungsfaktor. Auch er ist verloren gegangen. Heute ist Familie wesentlich eine Beziehungsgemeinschaft. Damit droht jede Beziehungsstörung den Bestand der Familie insgesamt in Frage zu stellen. Die Ehe ist eine Vereinbarung zweier frei über ihr Leben verfügenden gleichberechtigten »Partner«, die sich aus eigenem Willen entschließen, für eine schwer voraussagbare Dauer das Leben zu teilen. Dies ist ein grundliegend anderes Verständnis, als etwa während des kirchlichen Rituals in der christlich-mystischen Beschwörung noch einmal – ein letztes Mal? – aufschimmert: »Was Gott zusammen gefügt hat, soll der Mensch nicht trennen«. Für die meisten Brautpaare ist dieser Satz kaum mehr verständlich.

Heute stellen sich gleichberechtigte Partner von Anfang an auf ein mögliches Scheitern der Ehe ein, schon deshalb verfolgen sie – unabhängig von ihren positiven Gefühlen füreinander – unterschiedliche Interessen. Zwei Egos müssen ihre Bedürfnisse, Wünsche, Lebenserwartungen usw. Tag für Tag neu austarieren. Allerdings zeigen Umfragen entgegen dem individualisierenden Zeittrend, dass junge Erwachsene und Jugendliche zugleich ein tiefes Verlangen nach Familie und lebenslanger Bindung, nach Verlässlichkeit und Treue zu erkennen geben. Was in der gesellschaftlichen Kultur und in der individuellen Lebensplanung zunehmend in Frage gestellt wird, scheint gleichwohl ein elementares menschliches Bedürfnis zu sein.

Bloß keine Traurigkeiten!

Vier Bedingungsfaktoren, die das Leben junger Familien erschweren. Im Erziehungsverhalten im Alltag folgen daraus eine Reihe von Anforderungen. Sie machen das Drama des modernen Kindes aus. Die Befindlichkeitsgemeinschaft Familie ist emotional hoch besetzt, aber äußerst störungsanfällig. Der einzige Garant von Stabilität, der diese Gemeinschaft über die ego-zentrierten Befindlichkeiten von Papa und Mama hinaus stützt, ist das Kind. Das Kind rückt emotional in das Zentrum der Familie. So sehr es einerseits das berufliche Fortkommen und die Karriereträume behindert, so sehr ist es andererseits doch der einzig verlässliche und stabilisierende Teil jener Befindlichkeitsgemeinschaft, von der sich Papa und Mama – trotz der ungünstigen Voraussetzungen – die Erfüllung ihrer innigsten Bindungswünsche und Glücksvorstellungen erhoffen. Es ist davon auszugehen, dass Eltern eine zutiefst ambivalente Beziehung zu ihren Kindern entwickelt haben. Um die Familie zu sichern, aber wohl auch, um solche zwiespältigen Empfindungen zu überspielen, werden die Kleinen heute intensiver umsorgt und verwöhnt als je zuvor. Alle Wünsche und Träume von einer heilen und glücklichen Familienwelt richten sich mit einer – selbst in den bürgerlichen Familien der letzten zwei Jahrhunderte so nicht gekannten – Sentimentalität auf das Kind.

In der Folge wird die Erziehung des Kindes problematisch. Am liebsten würden viele Eltern es von einem Glücksmoment zum nächsten führen, und ihm die vielen kleinen und großen Tragödien, die Kindheit auch bedeuten, ersparen. Manche Familien agieren in ihrer Freizeit wie eine Art Vergnügungspark. Man eilt zu dritt oder zu viert von einer Attraktion zur anderen, vom Zirkusbesuch zur »Riesenparty« auf dem Schützenplatz und von dort zur Reitschule und anschließend zu McDonald's. Nur keine Unsicherheit aufkommen lassen, jede kleinste Traurigkeit wird gefürchtet wie ein Menetekel, das den Familienalltag verdunkelt. Jedes Kinderproblem wird zu einer möglicherweise unerträglichen Störung.

Verwöhnte Kinder sind die Folge, Kinder, die vor der Wirklichkeit, so gut es geht, geschützt werden. Sie sind schnell gekränkt, verlangen aber die Erfüllung aller Wünsche jetzt und sofort. Sie sind in ihrem sozialen Verhalten ungeübt, in ihren kognitiven Fähigkeiten auf egozentrische Weise eingeschränkt. Sie müssen unendlich vieles von dem, was frühere Kindergenerationen wie selbstverständlich während der ersten Lebensjahre im Rahmen der Familie erwarben, später nachholen, etwa wenn die Schule objektive Anforderungen an sie stellt und sie zugleich jeden Tag stundenlang mit anderen Kindern zurechtkommen müssen. Diese Mitschüler haben auch einen eigenen Willen und lassen sich nicht, wie Papa und Mama, von Trotz und Wut beeindrucken. Verwöhnte Kinder stoßen auf eine Überforderung nach der anderen und wissen sich zuletzt nicht zu helfen.

Damit kommen wir zur zweiten Überforderung des Kindes. Papa und Mama sind, was ihre soziale Reputation angeht, unsicher. Entsprechend viel Wert legen sie auf die »Außendarstellung« der Familie. Das familiäre »Glück«, das ohnehin fragil ist, soll zumindest nach außen hin glänzen. Wiederum liegt alle Verantwortung beim Kind. Ihm wird vor allem die Bürde auferlegt, das »Funktionieren« dieser »glücklichen Familie« zu dokumentieren. Das kluge Kind, das schulisch erfolgreiche, das talentierte usw. mildert alle Unsicherheiten und gleicht das Karriererisiko und den Ansehensverlust teilweise aus. »Schaut her, wie erfolgreich glücklich diese Familie ist!«

Aber was, wenn das Kind Probleme hat? Wenn sich zeigt, dass seine intellektuelle Begabung begrenzt ist, dass seine kreativen Talente bei aller Förderung dürftig bleiben? Die Kränkungen, die solche Einsichten für die Eltern bedeuten, greifen tief. Schulische Probleme und Fragen der Erziehung sind denn auch nach Angaben von Eltern der häufigste Anlass zu familiärem Streit, oft der Anfang einer Trennung. Deshalb bemühen sich Eltern heute mehr denn je, alle Fähigkeiten ihres Kindes zu fördern, alle psychologischen Ratschläge penibel zu befolgen, kurzum, in der Erziehung perfekt zu sein. Im Hintergrund all der vielen Förderungen – von der musikalischen Früherziehung und dem Ballettunterricht bis zur motivationsfördernden Hausaufgabenhilfe – steht die aus vielen Motiven zusammengesetzte Angst vor dem Versagen des Kindes.

Egoistisch und einsam

Auf diese Weise ist das Kind zwei einander widersprechenden, unbewussten Forderungen der Eltern ausgesetzt.

Zum einen soll es die Harmonie der Familie stabilisieren. Dazu muss es eine enge Bindung zu Mama und Papa aufrecht erhalten, es soll den emotionalen Bestand der Familie durch seine liebevolle Beziehung zu beiden garantieren. Zugleich soll dasselbe Kind in seinen Außenkontakten leistungs- und durchsetzungsfähig, vorzeigbar und selbstständig sein. Ohnehin werden Kinder in ihrer Entwicklung bis zur Pubertät seelisch aufgerieben zwischen ihren Bedürfnissen nach einer möglichst engen, harmonischen Einheit mit den Eltern, besonders mit Mama, und ihrem Wunsch nach Selbstständigkeit und Unabhängigkeit. Diese innere Diskrepanz wird durch die eben genannten widersprüchlichen Erwartungen der Eltern unerträglich zugespitzt. Die Integration des Sicherheits- und Harmonieverlangens auf der einen Seite und der Entdeckerlust und des Mutes zu sich selber auf der anderen gelingt nicht.

Dies sind die Folgen: Wir stellen bei vielen Kindern und Jugendlichen heute einerseits eine frühe Selbstständigkeit fest, die freilich einen ausgeprägt egozentrischen Charakter hat, zugleich halten sie noch als 18- oder 20-Jährige ein kindlich anmutende Bindung an ihr Elternhaus aufrecht. Sie agieren zielsicher und »cool« etwa im Internet und sind zugleich völlig hilflos, wenn Mama abends das Essen nicht auf den Tisch stellt. Auch in ihren Beziehungen zu Gleichaltrigen wirken sie oft betont selbstbezogen, sind aber andererseits auf die Anerkennung ihrer jugendlichen Bezugsgruppen angewiesen. Ihr Wunsch nach perfekter Selbstdarstellung macht deutlich, wie sehr sie das Verlangen nach Anerkennung von ihren Eltern übernommen haben, zugleich zeigt ihre Egozentrik alle Merkmale einer überfürsorglichen Erziehung. Hier zeigt sich verstärkt wieder, was ich vorher schon skizziert habe: diese Kinder und Jugendlichen sind so aufgewachsen, dass es ihnen äußerst schwer fällt, auf ihre infantilen Wünsche und Begehrlichkeiten zu verzichten, sie geraten dadurch oft in Konflikt untereinander. Zu ihrem selbstbezogenen Charakter gehört es auch, dass ihnen nahezu alle Anforderungen – von einfachen Aufgaben im Haushalt bis zur Regeleinhaltung im Kindergarten oder im Jugendclub – schlicht unzumutbar erscheinen. Sie wirken im Umgang mit allen verobjektivierenden Formen und Strukturen hilflos, unsicher und sehr lustlos. Sie haben Mühe, den grammatischen und syntaktischen Strukturen der Schriftsprache zu folgen, selbst das Lesen erscheint ihnen anstrengend und ermüdend, die folgerichtige Entfaltung von Gedanken etwa in einem Aufsatz, überfordert sie oft. In den selbstbezüglichen Motiven, Aktionen und Bildern des Cyberspace hingegen zeigen sie Intelligenz und hohe Geschicklichkeit.

Bei den Mädchen fällt ihr Wunsch nach Anerkennung auf, der ein perfektes Selbstbild entspricht. Wo diese Perfektion gestört wird, büßen sie ihre Selbstliebe ein. Die Folgen sind, wie ich in den Kapiteln über Essstörungen gezeigt habe, fatal.

Diese modernen Kinder und Jugendlichen passen sich äußerlich meist an, sie wollen nicht auffallen, aber in ihnen tobt ein ego-zentrierter Wille, der nicht versteht, dass sich die Welt ihren jeweiligen Bedürftigkeiten nicht fügt. Dies ist gemeint, wenn ich im Verlauf des Buches mehrfach davon spreche – und anhand einer Reihe von Fallgeschichten erläutere –, dass die Kinder ihr Selbst nicht in ihren sozialen Verhältnissen »spiegeln« können. Sie sind im Innersten einsam.

Die Mega-Macht der Medien

Unter diesen sozialen und seelischen Voraussetzungen entfaltet sich der Einfluss der Medien. Ich habe an verschiedenen Stellen den Begriff »Medienmaschine« verwendet. Diese Metapher soll die Gesamtheit der Medienwirkungen umschreiben. Deren Einflüsse bestehen nicht allein darin, dass Kinder »zu viel fernsehen«. Es ist vielmehr so, dass sie permanent unter medialen Einflüssen leben. TV und Radio, Walkman und Gameboy, die Werbebotschaften aus Fernsehen, Magazinen, Plakatwände bestimmen ihre Kleidung und die ihrer Freunde, bestimmen den Inhalt ihrer Gespräche, prägen bildkräftig ihre Vorstellungen von Schönheit und Glück. Die ineinander greifenden Medieninformationen verdichten sich zu einem medialen Ganzem, dem sich kein Kind unserer Kultur entziehen kann. Die Tagträume und die Selbstbilder unserer Kinder sind von hoch perfektionierten Medienbildern bestimmt.

Kinder sind in besonderer Weise der Zukunft zugeneigt. Sie träumen, was sie sein werden und was sie erreichen wollen. Ihre Vorstellungswelt ist durchsetzt von sehnsuchtsvollen Bildern eines idealen Selbst. Darüber hinaus sind ihre Fantasien weitaus präsenter und realer, als ein Erwachsener in der Regel nachempfinden kann. Das fünfjährige Kind, das voller Stolz erklärt »bald bin ich ein Schulkind«, fühlt sich in diesem Moment schon ganz wie ein kleiner Schüler, der lesen und schreiben kann. Ebenso geht es dem Achtjährigen, der sich als Pilot über die Welt sausen sieht und ebenso jenen 14-Jährigen, die sich als Star auf der Bühne oder als »Zerstörer« im Computerspiel umjubelt und bewundert fühlen. Diese fantastischen Tagträume haben eine enorme seelische Bedeutung. Eben damit spielen die modernen Medien mit ihren digitalen Bildern, ihrer Perfektion und atemberaubenden Artifizialität und ihrer zeit- und raumüberspringenden Übertragungsmöglichkeiten.

Die verwöhnten, egozentrierten Kinder sind solchen überwältigenden idealisierenden Bildern hilflos ausgesetzt. Sie können sich den Versprechungen, die von ihnen ausgehen, nicht entziehen. Aus den vielen Überforderungen in Familie und Schule, die ich eingangs skizzierte, ziehen sie sich zurück in eine mediale Bildwelt, die ihren »narzisstischen Bedürfnissen« in vollkommener Weise entspricht.

Wenn »Pro 7« die Realität ersetzt

Die Einbindung der Kinder in die moderne Medienwelt verstärkt sich zunehmend. Die Fernsehproduzenten tun alles, um diesen Prozess zu intensivieren. Während ich dieses Nachwort schreibe, erhalte ich aus einer öffentlich-rechtlichen Fernsehredaktion folgende Information: Im Rahmen der Talksendung *Arabella* zeigt Pro 7 unter dem Titel *Abschlussklasse* eine Folge von Videoaufnahmen, die so wirken, als seien sie mit amateurhafter Kamera in einer Schulklasse gedreht worden. Täglich gehen scheinbar dokumentarische Bilder von Liebe und Selbstmord, Sex und Abtreibung, Wut und Eifersucht über den Bildschirm. In ihren Pressemitteilungen versuchen *Arabella* und die Produktionsfirma den Eindruck zu erwecken, als seien die Aufnahmen unmittelbar in der Schulrealität entstanden. Alles wirkt auf unerfahrene Zuschauer »echt«. Umfragen zeigen, dass die Jugendlichen auf den Schwindel hereinfallen. Sie verfolgen gebannt dem Fortgang der Geschichten, die einerseits wie ihr eigener Alltag wirken, andererseits dramaturgisch spannungsreich aufgebaut sind und zusätzlich durch die Tatsache, dass sie im Fernsehmedium erscheinen, aufgewertet werden. Realität und Medienfiktion verschwimmen. Was zu den grundliegenden Entwicklungen einer Psyche zählt, die Fähigkeit zwischen inneren und äußeren Vorgängen klar zu unterscheiden, wird in Frage gestellt.

Welche Ziele verfolgen die Produzenten mit diesem täglichen »Fake«? Sie versuchen eine Art Zusammengehörigkeitsgefühl im medialen Rahmen herzustellen, sie versuchen eine virtuelle Befindlichkeitsgemeinschaft aufzubauen, in der Kinder und Jugendliche ihre Probleme, ihre Gefühle, ihre Ängste abgebildet sehen und der sie sich zugehörig fühlen. Sie werden, wenn diese über Medien gestiftete Gemeinschaft beständig genug geworden ist, eben hier optimal ihre Werbebotschaften platzieren können. Werbung und soziales Erleben werden sich dann bei den jungen Zuschauern eng zusammenschließen. Ein Traum für jeden Werbemanager! Ich erwähne diese neue Entwicklung der Mediengesellschaft – es gibt zahlreiche Beispiele, die in eine ähnliche Richtung weisen – deshalb, weil sie verdeutlicht, wie sehr die sozialen und persönlichen Unsicherheiten moderner Kinder instinktsicher von Medienmachern aufgegriffen werden, auf diese Weise wird ihre Wirkungsmacht permanent verstärkt. In unserer Freizeit- und Berufskultur gibt es nicht ein einziges Korrektiv, das dem entgegen wirken könnte. Die Kinder sind auch in dieser Beziehung entsetzlich allein.

Neu denken. Sofort!

Damit komme ich zu meinem letzten Gedanken. Ich bin ausgegangen von der hohen Bedeutung, die die frühkindliche Bindung an das Mütterliche hat, ich habe gezeigt, wie die ersten geordneten Wahrnehmungen von Welt und schließlich das Bestreben, sich »auf eigene Füße zu stellen«; von der Lenkung und dem Schutz des Väterlichen abhängig sind. Die Bedeutung von Papa und Mama werden früh eingeprägt, sie gelten ein Leben lang. Sie haben eine enorme seelische Kraft. Vermutlich ist dies sogar die einzige Kraft, die dem Wirken der »Medienmaschine« entgegengesetzt werden kann oder sie dort korrigiert, wo sie die Kinder zu isolierten und dissozialen Haltungen anstiftet. Bei aller Problematik, die wir in der Entwicklung moderner Familien erkennen müssen, bleibt die seelische Tiefenwirkung von Papa und Mama letztlich unangetastet. In liebevollen und konfliktreichen Beziehungen zu den Eltern erwerben Kinder ihre sozialen und kommunikativen Fähigkeiten, in der Familie werden die elementaren Prägungen erworben – oder sie fehlen ein Leben lang. Kein Schulunterricht und keine psychologische Beratung kann auch nur annähernd ausgleichen, was bei den eigenen Eltern nicht gelernt und verinnerlicht worden ist. Eine Gesellschaft, die ihre Familien im Stich lässt, führt die Kindergeneration in ein soziales Desaster. Angesichts der wachsenden Dissozialität des öffentlichen Lebens – ich habe dies am Beispiel einer Hannoveraner Fußgängerzone dargestellt – führt die Vernachlässigung der familiären Erziehungskompetenz im gesellschaftlichen und im individuellen Bereich unmittelbar in eine Katastrophe.

Bibliografie

Im Folgenden sind nur solche Titel aufgeführt, auf die ich mich implizit unmittelbar bezogen oder aus denen ich zitiert habe.

Barkley, Russel A.: Attention-deficit-hyperactive Disorder. A Diagnostic Handbook. New York 1989.

Bergmann, Wolfgang: Digital-Kids – Kindheit in der Medienmaschine. München 2002.

Bergmann, Wolfgang: Abschied vom Gewissen. Die Seele in der digitalen Welt. Asendorf 1999.

Döpfner, Manfred u. a.: Therapieprogramm für Kinder mit hyperkinetischem und oppositionellem Problemverhalten. Weinheim 1997.

Gordon, Thomas: Familienkonferenz. München 1989.

Herbst, Geza: Fremdkörper. Reinbek 1995.

Hornbacher, Marya: Alice im Hungerland. Berlin 1999.

Klessmann, Edda und Horst-Alfred: Heiliges Fasten – heilloses Fressen. Die Angst der Magersüchtigen vor dem Mittelmaß. Bern/Stuttgart/Toronto 1999.

Mentzos, Stavros (Hrsg.): Borderline-Störungen und Psychose. Göttingen 2001.

Verein für psychoanalytische Sozialarbeit (Hrsg.): Innere Orte, äußere Orte – die Bildung psychischer Strukturen bei ichstrukturell gestörten Menschen. Tübingen 1993.

Danksagung

Die im ersten Teil dieses Buches angeführte Beobachtung über die »offenen Kinderwagen« verdanke ich Prof. Gerald Hüther, der in seinem Arbeitsfeld der Neurobiologie zu wichtigen neuen Interpretationen der so genannten ADS vorgedrungen ist.

Meine Überlegungen zur Medienrealität und ihren tief greifenden Einfluss auf Kinder wurden vor nunmehr 20 Jahren – als noch niemand dieses Thema auch nur zur Kenntnis genommen hatte – von Herbert Nagel angeregt. Seither begleitet dieses Thema mein Denken und meine pädagogische und psychologische Praxis. Herbert Nagel arbeitet als Publizist in Luxemburg. Dieses Buch wäre, ebenso wie andere zuvor, ohne seine vielfachen authentischen und innovativen Anregungen nicht möglich gewesen.

Dank schulde ich auch dem Schreibbüro Melzer, Hannover. Ohne ihre unkonventionelle Arbeit und Hilfsbereitschaft wäre dieses Buch, wie viele zuvor, nicht pünktlich, vielleicht nie fertig geworden.

Wolfgang Bergmann
Nur Eltern können wirklich helfen
Lernprobleme, Ängste,
Konzentrationsschwächen
Mit Lernübungen von
Martina Bergmann
160 Seiten
Englische Broschur
ISBN 3-530-40129-3

Sie können – obwohl durchschnittlich intelligent – nicht richtig lesen, schreiben oder rechnen, sie sind unkonzentriert und haben Angst: Kinder mit Teilleistungsstörungen, inzwischen zehn Prozent aller Kinder. Viele Hilfsangebote lassen bei Eltern oft nur ein Gefühl der Resignation zurück. Doch gerade auf die Eltern kommt es an, so Wolfgang Bergmann, denn Lern- und Erziehungsprobleme sind in der modernen Welt der Kinder nur gemeinsam zu lösen. Dieses Praxisbuch – zwei Drittel des Umfangs bestehen aus Übungen – zeigt, wie Eltern bei Lese-, Rechtschreib- und Rechenproblemen, ohne über spezielle Kenntnisse zu verfügen, ihren Kindern wirklich helfen können.

Walter